丛宏 编著

构建高效课堂教学

——初中信息技术应用策略研究

山东教育出版社

图书在版编目（CIP）数据

构建高效课堂教学：初中信息技术应用策略研究 /
丛宏编著． —济南：山东教育出版社，2015
　ISBN 978-7-5328-8847-4

　Ⅰ.①构…　Ⅱ.①丛…　Ⅲ.①计算机课—教学研究—
初中　Ⅳ.①G633.672

中国版本图书馆CIP数据核字（2015）第096585号

构建高效课堂教学

——初中信息技术应用策略研究

丛　宏　编著

主　管：山东出版传媒股份有限公司
出版者：山东教育出版社
　　　　（济南市纬一路321号　邮编：250001）
电　话：（0531）82092664　传　真：（0531）82092625
网　址：www.sjs.com.cn
发行者：山东教育出版社
印　刷：山东德州新华印务有限责任公司
版　次：2015年5月第1版第1次印刷
规　格：787mm×1092mm　16开
印　张：17.5印张
字　数：345千字
书　号：ISBN 978-7-5328-8847-4
定　价：32.00元

（如印装质量有问题，请与印刷厂联系调换）
印厂电话：0534-2671218

前　言

本书是在"推进义务教育均衡发展"理念指引下，构建高效、均衡的信息技术课程教学的研究成果。在内容上有以下特点：

1. 视角独特，内容新颖。书中所述城乡均衡发展的做法是威海市近年来推进义务教育均衡发展工作的实践和成果；高效课堂、多元评价体系的建设是作者多年来在一线教学中反复锤炼的实践和成果，具有较强的借鉴和参考价值，从一定程度上填补了信息技术课程教学在高效均衡发展中缺乏有效实践指引的空白。

2. 分类细致，数据详实。将笼统的信息技术课程发展历史进一步细分，通过调查、访谈等途径分别倾听教育管理者、教师、学生的观点和看法，并采用表格、图表、文字等形式将调查结果完整呈现,体现出学术研究的科学性与严谨性。

3. 案例丰富，涵盖面广。书中案例既有威海市教育主管部门推进义务教育均衡发展的相关政策和文件，也有各市区的具体做法，还有一线教师、学生的实践过程和心得体会等。直观、真实、立体地呈现出威海市作为全国义务教育均衡发展先进地区的示范作用。

除内容上注重逻辑、注重实用、注重科学、注重创新外，本书的编写体例也有独到之处：每章首设置"本章导读"版块，着重阐述全章的知识结构。每节设置"一线教师访谈""我的理解""案例"和"你怎么看"四个版块，形式活泼生动，可读性强。"一线教师访谈"真实呈现了部分一线教师对本问题的看法或做法；"我的理解"作为主体部分，重点阐述作者在理论研究的基础上，在反复的教学实践之后，形成的观点或结论；"案例"主要采自教育实践中的具体做法；"你怎么看"则根据本节内容，提出思考的问题。在每节旁边的文本框内，引用了

《国家中长期教育发展规划（2010—2020）》《中小学信息技术课程指导纲要（试行）》《教育部关于积极推进中小学评价与考试制度改革的通知》等重要文件及有关专家、学者的观点。

全书共分五章。

第一章介绍信息技术课程的发展历史，帮助教师了解有关信息技术课程、课程教学、课程评价的基本理论和发展脉络，掌握有效的信息技术课程教学方法和评价方法。

第二章以威海市为例，通过官方统计及一线调查两条渠道获得的数据和信息，剖析目前城市与农村初中信息技术课程教学现状及造成教育失衡的原因。

第三章介绍城乡信息技术课程教学均衡发展策略。重点结合威海市近几年推进义务教育高位优质均衡发展，特别是信息技术课程教学均衡发展方面探索、实践出的一些具有推广价值的做法和案例，为其它省市提供借鉴和参考。

第四章主要围绕构建信息技术高效课堂的两大重要环节——"教学"与"评价"展开阐述。具体包括：信息技术高效课堂中的情境教学策略、分层教学策略、多元评价体系中的自我评价策略、小组评价策略、教师评价策略以及特色活动策略等等。

第五章精选了近三年威海市初中信息技术课程教学的8个优秀案例，每个案例都以教学实录和点评的形式呈现。通过集中展示案例的教学设计过程和分析教学设计思路，生动再现教学过程，使读者如同身临其境。

本书可以作为中小学信息技术教师继续教育用书，也可作为信息技术教育研究人员的参考资料，还可作为立志于从事信息技术教育相关专业学生的职前参考用书。

本书由丛宏主编。于鹏飞、李彤彤参与了编写。各章分工：第一章：丛宏（1.1，1.2）、于鹏飞（1.3）、李彤彤（1.4）；第二章：于鹏飞（2.1）、丛宏（2.2，2.3）；第三章至第五章：丛宏。

编写过程中参阅的主要文献资料已在参考文献中列出。在此谨向有关作者表示深深的谢意。

由于作者水平有限，书中难免有不足之处，敬请读者指正。

编　者

目　录

第一章　走进信息技术课程

随着信息技术的飞速发展和应用普及，世界各国教育信息化随之不断推进，与经济、社会的发展一样取得了巨大的成绩。20世纪90年代后，我国的信息技术教育普及与发展非常迅速，信息技术课程既是对学生进行信息技术教育的主渠道，同时也是全面发展学生综合素质、全面推进素质教育工作的有力途径。但是，我国的信息技术课程开设较西方发达国家晚，加之幅员辽阔，各地经济发展不平衡，信息技术设施、师资力量、课程开设等因素导致义务教育阶段的信息技术课程实施难度很大。因实践性、应用性较强的特点，信息技术课程在课程理念、课程目标、课程实施、课程评价等方面与其它学科课程都呈现出较大的差异。因此，了解、认识有关信息技术课程、课程教学、课程评价等发展历史和基本理论，掌握信息技术课程有效的教学方法、评价方法，是保障信息技术课程能够有效、高效实施的核心和关键。

一、对信息技术课程认识的误区

2000年，教育部颁布了《关于中小学普及信息技术教育的通知》和《中小学信息技术课程指导纲要（试行）》两份文件，成为我国信息技术教育改革的里程碑。从此，中小学信息技术课程受到了广泛的重视。

信息技术课程以培养学生良好的信息素养为总目标，把信息技术作为支持终身学习和合作学习的手段，为适应信息社会的学习、生活和工作奠定基础。通过学习，培养学生的创新精神和实践能力，发展学生分析问题、解决问题的能力。在教学实践中，教师们有收获，也有不少困惑。

2000年11月，教育部颁布了《中小学信息技术课程指导纲要（试行）》，第一次提出课程名称为"信息技术"，第一次提出以培养学生良好的信息素养为教育目标。

一线教师访谈

"如今，信息技术与学科整合在教学中应用越来越广泛，一些基本知识和技能不用教，孩子们早就自己鼓捣熟了。将来，这门课程的发展趋势会怎么样？"

——文登营中学 宋军丽

"信息技术课程属于小学科中的小学科，在学校里考核、评优都不占优势。"

——神道口中学 洪超

我的理解

信息技术课程的学科地位不可撼动，具有不可替代性。教师地位会随专业素养和学科地位得到提升。

（一）信息技术课程地位低吗？

1. 开设专门的信息技术课程是填平数字鸿沟的唯一选择。

在我国，开设信息技术课程的一个重要原因就是地区与学校信息化程度的不平衡、其它学科教师对于信息技术的理解与应用程度的不平衡。如不开设专门的信息技术课程，就难以实现国家推进普及信息技术教育的政策，就难以实现教育现代化。我国属于发展中国家，就现阶段情况来看，各地区经济发展极不平衡。在东部沿海一些经济发达地区，城市信息化建设较快，居民收入水平较高，计算机在学校和家庭基本普及。而在西部的许多经济欠发达地区，信息化水平较低，学校、家庭计算机拥有量较少。甚至在有些地区内，城市与边远农村间存在着同样的问题。信息基础建设水平、信息资源的开发与利用程度、教育观念等巨大的差异，导致了人们对信息获取、处理、利用机会的不平等。试想，如果不开设专门的信息技术课程，将会有许多学生无从接触信息技术，从而更加远离现代社会的信息活动，造成信息素养缺失，产生数字鸿沟。这不仅违背了教育机会均等的原则，也违背了构建和谐社会的要求。只有充分重视信息技术教育，开设专门的信息技术课程，大力推动信息技术课程实施，才能填平由于上述原因形成的数字鸿沟，切实提高全民的信息素养。可以说，开设信息技术课程既是深化我国基础教育课程改革、全面推进素质教育的需要，更是以教育信息化带动教育现代化、实现我国基础教育跨越式大发展的需要。

2. 开设专门的信息技术课程是培养学生良好信息素养的唯一选择。

信息技术教育的目标是培养学生的信息素养。全面、整体提升信息素养，是一项长期的系统工程。不开设专门的、独立、系统的信息技术课程将很难实现这个目标。尽管在各个学科与信息技术整合的教育过程中，能够在一定程度和范围内，提升学生的信息技术知识与技能，但是这些知识和技能是相对零散的，缺乏系统性和整体性。首先，每个学科都有自己的学习目标、内容和范围，在教育过程中虽然会应用信息技术解决该学科中的一些问题，但是主要的教学活动和教育评价一定是以本学科内容为中心，例如不会涉及到更多的信息技术知识，不会以信息素养达到的程度来作为评价学生的标准。其次，信息技术课程的许多重要知识无法组织、渗透到其它任何一门学科的知识体系中，例如信息与信息技术的基础知识和基本操作、计算机语言、程序设计、智能机器人的知识与操作等。如果没有专门的信息技术课程，学生难以掌握这些知识。实践证明，完全打破学科的界限，跨越课程教授信息技术，根本不符合学生的年龄和认知特点，根本不可能帮助学生形成系统的信息技术知识体系和能力结构，培养良好的信息素养。开设专门的信息技术课程是培养学生良好信息素养的唯一选择。

3. 信息技术教师的专业成长亟待重视，教师地位会随着专业素养、学科地位而得到提升。

在我国，信息技术课程是一门年轻的学科，从2000年到现在，只有短短12岁。受其学科特点及现行考试评价制度等因素的制约，信息技术教师大多在学校兼任着"打字员""维修工"等"为她人做嫁衣"和"勤杂工"的角色，繁杂的工作使得信息技术教师专业素养提高缓慢。学校对教师评价制度的不全面导致信息技术教师普遍认为自己的生存现状是地位低、待遇差、工作得不到认可。随着新课程改革的推进，信息技术教师的专业成长问题逐渐浮出水面，成为关注的焦点。

浙江省海盐县规定：信息技术教师除了教学工作量外，参与其他工作，应按照1：2的比例计算到总工作量。因工作在电子辐射环境条件下，教育部门、学校要给予一定的奖励和补助。——祝智庭，李文昊《新编信息技术教学论》[2008]

进行系统、务实的职业规划，开展有效的信息技术课程教学研究，不断完善信息技术教育理论，促进信息技术课程和自身专业优质、高效发展，是我们每一位信息技术教师的历史使命和崇高职责。从大的层面看，包括信息技术教师在内的教师专业发展是大势所趋，势在必行。"国家中长期教育改革和发展规划纲要（2010—2020年）"第十七章"加强教师队伍建设"中指出：完善培养培训体系，做好培养培训规划，优化队伍结构，提高教师专业水平和教学能力。通过研修培训、学术交流、项目资助等方式，培养教育教学骨干、"双师型"教师、学术带头人和校长，造就一批教学名师和学科领军人才。保障教师地位，维护教师权益，提高教师待遇，使教师成为受人尊重的职业。严格教师资质，提升教师素质，努力造就一支师德高尚、业务精湛、结构合理、充满活力的高素质专业化教师队伍。从小的层面上，提升个人专业素养是实现自我价值的需要，更是提升地位最有效的途径。信息技术教师应借新课程改革的东风，坚守职业理想，明确发展目标，克服心浮气躁、怨天尤人的消极情绪，以积极、阳光的态度迎接机遇和挑战。首先，尽可能根据自己的兴趣和能力，选择一项专长进行深入持久的学习。"一生只做一件事，咬定青山不放松"。其次，要抓住课堂，从课堂入手，从问题入手，从小处入手，着眼于微观，研究课堂教学中的热点和焦点问题，打造富有个人特色的高效课堂。再次，积极参与校本研修、培训和课题研究活动，通过执教展示课、参与集体研讨、撰写教学反思、教学随笔等途径提升专业素养。最后，也是最重要的，就是要积极参与各级各类评选、展示活动，展示个人的专业魅力和职业风采。除此以外，信息技术教师还应主动寻找机会向领导汇报自己的工作情况，在本职工作及专业成长上所做的努力、取得的成果，包括遇到的困难等等，在领导心目中形成努力勤奋的良好印象，从而赢得领导更多的理解和支持。如此，信息技术教师在个人专业素养不断提升的同时，个人地位、学科地位也会得到相应提升，可谓"开心他妈给开心开门——开心到家了"。

案例

信息技术教师专业发展的前途是光明的

教育部人事司管培俊司长在答《中小学信息技术教育》杂志社记者专访时指出：教师的专业成长是一个内涵不断丰富、发展的过程，是专业知识不断积累，专业技能和能力不断提高，专业情意不断完善的过程，其最终目标是要提高教育教学的能力和水平；全国中小学计算机教育研究中心主任苗逢春博士指出，新形势下的信息技术教师要"明道·优术·取势·合众·践行"；以在实践中不断发现和思考而闻名的山东青州一中王爱胜老师（苍山子），为信息技术新教师支招："及早定位，持之以恒；博学能知，但贵有专；接受挑战，积累经验；扎实进取，眼光放远；抓住机遇，事后勿怨；适时调整，不断发展；不骄不躁，和气共赢；认清是非，品行致胜；换位思考，付诸实践"；青年教师中的佼佼者郭凤广老师，倡导"学习、借鉴、探究、反思、创新"的成长途径。

的确，在我们的信息技术教师队伍中，有这样一批先行者，以苍山子（山东王爱胜）、蓉子（广东钟和军）、深情小刀（广东梁锦明）、黄利峰（江苏）、沙有威（北京；被称为信息技术教育界的出土文物）等老师为典型代表，他们在专业成长过程中，一步一个脚印，踏踏实实、努力前行，均已形成自己的发展特色，成为

5

大家学习和借鉴的楷模。①

苍山子：王爱胜，山东青州一中信息技术教师，教科室主任，山东省教学能手，山东省教育厅新课程培训专家，《中国信息技术教育》"蓝调解码"专栏，山东信息技术教材主编。王老师作为一名专家型教师，如今仍然工作在教学第一线，他注重研究课堂，不断在反思中进行创新总结，将课堂教学、教育研究、论文撰写、教材编写多项工作有机融合，走出了一条富有个人特色的专业发展之路。2012年成立"爱信息教育"名师工作室，倡导爱信息技术教学、爱信息化教育、爱学生、爱老师、爱岗位等教育理念，以实践行动把信息技术教育和教育信息化完美结合。

总之，我国信息技术教育的现实决定了信息技术课程作为一个独立学科不仅不会消失，还会呈现出强劲的发展势头，其地位会越来越牢固。信息技术教师也会随着个人专业素养和学科地位的不断提升而受到越来越广泛的关注和尊重。

一线教师访谈

"初中信息技术课程除参加省里统一组织的等级考试之外，没有统一的评价形式和标准，在教学实践中难以操作。"

——高区一中 丁永伟

"评价的作用在于激励和促进，评价的意义在于全面和发展，它对课堂效果的鉴定立竿见影，我们正在苦恼并竭力解决的是：如何让评价全面且客观地呈现，并力求最大限度地量化结果。"

——文登二中 孙传卿

"由于信息技术课程操作性比较强的特点，过程性评价尤为重要。而过程性评价的主观因素较多，不易准确把握。"

——泽头中学 王世清

/ 我的理解 /

信息技术课程的评价是信息技术课程教学的重要组成部分。因其重实践应用的学科特点，评价应充分发挥对学生学习过程的激励、诊断、促进和导向作用。

（二）信息技术课程评价可操作吗？

"全面评价"是信息技术课程评价的基本要求。全面的课程评价体系必须包含知识与技能、过程与方法、情感态度与价值观这三个维度的内容。评价时，应该关注信息技术课程中基础的、核心的、稳定的、对学生的学习发展有重要作用的知识与技能，并体现在评价标准中；通过考察学生在解决问题的过程中，所表现的理解分析能力、利用信息资源能力及总结交流评价能力来全面评价其信息能力；通过观察学生的课堂表现，有意识地在评价中引导学生提高信息意识、信息责任感等。

在全面评价体系中，有相当一部分目标必须在学习过程中进行评价，才能发挥出评价促进发展的作用。评价学习过程，是以全面了解学生信息技术课程的学习历程，充分发挥评价的监督、导向和激励作用为价值导向的。它着眼于学生的学习过程，对学生学习信息技术课程的态度、情感、价值观及与信息素养有关的能力、方法等作出评价，针对学生在学习过程中的具体行为表现随时诊断，及时获得反馈，了解到学生在发展过程中遇到的问题、取得的进步及存在的不足，从而给予正确的引导，真正发挥评价对教学的调控作用。

案例

有效的课堂评价是高效课堂的润滑剂

为了让课堂评价真正成为促进学生主动学习的有效手段，我结合"网络论坛"这节课的特点对评价的内容、方式等都进行了精心设计，主要分为三大部分：一是对学生个体的评价，以获得"健康坛友证"为目标；二是对小组集体的评价，以获得"优胜小组"为目标；三是对论坛帖子的评价，以获得版主推荐或者精华帖为目标。

在课堂任务开始前我先展示并讲解了详细的评价标准，以激发学生的学习愿望；在课堂任务完成后组织学生参与网络实时调查，围绕评价标准，分别从技能和素养两个层面进行自我评价；根据小组得分情况公布优胜小组，对各小组的合作学习成果进行集体评价。本节课的最大亮点就是版主的评价：找到两名信息技术基础扎实、筛选和表达能力都很强的学生担任论坛中的版主，负责论坛的后台管理工作。他们查看、筛选出质量较高的帖子进行推荐，并说明推荐的理由，从而使学生在受到鼓励和认可的同时，对论坛中的行为自觉加以约束，对论坛的后台管理也有了一定的了解。这三种评价方式将过程性评价与终结性评价，将自评、他评有机地结合到一起，从而使全体学生在紧张有序的氛围中愉快地学习，快乐地收获。

这次成功的课堂评价也得益于四个细节：一是评价标准先展示、后进行，首尾呼应；二是评价过程不繁琐，易实施；三是评价形式很新颖，受欢迎；四是两位版主技术好，表达好，后台管理工作非常到位。

（2011年山东省初中信息技术优质课一等奖获得者丛宏执教后反思）

上述案例中，教师采用了综合的评价方法，评价主体有教师，也有学生，有自我评价、同伴评价、教师评价等，这些评价方式既可以从多个方面、多个角度对学生进行更全面、更客观、更科学的评价，又可以引导学生积极主动参与，利于学生进行自我反思、自我调控、自我完善、自我修正，并且还使评价易于操作，减轻了教师的负担。常用的评价方法还有试卷评价法、典型作品评价法、实践活动评价法、情感观察评价法、档案袋评价法等，这些方法各有利弊。有关评价的相关内容将在本书的后续章节中进行详细介绍，此处不再赘述。建议信息技术教师本着促进学生全面发展的评价目标，遵循多元评价的原则，结合学生的实际情况，采取灵活的、综合的评价方式，将信息技术课程的评价过程与学习过程有机统一，从而提高信息技术课程教学质量，促进信息技术教育发展。

你怎么看

1. 怎样的职业规划最适合你自己？
2. 你在教学中是如何进行课程评价的？读完本节，你得到哪些启发？

二、信息技术课程的发展历史

纵观世界各国的信息技术课程发展史，我们可以发现，这门实践性、应用性很强的课程是伴随着信息技术的飞速发展而逐步发展和完善的。以课程观念的变化为线索，从最早的计算机课程开始，先后经历了计算机文化论、计算机工具论、文化论再升温（过渡阶段）、信息文化观四个阶段。相对应各阶段的课程目标分别是程序设计能力、应用工具能力、培养信息素养。以课程发展的规模为线索，则都经历了起步探索阶段、逐步发展阶段、全面发展阶段。

在我国，自1978年到2013年的近四十年里，信息技术课程从无到有得到了迅速的发展。了解我国计算机技术课程的发展脉络，了解各阶段的时代背景，了解历次教学纲要对课程目标、内容的规定，将有助于信息技术教师加深对课程的理解和践行。

> 一线教师访谈
>
> "做为一名教师，如果对所教课发展历史及未来可能的发展方向没有一定了解，那么对课标（纲要）的理解就不会那么透彻。"
>
> ——泽头中学 王世清
>
> "1993年，我正就读于某信息技术工程学校计算机应用专业，那时我们主要学习的是BASIC语言、汇编语言这些晦涩难懂的知识，进入机房后不是练习打字就是设计程序。真是枯燥无味！现在的课程内容丰富多了！"
>
> ——荣成第十五中学 岳海燕

我的理解

中国信息技术教育年历里程碑

1982年，五所高中开设选修课，计算机课程正式进入中小学，计算机教育正式开始。

1984年，邓小平同志提出"计算机的普及要从娃娃做起"的伟大战略。

1991年，将中小学计算机教育作为一门基础性、工具性的学科。

2000年，将"计算机课"改为"信息技术课"，被视为信息技术课程的"元年"。

一、我国信息技术课程发展的三个主要阶段

（一）起步探索阶段

1. 时间：1978年到1990年。

2. 时代背景：

1978年开始，我国的中学计算机教育尚属于学校自主探索阶段。最早开展教育探索的组织包括上海儿童活动中心、青少年科技活动站、北京景山学校等，主要集中在上海、北京两所城市。他们主要采取校内课外兴趣小组及校外学习小组的形式学习基本的BASIC语言及简单的编程。

1981年，在瑞士洛桑召开了第三届世界计算机教育应用大会（WCCE）。苏联科学院院士尹尔肖夫（A.P.Ershov）提出了"程序设计：人类第二文化"的观点，即：随着计算机的发展和普及，人类只有"阅读和写作能力"这类第一文化就不够了，还必须掌握阅读和编写计算机程序的能力，即第二文化。"由此，确立了程序设计在计算机教育中的重要地位。与会的中国专家回国后，马上向当时的教育部提出建议：要尽快在我国的高中开展计算机教学实验。1982年，教育部决定在清华大学、北京大学、北京师范大学、复旦大学和华东师范大学五所大学的附属中学进行试验：开设BASIC语言选修课。从此，计算机课程正式进入中小学，我国中小学计算机课程和计算机教育正式开始。1984年，邓小平同志做重要指示——"计算机的普及要从娃娃做起"。这一指示在全国范围内掀起了在中小学推广计算机教育的高潮，极大地促进和推动了计算机教育的普及。这一阶段计算机教育的迅速发展从如下数据中可见端倪。

> 1984年元宵节，邓小平同志参观上海中华福利会儿童计算机活动中心。观看完李劲和丛霖两位小学生的计算机操作表演后，邓小平同志拍着李劲的肩膀连连称道，并指示"计算机的普及要从娃娃做起"。
> ——《计算机世界报》1994年第7期

时间	开设计算机课的中学数	占学校总数的百分比	计算机教师人数
1982年	5所		20名
1986年	3319所	3.62%	近万名
1989年	7081所	7.74%	万余名

3. 课程理念：

计算机文化论："程序设计是第二文化"。

4. 主要特点：

把计算机作为学习的对象，主要学习BASIC语言、简单的程序设计、计算机基本工作原理、系统构成和较少的应用软件介绍，以选修课程、学科课程的方式进行学习。

（二）逐步发展阶段

1. 时间：1991年到1997年。

2. 时代背景：

1990年，第五届世界计算机教育大会在悉尼召开，专家们认为：计算机文化应该从教程序设计语言为主转向将计算机作为一种工具，即以应用计算机为主。计算机只是信息技术的一部分，应该加强对青少年包括信息处理、模块化设计等信息技术的基础教育内容。1991年，我国召开了第四次计算机教育工作会议，会议提出：要将中小学计算机教育作为一种基础性、工具性的学科。这次会议成为由起步探索阶段向逐步发展阶段的分水岭。这一阶段，随着信息技术的飞速发展及普及应用大众化，计算机应用软件日趋增多，人们开始重新审视计算机课程的定位。受国际"计算机工具论"的影响，我国的计算机课程教学也呈现出"培训班"的特征。

3. 课程理念：

计算机工具论："计算机辅助教育"。明确计算机的工具性定位，强调计算机应用。

4. 主要特点：

课程内容在BASIC语言的基础上，更多地转向了计算机的基本知识与基本操作，以及包括字处理软件、数据库管理系统软件等常用软件的学习。

（三）全面发展阶段

1. 时间：1997年延续至今。

2. 时代背景：

随着微软公司Windows操作系统的面世，图形用户界面使得人机交互更为方便快捷。各种应用软件已步入寻常百姓家，这些变化不仅加快了计算机应用的普及，而且极大地变革了信息技术学科的学习内容。计算机及相关技术不但是被作为一种学习对象，学习的工具，更是作为一种资源和环境。这就极大地拓宽了信息技术在教育领域中的应用。这一过程中，计算机教育开始向信息技术教育转型，信息技术教育的目标开始定位于"培养学生的信息素养"。

2000年，教育部召开了"全国中小学信息技术教育工作会议"，并颁布了《关于在中小学普及信息技术教育的通知》《关于在中小学实施"校校通"工程的通知》《中小学信息技术课程指导纲要（试行）》三份重要文件。自此，"中小学信息技术教育"取代了沿用20余年的"中小学计算机教育"，"计算机课"正式更名为"信息技术课"。因此，2000年被视为我国信息技术课程的"元年"。

3. 课程理念：

信息素养观：信息能力是信息素养的重要组成部分。

4. 主要特点：

随着信息技术、网络技术的发展，课程内容增加了关于网络方面的知识，充分利用网络教育资源，探索基于网络的远程教学模式和研究性学习。课程目标强调包括信息意识、信息知识、信息能力、信息道德在内的信息素养。

> **一线教师访谈**
>
> "课程标准与指导纲要之间是什么关系？教育部2001年印发的义务教育各学科课程标准中没有信息技术课程标准，那么义务教育阶段的信息技术课程应以什么来作为指导教学的纲领性文件？"
>
> ——威海九中　吕孟君
>
> "信息技术的发展日新月异，学科改革的步伐突飞猛进，而教学中相关的学科指导性文件缺之又少，期待这种局面能得到早日解决。"
>
> ——文登二中　孙传卿
>
> "信息技术课程是一门在摸索中产生和发展的课程，而且其课程地位和教学内容在世界各国都有争议。所以能出台一个让大部分人都满意的课程标准是不容易的。"
>
> ——泽头中学　王世清

我的理解

　　我国第八次基础教育课程改革中，将教学大纲改为课程标准。目前，义务教育阶段信息技术课程沿用的是2000年教育部颁布的《关于中小学信息技术课程指导纲要（试行）》，高中阶段使用的是2003年颁布的《普通高中技术课程标准（实验）》。义务教育阶段的国家信息技术课程标准正在研制中，中国教育技术协会信息技术教育专业委员会制定了《基础教育信息技术课程标准（2012版）》，部分省市也出台了地方性的义务教育阶段信息技术课程标准。

（二）我国信息技术课程纲要的发展历史

　　我国的信息技术课程虽然发展较快，但开设时间较国外的信息技术课程及国内其它学科都短得多，在很多方面还不成熟，处于摸索阶段。自1978年开始，在经历"计算机课程"向"信息技术课程"发展的近四十年里，信息技术课程一直在国家历次制定的课程指导纲要指导下有序推进，稳步发展。国家先后颁布了1984、1987、1994、1997共四版计算机课程指导纲要，2000年颁布了《中小学信息技术课程指导纲要（试行）》，2003年颁布了《普通高中技术课程标准（实验）》（本书不做详细阐述），分别规定了各阶段课程的教学目标和教学内容。

1. 1984版《中学电子计算机选修课教学纲要（试行）》

　　规定计算机选修课的教学目标是：初步了解计算机的基本工作原理和它对人类社会的影响；掌握基本的BASIC语言并初步具备读、写程序和上机调试的能力；逐步培养逻辑思维能力和分析问题、解决问题的能力。教学内容主要是以BASIC语言为主的程序设计语言。

2. 1987版《普通中学电子计算机选修课教学大纲（试行）》

　　规定计算机课程的教学目标是：使学生初步了解电子计算机在现代社会中的地位和作用，锻炼学生应用电子计算机处理信息的能力，提高学生逻辑思维能力及创造性思维能力。要求学生初步了解电子计算机的基本工作原理及系统构成会用一种程序设计语言编写简单程序；初步掌握电子计算机的操作并了解一种应用软件的使用方法。教学内容仍然以BASIC语言为主，不过适当地降低了对程序设计技巧部分的要求，增加了应用方面的内容。

3．1994版《中小学计算机课程指导纲要（试行）》

规定中学计算机课程的教学目标是：认识计算机在现代社会中的地位、作用以及对人类社会的影响。了解电子计算机是一种应用十分广泛的信息处理工具，培养学生学习和使用计算机的兴趣；初步掌握计算机的基础知识和基本操作技能；培养学生逐步学会使用现代化的工具和方法去处理信息；培养学生分析问题、解决问题的能力，发展学生的思维能力；培养学生实事求是的科学态度以及良好的计算机职业道德。教学内容侧重于对学生进行计算机操作技能的训练，如键盘指法、中文字处理、磁盘操作系统简单使用、常用工具软件的介绍等，对计算机的工作原理和BASIC语言只做适当的介绍，不作为教学的重点。在程序设计部分增加了LOGO语言的教学内容。建议在有条件的地区，尽量把计算机基本操作的教学和计算机常用软件的教学放在程序设计教学的前面，并给予课时上的保证。在本次纲要中，首次提出了计算机课程将逐步成为中小学的一门独立的知识性与技能性相结合的基础性学科的观点。本次纲要明确了计算机的工具性定位，强调了技能、态度与道德等相关内容。

4．1997版《中小学计算机课程指导纲要（试行）》

规定初中阶段的教学目标是：使学生了解计算机在现代社会中的地位、作用以及对人类社会的影响，培养学生学习、使用计算机的兴趣和意识；使学生理解计算机的基础知识，学会计算机的基本操作；培养学生初步的信息处理的能力；培养学生良好的学习态度和计算机使用道德以及与人共事的协作精神等。教学内容上增加了WINDOWS操作系统、网络、多媒体、常用工具软件等，并对程序设计语言模块在内容和要求上做了相应的调整，作为选学内容。纲要中去掉了逻辑思维能力、创造性思维能力的提法。

5．2000版《中小学信息技术课程指导纲要（试行）》

规定初中阶段的教学目标是：增强学生的信息意识，了解信息技术的发展变化及其对工作和社会的影响；初步了解计算机基本工作原理，学会使用与学习和实际生活直接相关的工具和软件；学会应用多媒体工具、相关设备和技术资源来支持其他课程的学习，能够与他人协作或独立解决与课程相关的问题，完成各种任务；在他人帮助下学会评价和识别电子信息来源的真实性、准确性和相关性；树立正确的知识产权意识，能够遵照法律和道德行为负责任地使用信息技术。教学内容以计算机和网络技术为主，具体包括信息技术简介、操作系统简介、文字处理的基本方法、用计算机处理数据、网络基础及其应用、用计算机制作多媒体作品、计算机系统的硬件和软件共七大模块。本次纲要中将"计算机课"改为"信息技术课"，意味着计算机课程向信息技术课程的转变，培养信息素养逐渐成为信息技术教育的目标。考虑到全国各地经济发展水平存在一定的差异，纲要提出中小学信息技术教育各学段增均为零起点教学。

6. 地方出台的义务教育信息技术课程标准

在新一轮课程改革中，义务教育阶段的信息技术课程隶属于综合实践活动课程，目前教育部没有统一的义务教育阶段课程标准。上海、江苏等已率先颁布了地方义务教育阶段的信息技术课程标准，可以作为我们课程教学的参考。

《江苏省义务教育信息技术课程指导纲要（试行）》（2007）规定初中阶段的信息技术课程目标是：使学生通过学习经验的积累与积极的反思，达到信息技术基础知识和应用技能的协调提升，初步学会思考信息技术的价值并初步形成积极而健康的态度。在教学内容上，小学与初中都包括信息的识别与获取、信息的存储与管理、信息的加工与表达、信息的发布与交流四个模块，但各学段不再基于零起点，而采用"螺旋上升"的方式，逐渐扩大范围，加深程度。

《上海市中小学信息科技课程标准（试行稿）》（2004）规定初中阶段的课程目标是比较广泛地理解信息科技的知识，具备独立进行信息收集、处理、传输、表达的技能和能力；善于总结信息技术工具操作和使用的规律；了解各种信息技术工具及其功能在信息处理和支持学习中的用途和特点；对新的信息科技表现出兴趣，理解信息科技的发展与变化，以及对工作、学习和社会发展的影响；在他人帮助下，学会选择和使用合适的信息技术工具，支持学习以及解决较为复杂、真实、开放的问题，并能根据特定的目的，批判性地鉴别、分析和评价信息的准确性和可靠性，创造性地筛选、组织、加工与表达信息；在工作和学习中，表现出积极的合作态度和一定的交流水平；能抵御不良信息的影响，认识到不正当使用信息和信息技术带来的后果和影响，以及其中涉及的道德和法律责任；理解信息社会中公认的行为规范和道德准则，并能自觉遵守。在教学内容上，既包括信息科技的基础知识，信息收集、处理、传输、表达常用工具的基本操作技能，以及使用这些工具的功能解决真实、开放问题的基本应用能力等基础型课程，还包括有利于学生个性发展的拓展型课程和培养学生信息科技综合能力的研究型课程等等。

7. "民间"标准——2012版义务教育阶段信息技术课程标准

本着弥补国家义务教育阶段信息技术课程标准体系缺口的初衷，中国教育技术协会信息技术教育专业委员会组织了全国各省信息技术教研员、部分骨干教师及部分高校信息技术课程专家共同制定了《基础教育信息技术课程标准（2012版）》。该标准中规定基础教育阶段信息技术课程的总目标是培养和提升学生的信息素养，不同学段的学生学习信息技术的内容各不相同，在信息素养的培养水平上各有侧重。其中，初中阶段的课程目标侧重对信息技术基本特征的总结能力的培养，注重主动学习信息技术的意识和方法的熏陶，关注与信息素养相关的认知能力、判断能力、想象能力、批判能力的培养，以迁移应用为标志，以顺应信息文化为目标。在课程内容上，按照基础模块和拓展模块的方式进行设计，相比小学阶段在内容广度和深度上均有加强。初中阶段设一个含"硬件与系统管理""信息加工与表达"和"网络与信息交流"三个专题在内的基础模块，设"算法与程序设计""机器人设计与制作"两个拓展模块，基础模块是各地各校必须完成的内容，拓展模块是可以根据条件选择开设的内容。

案例

从课程内容描述中体会各学段"螺旋式上升"的新课程理念

以下分别是中国教育技术协会信息技术教育专业委员会制定的《基础教育信息技术课程标准（2012版）》中，各学段"信息加工与表达"模块关于"图片"（小学、初中）或"图形图像"(高中)部分的课程内容描述：

1. 小学阶段：① 能列举图片和图片加工在生活和学习中的应用；② 能使用简单绘图工具软件绘制基本形状、填充合适的色彩，能缩放、翻转、组合图片表达创意。

2. 初中阶段：① 了解多种图片采集的方法；② 能使用专用工具软件浏览与管理图片；③ 能使用画笔、选区、图层和滤镜等功能加工图片，表达创意；④ 能根据表达需求在文本中插入合适的图片，并对图片各项属性做适当设置或调整；⑤ 能区分艺术创作和"恶搞"的差异，尊重他人隐私和名誉，健康合理的使用图片加工技术。

3. 高中阶段：① 了解常见图像和图形的类型和格式，及其数字化表示、存储、呈现和传递的基本特征与基本方法；② 能够根据需要选择合适的工具和方法采集图像信息，能解释图像信息采集的基本工作思想；③ 能够根据主题表达需求，选择适当的工具和方法，实现图像色彩和色调的调整、设置特殊效果等，并能综合图层、滤镜、蒙版和路径等处理技巧对图像进行加工，表达创意；④ 体验矢量图形绘制工具的使用，并能绘制简单的矢量图形；⑤ 体验虚拟现实技术在现实生活中的应用，能使用一种常用的工具制作简单的虚拟现实作品，并描述虚拟现实技术的基本特点；⑥ 通过比较多种图像处理软件在使用方法和功能上的异同，体验图形图像处理的异同。

纵观我国不同阶段颁布的信息技术课程指导纲要，我们在了解信息技术课程发展历史的同时，能够发现信息技术课程具有发展性、综合性、实践性、开放性的特点。① 信息技术课程的发展有着时代发展深深的印迹，随着信息技术的发展，信息技术课程内容由早期单调的程序设计不断发展丰富，逐渐完善。② 信息技术课程的总目标是培养学生良好的信息素养，这个目标综合了包括意识情感、知识能力、伦理道德在内的多项内涵；同时，信息技术课程综合了各个学科领域的知识，学生通过学习能够综合运用信息技术解决实际问题。③ 信息技术课程的学习重在实践，在实践中学生不仅能够获取信息知识，培养信息意识，更能提高信息能力和信息道德。④ 丰富的网络资源和各类软件要求信息技术课程的内容和学习任务具有开放性，从而适应不同学生的发展需要，培养学生的创新精神。

在教学实践过程中，我们应该从信息技术课程所具有的特点出发，以现行的指导纲要或课程标准中规定的目标、内容为准绳，正确把握课程的内涵，选择适合学生发展需要的教学方法，展开教学活动，培养学生良好的信息素养。

你怎么看

梳理信息技术课程在中国近四十年的发展历程，你认为在教学过程中应如何把握这门课程的特点、目标和内容的选择？

三、信息技术课程教学的发展历史

信息技术课程与其它学科课程在课程教学方面，既有相同之处，也存在着较大的差异。这主要是因为：信息技术课程作为课程体系中的组成部分，必然受国家政策等教育大环境的影响，呈现与时代背景相适应的特点；另外，尽管这门课程的发展历史很短暂，但发展非常迅速，其课程教学也随之快速发展。本节主要从信息技术课程教学方法的角度，阐述我国信息技术课程教学的发展历史。

一线教师访谈

"我担任信息技术学科教师十七年了，印象中应该是以2003年为分界线，之前主要是以讲授、演示为主，逐渐地引入任务驱动、自主探究之类的教学方法。系统地了解信息技术课程教学的发展历史对我们信息技术教师组织课堂教学、提高课堂效率非常有意义。"

——文登营中学 宋军丽

"了解信息技术课程教学的发展历史可能会对一些新教师有些帮助，避免他们进入一些误区或走一些弯路，比如对信息技术课程定位的理解上。"

——塔山中学 徐晓宁

我的理解

信息技术课程教学的发展历史

在我国信息技术课程发展的三个阶段中，受当时的信息技术课程理念、课程内容及教育大环境的影响，信息技术课程教学呈现出不同的特征：

由起步阶段的以教师为主体，逐步发展到以学生为主体；教学方式由因循守旧的单向灌输式、被动式、应试式，逐步发展为新型的双向互动的启发式、探究式、研讨式；信息技术课堂教学从传授技能为主逐步转变为培养信息素养为主；信息技术教师也逐渐地从兼职走向专职、从业余走向专业、从稚拙走向成熟，在信息技术课程教学的发展历史中扮演着至关重要的角色。

（一）信息技术课程教学的发展历史

信息技术课程教学是根据信息技术教学计划、教学目的和教学要求进行的，具有发展性、实验性和灵活性的特点。首先，信息技术发展和更新得特别快，所以信息技术课程教学，除了采取先进的教学手段和方法外，教学内容和要求要有较高的起点，教师要有目的、有计划地引导学生探寻学习方法和规律，保证学生快速达到基本认识水平，并经过努力解决较高难度的要求和内容，促进学生智力的发展。其次，信息技术课程是具有很强实验性的课程，需要在教学活动和操作活动中获得知识经验，并强调在实际需求中运用这些知识经验，以培养学生分析、解决问题的思维方法。第三，信息技术课程教学注重基本技能、技巧的培养，并且在课程纲要和课程标准中有明确的规定，因而要采取行之有效的活动方式，灵活设计实验和练习，达到学习知识、培养能力的目的。

鉴于信息技术课程教学以上三个特点，在我国信息技术课程发展的三个阶段中，课程教学呈现出不同的特征。

1. 起步探索阶段的信息技术课程教学——先讲后练，讲授为主

上世纪70年代末期，我国的计算机教育刚刚起步，最初是以校内课外兴趣小组及校外学习小组的形式开展计算机教育。80年代初期，部分高校附中和一些有条件的中小学开始开展计算机教学试验，教育内容主要是基本的BASIC语言及简单的编程。1984年2月16日，邓小平同志在上海视察时指示"计算机的普及要从娃娃抓起"，在全国范围内掀起了开设计算机选修课的热潮。1985年，教育部（原国家教委）制定了《中小学计算机课程指导大纲》，各个地区或者学校编写了自己的教材，开展了试验性的教学活动。

在这个阶段，中小学计算机教育主要是把计算机当作学习的对象，比较注重计算机学科的知识与技能的培养。高等师范院校没有设置相应的培养计算机教师的专业，教师只能由其他学科教师经过短期培训转入。教师受制于传统的教学思想，加之教学内容大多是程序设计、计算机原理等理论性较强的知识，学生又完全是零起点，缺少开展自主学习、合作学习的基础和条件，因而当时的教学方法以讲授法、演示法为主，比如介绍计算机的发展史、讲解程序设计流程等等。

2. 逐步发展阶段的信息技术课程教学——讲练结合，重视启发

1991年举行了第四次全国中小学计算机教育工作会议以后，当时的国家教委成立了中小学计算机教育领导小组，使我国中小学计算机教育能够有计划、有步骤地健康发展，但尽管国家课程计划指出了计算机教育的重要性，此时期大部分省市仍将计算机课程作为选修课开设。

在这个阶段，教师队伍建设由于是试验课程而不受重视，即使有计算机教育专业的毕业生，往往也因为各种原因没有参与到中小学计算机教育工作，师资力量比较薄弱；教学内容的遴选与教材的质量得不到保证。不过，随着教师教学经验逐步丰富，部分教师尝试开展启发式教学，教师根据教材内容和学生的认知规律，提出问题启发学生思考，引导学生主动、积极的理解和掌握所学知识。开展启发式教学，再辅以演示、讨论等方法，使课堂生动活泼，教学效果良好。另外，随着多媒体计算机技术的飞速发展，计算机辅助教学（CAI）也在日常教学中应用的越来越广泛，教师们开始使用CAI课件突破教学难点，通过大屏幕电视、投影机等设备进行演示操作，从而有效地缩短学习时间，提高了教学质量和教学效率。

（三）全面发展阶段的信息技术课程教学——自主探究，方法多样

1998年11月，教育部出台了《中小学信息化教育发展与实施纲要草案（征求意见稿）》，随后几年出台的《关于深化教育改革全面推进素质教育的决定》、《关于在中小学普及信息技术教育的通知》等重要文件，标志着国家越来越重视中小学信息技术教育，信息技术教材建设、信息技术课程教学、信息技术与学科课程整合等各项工作都有了实质性的发展，信息技术课程的系统建设和实施进入了新阶段。

在这个时期，伴随着第八次课程改革的实施，教师的教育理念和教学行为都发生巨大的变化，以学定教，开始认真研究课堂教学策略，激发学生学习热情，尊重学生的主体地位，鼓励学生探究学习，充分发挥学生在学习过程中的能动性，关注学生的发展。与此同时，信息技术课程建设与理论研究也日益规范，逐步涌现出一批全国知名的教授、专家和

> "改变课程实施过于强调接受学习、死记硬背、机械训练的现状，倡导学生主动参与、乐于探究、勤于动手，培养学生搜集和处理信息的能力、获取新知识的能力、分析和解决问题的能力以及交流与合作的能力。"
>
> ——《基础教育课程改革纲要》[2001]

学者，学科教学理论日渐丰盈，学科积淀日益厚重。教练法、讨论法、范例法、任务驱动法等教学方法在教学中的应用日益普及。以课堂讲授为主的教学模式逐渐被舍弃，自主学习、合作学习、探究学习在教学活动中的比重越来越大，边讲边练、基于问题、WebQuest等新型教学模式不断涌现，并且在教学实践中不断改进，信息技术课程教学走上了欣欣向荣的发展之路。

一线教师访谈

"我1994年在校学习办公自动化专业，当时学习BASIC语言、FOXBASE等，都是教师先讲，我们再练。如今我给孩子们讲课，一般是先出示任务，让学生先做，我再对学生集中反映的困惑进行讲解。"

——荣成第十五中学　岳海燕

"我在教学中主要采用讲授法，先出示问题，用多媒体教学软件演示，然后让学生练习。有时发学案给学生让学生根据学案自主学习。"

——下初初中　高永红、于蕾

"我通常采用任务驱动法教学，这既有利于学生掌握课本知识，同时把知识转化为技能。"

——大孤山镇初中　于镇海

我的理解

信息技术课程的教学方法

信息技术教师在教学过程中所遵循的教学原则和采取的教学方法，将直接影响到学生的学习兴趣和效果。因此，充分了解各种教学方法的适用特点，并根据课程内容需要灵活选择教学方法，是提高信息技术课堂教学质量的关键。信息技术课程教学发展到今天，讲授法已不是信息技术课程教学的唯一选择，演示法、任务驱动法、讨论法、自主探究法等教学方法已经被越来越多地运用于课堂教学中。

（二）常用的信息技术课程教学方法

在信息技术教学过程中，教师所遵循的教学原则和采取的教学方法，会直接影响到学生的学习兴趣和效果。因此，充分了解各种教学方法的适用特点，并根据课程内容需要灵活选择教学方法，是提高信息技术课堂教学质量的关键。信息技术课程教学发展到今天，讲授法已不是信息技术课程教学的唯一选择，演示法、任务驱动法、讨论法、自主探究法等教学方法已经被越来越多地运用于课堂教学中。教师在课程教学中选择教学方法应以遵循信息技术课程的教学原则为前提。

1. 信息技术课程的教学原则

（1）教师主导作用与学生主体地位相结合的原则。

教师的主导作用，是指教学的内容、进程、方法、组织等等通常是由教师来设计和调控的；学生的主体地位，是指学生作为认识和发展的主体，要引导他们积极主动地学习。在课堂教学中，教师应该是教学的组织者、管理者、引导者，讲思路，讲方法，使学生在实践中亲身体验创新的乐趣。教师要大胆把上课时间交给学生，给学生留有更多的思维空间，不仅把学生的兴趣推向高潮，而且发展学生良好的个性品质，培养学生的自主学习能力。

（2）传授知识与发展能力相结合的原则。

知识和能力，是学生发展过程中的两个必备因素。知识与能力既有区别，又是相互联系、相互制约的。掌握知识是发展能力的条件与基础，能力又是掌握知识的前提与结果。在信息技术课程教学中，一要重视信息技术基本技能的训练。信息技术课注重教学实验与上机实践，教学要有计划、有组织地进行，必须明确学习目的，激发学习兴趣，使学生努力学好基础知识、掌握基本技能。二是要注意掌握知识的方法。教师要帮助学生主动通过观察、分析等思考过程去理解知识，逐步掌握思考方法，梳理规律性的操作策略和探究思路，做到举一反三，这样既有利于培养学生的能力，又能收到良好的学习效果。

（3）统一要求与因材施教相结合的原则。

课堂教学首先要面向全体学生进行，要向学生提出统一的发展目标，同时又要承认个别差异，采取各种不同的教学措施，使学生的个性与特长得到充分发展。对中小学信息技术教学来说，由于学生的基础差异很大，必须从教学预设、教学实施等多个角度实施分层教学。具体来说，可以采取如下措施：① 教师讲某一问题时，明确指出是否要求每位学生都必须掌握，或者在一堂课、一个章节结束时指出必须掌握的内容，而对于有些技能，则可以提出分层要求。② 布置上机、课外作业时，分出哪些是必做的，哪些可以选做。对于必做而不会做的学生进行个别辅导。③ 开展小组合作学习，组织学生开展互助学习，学得较差的学生得到了帮助，而学得较好的学生为了辅导同学，听课学习会更认真。

2. 信息技术课程的教学方法

信息技术课程包含新授课、复习课、作品课、实践项目课等多种课型，不同的课型、不同的教学内容应选择不同的教学方法开展教学活动。常见的教学方法有讲授法、教练法、讨论法、任务驱动法、范例教学法、基于问题的学习等。

（1）讲授法

讲授法是指教师通过口头语言向学生描绘情景、叙述步骤、解释概念、论证原理和总结规律的教学方法。它是课堂教学中应用最广泛的教学方法，既可以用于传授新知识，也可用于复习旧知识，其他教学方法几乎都要同讲授法结合进行。

用讲授法教学时，必须注意：① 注意教学内容的科学性和系统性，关键是抓住重点和难点，注意规律性知识的讲授。② 语言要准确、清晰、简练、生动、通俗易懂，并符合学生的认知水平和理解能力。③ 讲授的同时要注意启发和引导，教师要善于通过观察学生的表现来判断其学习状态，以调整自己的讲授内容和进度。④ 精讲多练，讲练结合。对于信息技术学科来说，精讲主要是讲清基础知识、基本概念；多练主要是对基本的技能要求进行强化练习。

（2）讨论法

讨论法是指学生在教师指导下，在独立探究的基础上，对疑难问题进行讨论或者辩论的教学组织形式。讨论可以在全班进行，也可以分组进行。通过讨论，学生能够加深对知识的理解，培养独立思考问题、分析问题、研究问题和解决问题的能力。在讨论与辩论的过程中，促进创造性思维的发展。

运用讨论法也要注意三点：① 教师在讨论前，要作好充分准备，针对讨论主题进行全面深入的学习，提前布置讨论题目，明确讨论的要求。② 讨论进行时，教师要发挥组织和引领作用，既要紧紧围绕中心调控发言，又要鼓励学生大胆发言、相互交流，并提升学生的认识水平。③ 讨论结束后教师要进行归纳和小结，提出需要进一步思考的问题，供学生进行更深一层的学习和研究。

（3）演示法

演示法是指教师在上课时，通过出示实物进行示范性实验，或通过CAI课件、投影设备以及电子教室等计算机现代化教学手段，使学生获得知识和学习技能的教学方法，也是信息技术教学中常用的教学法。演示法通常要与讲授法配合使用，在演示的过程中，学生由于无法进行自主操作，往往会注意力不集中，因而教师要引导学生进行有针对性的观察，使学生把注意力集中于对象的主要特征、主要方面；演示的时间要短，要重视出示的时机，结合演示进行讲解。例如，对计算机配置、Word的编辑操作、表格修改等内容进行讲解时，都可以取得事半功倍的效果。

运用演示法，应注意以下几点：① 演示时，教师应告诉学生应着重观察什么，并提出一系列问题，把学生的注意力引导到关键步骤或者关键内容上去。② 演示时机要适当。演示操作应该是针对一些操作上的难点或者是学生普遍存在的困难，另外对于画面比较新颖的软件或精彩的显示结果，要在需演示时再运行，避免分散学生学习其他内容的注意力。③ 演示完之后，要归纳总结，对于操作内容作出具体的分析和明确的结论。④ 演示不能取代上机实践，只看不练就不能掌握软件的操作方法，应该在演示结束进行上机操作。

（4）教练法

教练法源于体育教学，主要理念是以学生为主体，围绕一定的学习任务，组织学生进行探究活动、操练某些技能，并且按照学生的个体差异给予帮助和指导，使学生的知识与技能、过程与方法、情感态度与价值观得到有效培养。教练法首先强调学生自主学习和动手实践活动，要求学生在做中学，教师是指导而不是灌输；其次强调通过教练与实践，培养学生的思维方法、学习态度、学习方法和知识技能等，而不仅是知识与技能的培养；再次是强调加强学生之间的交流与合作，培养学生的团队精神和合作意识。

教练法的实施过程可以归纳为：提出任务、注意事项——动手实践、教练指导——归纳交流、总结提高三个环节。使用教练法时，要注意不能把教练变成简单的学生操练与练习，而要强调教、练结合，引导学生形成学习方法与思维方法，并提升信息素养。

（5）范例教学法

范例教学法是指教师在教学中选择最基础、最本质、最具代表性的知识作为教学内容，通过"范例"内容的讲授，使学生掌握同一类知识的规律的一种教学方法。开展范例教学的目的在于促使学生独立学习，使学生将所学的知识迁移到其他相似或相近的知识，来进一步发展所学的知识，从而改变学生的思维方法，提升行动能力。

"范例"的选择一般要具有三个特点:基本性、基础性、范例性。李艺教授把范例教学法的教学过程分为课前和课中两部分，归纳为"课前三分析"和"课中四阶段"。课前三分析是指分析基本内容、分析内容结构、分析未来意义，具体说就是要根据教学目标与任务，选择典型案例向学生推荐，并提出一定的准备要求，布置课堂上需要的内容。课中四阶段是指：① 掌握"个"的阶段，既通过范例的、典型的、具体的单个实例来说明事物的特征。例如将百度搜索作为范例。② 探索"类"的阶段，即在第一步的基础上进行归纳、推断，认识这一类事物的特征。例如可以把百度搜索引擎作为众多搜索引擎中的一个，让学生尝试使用其他搜索引擎搜索信息。③ 理解规律的阶段，即在前面两阶段学习的基础上，找出隐藏在"类"背后的某种规律性内容，进一步归纳事物发展的规律。比如让学生比较搜索引擎的异同点，概括出共性的使用方法、功能与不足等，取得举一反三的效果。④ 获得生活经验的阶段。信息技术教学中要鼓励学生利用获得的"个"和"类"的知识去解决生活中的实际问题，引导学生正确看待信息技术对个人、社会发展的积极作用，实现信息文化的真正内化。

（6）任务驱动法

任务驱动教学法是建立在建构主义教学理论基础上的一种教学法，主张教师将教学内容隐含在一个或几个有代表性的任务中，以完成任务作为教学活动的中心；学生在完成任务的动机驱动下，通过对任务进行分析、讨论，明确它大体涉及哪些知识，需要解决哪些问题，并找出哪些是旧知识，哪些是新知识，在老师的指导、帮助下分析解决问题思路，在自主探索和互动协作的学习过程中，找出完成任务的方法，最后通过任务的完成实现意义的建构。

具体应用到信息技术教学中，教师要从学生喜闻乐见的贴近学生生活的信息处理任务出发（例如，文字处理软件的教学，可通过编辑一篇文章、一个通知、一份竞选稿等任务来掌握信息处理的有关技能），引导学生在自主探究、协作交流的过程中完成任务，从而培养学生获取、加工、表达、交流信息的能力以及分析问题、解决问题的能力，实现信息素养的实质性提升。而且，在解决和完成一个一个任务的过程中，学生会不断地获得认同感和成就感，从而激发更强烈的求知欲望，逐步形成勇于探索、开拓进取的学习精神。

你怎么看

你是如何看待信息技术课程教学的？你通常使用什么方法进行信息技术课程教学？

四、信息技术课程教学评价的发展历史

教学评价对教学起到导向、鉴定、改进、反馈、激励、检查、监控等作用，是课程教学中非常重要又较难实施的环节，建立科学、有效的信息技术课程评价体系是一项长期的、复杂的系统工程，需要多方的共同努力。信息技术课程教学评价是随着信息技术课程的发展而发展的。随着信息技术课程地位的逐步提升，信息技术课程教学评价日益受到重视，评价体系逐步发展完善。本节一方面介绍信息技术课程不同发展阶段信息技术课程教学评价的特点，另一方面对目前常用的评价方法进行了归纳。

> 一线教师访谈
>
> "信息技术课程教学中的评价机制是非常重要的，不仅能够有效调动学生学习积极性，且能够让教师及时了解学生学习情况。但是，也需要有一个统一规范的教学评价机制，目前的等级考试机制实在是落伍了。"
>
> ——七里中学　王玉娟
>
> "信息技术教学评价操作难度比较大，不仅涉及到评价方法，还与实现的技术、课时、教师的时间精力等等因素有关。"
>
> ——塔山中学　徐晓宁

我的理解

信息技术课程发展历史较短，有关该课程教学评价方面的研究和具有推广价值的实践经验相对较少。在信息技术课程发展的起步探索阶段，基本没有相应的教学评价；在逐步发展阶段，评价逐渐引起重视，主要以统考、会考的形式进行；在全面发展阶段，特别是2003年后，伴随着第八次课程改革的实施，评价受到广泛关注，评价方法呈现多样性，评价主体呈现多元化。

（一）信息技术课程教学评价的发展历史

按照我国信息技术课程发展的历史脉络，结合不同阶段我国教育评价的发展背景，我们对起步探索、逐步发展、全面发展三个阶段的信息技术课程教学评价的实施方式与特点进行了归纳和梳理。

1. 起步探索阶段的信息技术课程教学评价

20世纪80年代到90年代初，我国的信息技术课程尚处于起步探索阶段，并没有作为必修课程在全国普及，只是以选修课程、个别地区的学科课程进行学习。当时的课程名称是"计算机课程"，学习内容包括BASIC语言、简单的程序设计、计算机基本工作原理、系统构成和较少的应用软件介绍。国家没有开设这方面的专业培养专职信息技术教师，教师大多由其它学科转入，很少有机会接受培训更新知识结构，专业素养不高，评价理念更无从谈起。

另外，从我国宏观的教育环境看，这个时期整个教育领域的课程教学评价体系都处于初级阶段。教育评价思想在我国渊源已久，但作为现代教育学科的一门分支学科却是西方的舶来品。在我国自20世纪20年代引进后约半个世纪的时间里，教育评价的发展命运多舛，时断时续，直到70年代末期，才逐步获得了持续稳定的发展。在我国，教育评价理论研究的发展大致可分为三个阶段：间续发展阶段（1900—1977）、理论积累阶段（1977—1985）和持续发展阶段（1985以后）。不难看出，信息技术课程的起步探索阶段，其时正处于我国教育评价的理论积累阶段。1982年，华东师大心理系、上海市教科所联合进行了新的学科考试研究，成为我国学科评价的开端。1983年，在武汉召开的有关会议提出要对重点学校进行评议后，部分学校开始结合实践着手研究适合我国国情的评价制度、理论和方法。这一阶段的信息技术课程教学评价尚没有成熟的理论和经验做支撑。

受上述条件的制约，这一阶段的信息技术课程教学基本没有相应的课程教学评价。个别地方、学校组织评价主要采取笔试的形式，无论评价内容还是评价形式，都非常单一，对课程教学的指导意义不大。

2. 逐步发展阶段的信息技术课程教学评价

随着计算机的普及应用，特别是随着操作系统的发展以及办公软件为代表的计算机软件的广泛使用，计算机工具论的思想逐步占据主导地位，我国信息技术课程随之取得了飞速的发展。1987年原国家教委颁布了《全国中小学计算机教育纲要》，此时的课程内容仍然以程序设计语言为主导，同时增加了计算机应用方面的内容，如文字处理、电子表格和数据库等，课程内容从一定程度上得到了丰富和发展。这一阶段，国家对信息技术课程的重视程度不断提高，通过开设相关专业、继续教育培训等方式培养了大批的信息技术课程专业教师，教师的专业素养得到了提升，对课程教学的评价也有了初步的认识。

这一阶段正是我国教育评价理论研究持续发展的阶段：1985年5月《中共中央关于教育体制改革的决定》的颁布，标志着我国教育评价的研究和实践进入了全面开展阶段；国务院在《关于第七个五年计划的报告》中又指出："要加强教育事业的管理，逐步建立系统的教育评估和监督制度"。特别是1992年春邓小平同志南巡讲话的发表及同年10月中共十四大明确提出建立社会主义市场经济体制后，在国家的引导、组织和扶持下，教育评价的研究工作和研究队伍进一步组织化、规范化。

这一阶段尽管教育评价的理论研究在轰轰烈烈、大规模开展，但研究主要集中于高等教育评估、评价，可以真正应用于义务教育阶段教学实践一线的评价方法并不多。因此，信息技术课程的评价仍然以测验学生学业成绩的可量化终结性评价为主，注重检查、鉴别功能，忽视反馈、激励、改进等功能。评价形式主要是组织统考或者会考。最初的考试方式主要是笔试，重点考查学生对基本知识、基本概念以及部分应用软件的理解与掌握。后来在考试中又增加了上机考试，考试中除客观题外，还增加了对某些应用软件特别是office系列办公软件的操作技能的考查。

> "建立各级各类教育的质量标准和评估指标体系。各地教育部门要把检查评估学校教育质量作为一项经常性的任务。"
> ——《中国教育改革和发展纲要》[1993]

3. 全面发展阶段的信息技术课程教学评价

2000年被视为我国信息技术课程的"元年"。自此，我国信息技术课程进入全面发展阶段。随着信息技术、网络技术的发展，课程内容不断丰富，减少了程序设计、计算机工作原理等内容的比重，增加了网络方面的知识，充分利用网络教育资源、探索基于网络的远程教学模式和研究性学习等。在计算机素养论的指导下，信息技术课程以培养包括信息意识、信息知识、信息能力、信息道德在内的信息素养为总课程目标。信息技术课程地位及教师专业素质进一步提高，课程评价受教育评价大环境的影响，受到普遍的重视，得到显著的发展。

我国教育行政部门用十六个字对教育评价的指导思想进行阐述，即："以评促改、以评促建，评建结合，重在建设"——评价可以通过鉴定性的方式进行，通过给被评价对象以一定的压力，达到促改促建的目的；也可通过诊断性的方式进行，通过帮助被评价对象发现问题，以达到重在建设的目的。上海市教委督导室成为第一个吃螃蟹的研究机构，率先开展了发展性教育评价的研究，并取得了阶段性的成果。发展性的教育评价不注重学校、教师和学生之间的比较，它强调评价为教育可持续发展服务。特别是第八次基础教育新课程改革实施以来，义务教育阶段的课程教学评价成为教育界研究和讨论的焦点。在这种大环境的影响下，信息技术课程评价受到广泛关注，评价方法呈现多样性，评价主体呈现多元化。广大的一线信息技术教师开始尝试运用各种评价方法对课程教学，特别是对学生的学习活动进行评价。

新课程理念下的信息技术课程教学评价主体由单一走向多元，从由教师评价发展到师生共同参与评价；评价方法从单一到多样，由简单的纸笔测验的量化终结性评价，发展到将现场观察、作品评价等质性评价与量化评价有机结合的形成性评价；评价内容从能力到素养，由关注程序设计的知识、工具应用的能力发展到关注学生的综合信息素养，整个评价体系都在逐步发展完善的过程中。

／我的理解／

新课程理念指导下的信息技术课程评价

评价目标：全面提升学生信息素养

评价内容：知识与技能、过程与方法、情感态度与价值观

评价主体：学生自评、学生互评、教师评价互为补充

评价形式：将诊断性评价、过程性评价、总结性评价有机结合

（二）信息技术课程教学中常用的评价方法

依据在课程教学中发挥的作用及评价时机的不同，信息技术课程教学评价可以分为诊断性评价、过程性评价和总结性评价。它们采用的评价方法各不相同。

1．诊断性评价

诊断性评价是在教学活动开始前，教师为了确定学生已有的学习准备程度而进行的评价。其作用是准确了解学习对象的已有知识、学习风格、学习能力等特征，以便能够在教学活动过程中有针对性地实施差异化的分层教学；同时，诊断性评价有助于找出造成学生学习困难的原因，从而能够及时采取措施帮助学生改善学习。由于学生家庭环境不同，接触计算机时间不同，小学阶段各学校开设信息技术课程也不尽相同，所以诊断性评价在初中信息技术课程教学中尤为重要。在评价方法上，诊断性评价主要采用问卷调查法进行，也可以通过查阅学生档案、摸底测验、智力测验、观察、访谈等方式进行。在评价内容方面，入学准备程度的诊断一般考虑以下因素：家庭背景，前一阶段教育中知识储备的数量和质量，注意的稳定性和广度，语言发展水平，认知风格，对本学科的态度，对学校学习生活的态度及身体状况等。

案例

诊断性评价二例

一、问题式诊断性评价

1. 你的姓名、性别？

2. 你每次使用电脑时，都习惯做些什么？

3. 你最擅长哪方面的电脑操作？

4. 家长允许你每天或每周能用多长时间的电脑？

5. 你希望本学期学点关于电脑哪方面的知识？

6. 在微机课上，你遇到学习上的困难会求助谁？

7. 你怎样帮助有电脑方面问题的朋友？

8. 你在信息技术课堂上存在哪些小缺点？本学期想要达到一个什么目标？

9. 信息技术课堂有几种角色——课代表、排长、组长、组员，你认为自己适合担当哪种角色？说说理由或你的安排。

设计教师：古寨中学　王昱雪

二、表格式诊断性评价

班级		姓名		每分钟录入汉字数	
家里是否有电脑			拥有电脑几年		
如果没有家庭电脑，主要上机或上网方式					
QQ号			电子邮箱		
上机或上网主要干什么？					
你感兴趣的电脑制作有哪些？Word电子报刊、PPT（幻灯片）、画图、网页制作、flash动画制作等。					
参加过哪类电脑相关培训或竞赛					

设计教师：塔山中学　张淑霞

2．过程性评价

过程性评价的"过程"是相对于"结果"而言的，过程性评价不仅关注学生是否达到目标，同时关注学生达成目标的路径。学生对待信息技术的态度、使用信息技术的习惯以及在信息活动中表现出的社会责任感和价值观等都是在学习过程和使用信息技术的活动中逐渐形成的，即考查学习者情感体验、态度价值观的形成这一目标是否达成必须深入了解学生的学习过程。过程性评价主要采用课堂观察法、表现性评价、档案袋评价等方法。

（1）课堂观察法

课堂观察是指教师在信息技术教学过程中动态地检查学生对教学内容（如某个知识点、某个工具操作、某种方法等）的掌握程度的评价方式，是一种即时的、有着具体的评价目的的动态评价方法，有助于教师根据学生的掌握情况有针对性地调整教学策略、教学进度等。教师可以采取提问问题、安排学生进行操作演示、要求学生介绍问题解决思路等方法，引发学生在某方面的实际表现，把握学生的学习进度和掌握程度。

（2）表现性评价

表现性评价用以考查学生在真实情景中较为复杂的实际表现，强调通过真实的行为表现来体现学习成果并实施评价。在具体操作层面上，教师可以就学生在完成一个具体任务中的实际表现来进行表现性评价。表现性评价具有灵活性、整体性的特征，它关注学生在问题解决过程中的多元表现，关注每一位学生的发展；关注学生问题解决的综合能力，而不是支离破碎的技能。表现性评价的目标要综合考虑完成任务时必需的知识、技能和情感目标，因为学生在一个基于真实情景的任务中的表现往往是以有关的知识为基础，以临场的各种操作技能为外部表现，并融入了学生的情感、态度和价值观。表现性评价任务的设计要体现情景性，将评价目标置于真实的生活场景中，让学生通过真实的问题解决过程展现自身的能力与水平。作品展示、项目型作业或实践活动都是有效的表现性评价形式。作品展示是指教师围绕某一知识内容设置作品设计任务，学生完成任务并以汇报的形式展现自己的作品、阐述自己完成任务的过程与方法，教师和其他学生对此做出评价；项目型作业或者实践活动的设计应该能够以小见大，可以让我们在一个狭窄的领域或具体的技能方面观察到大量的行为。

（3）档案袋评价

档案袋评价（Portfolio），又称为学生成长记录袋评价，是指通过收集和分析用以显示有关学生学习成就或持续进步信息的一连串表现、作品、评价结果以及其他相关记录和资料，而对学生的发展情况做出评判的一种评价方法。档案袋建立和完善的过程就是教师对学生进行评价的过程。档案袋不是随意汇集学生作品，而是有目的地收集学生发展相关的资料。

档案袋的基本成分是学生的作品，除此之外，还应该包括学生对作品产生过程的说明、学生的反思，以及教师、同伴、家长对作品的评价。档案袋由教师和学生一同建立和完善，在此过程中，教师在与学生交流的过程中也能直接观察到学生的一些方面能力的发展。档案袋材料的收集可以通过现场观察、访谈、轶事记录、成长记录等方式来完成。教师通过审阅档案袋，可以间接了解学生在知识、能力以及情感态度方面的发展；学生的作品可以反映学生学习知识和技能的结果；学生对作品产生过程的说明以及学习反思能够反映学生的情感与态度。学生通过查阅档案袋，可以回顾自己的学习历程，看到自己的努力与进步，有助于增强学生的自信心，激发他们的学习动机，同时提高其自我评价、自我反省的能力。

案例

利用课堂总结引导学生自我评价，整理学习档案

课堂总结是课堂教学的一个重要环节，在教学中起着不可忽视的作用。适当的课堂总结可以帮助学生理清知识结构、掌握内在联系，对促进学生构建自己的知识体系有很大的帮助。笔者认为，课堂总结应不仅是对本节课学习内容的总结，更应该是学生对自己一堂课学习状态、学习方法的总结与评价，甚至也可以对老师的课堂教学做简单的评价。

针对信息技术课堂教学虎头蛇尾的问题，我让学生建立了电子学习档案。从迈进信息技术教室的第一节课起，就让学生在自己使用的机器上建立自己的学习档案（WORD文档或者文本文档）。每节课快下课时，留下3分钟左右的时间，让学生梳理本节课的学习过程，把自己的收获以日记的形式记录在学习档案里。如图1-4-1。

图1-4-1 三位学生的学习档案（节选）

这个过程其实就是课堂教学环节中的小结，只是主体由教师变成了学生，形式由集体变成了个体。学生通过记录学习档案，积累收获，也锻炼了文笔。每次打开自己的学习档案，内心都充满了自豪感，"今天我又学会了新知识，掌握了新技能"。学期结束后，我将学生的学习档案进行打印、评定等级、择优进行展评，并将学习档案作为期末学科成绩等级评定的参考依据之一。

设计教师：高区神道口中学　丛宏

传统的评价过程中我们使用的是手工档案袋，这种档案袋对学生日常信息的收集、展示等都比较繁琐，费时费力，可操作性较差。随着信息技术的发展，整合了信息技术和档案袋评价技术的电子档案袋（e-profolio）逐渐发展开来。电子档案袋借助信息技术来评价学生的信息技术知识、技能与情感态度，提高了档案资料收集和处理的效率，已经成为目前被广泛应用的评价手段。

3. 总结性评价

总结性评价是在教学活动结束对教学目标实现程度做出的评价，它以预定的教学目标为基准，考察学生发展达到目标的程度。

（1）试卷评价法

试卷测试是指通过学生对一系列相应试题的回答，来检测和判断学生对信息技术基础知识的理解和掌握程度。试题围绕教学目标进行设计，目的是为了反映学生的学习结果。试题应控制选择题、填空题、匹配题等客观题题型所占的比例，适度设置开放性/主观题题型，如问题分析、作品设计等，但是由于主观性试题鼓励学生表达自己的观点，耗费时间较长，在试卷评价这种限定时间的评价方式中，试题数量不宜过多。试卷评价能够在同一时间对大量的被测者进行施测，能够有效提高测试的效率；因大部分试题为客观题，有着统一的评分标准，因此评价的信度较高；但是单单以试卷成绩来判断学生的发展也是不科学的，还要综合其他多种评价方式来共同对学生的发展做出相对客观的判断。随着信息技术的发展，电子试题库以及组卷系统已经应用于实践过程中，更是大大提高了试卷评价的效率。

（2）上机测验法

上机测试是学生通过一系列的信息技术操作来执行给定的任务，用以测查学生利用信息技术解决问题的过程、方法与能力。任务有两种类型，一类是客观题，有着相对固定的操作方法，如操作题"登陆中央电视台，将'大风车'首页中的一幅图片保存到'D：\图片'文件夹中，文件名为'网页图片'"，这类题目比较简捷，答题用时也比较少；另一类是比较综合复杂的带有一定主观性的任务，如"利用服务器上给定的材料，自定主题，制作一幅海报"，这类题目相对复杂，耗时较多，每次考试一般只能设置一个。

（3）作品评价法

与上机测试法类似，作品评价法也是用以评价学生利用信息技术解决问题的方法与能力的一种方法，与上机测试法不同的是，测试的方法是在限定时间内考察，作品评价法在完成作品的时间要求上相对宽松和灵活。教师给定作品任务，任务通常是综合性、相对复杂的，同时，教师制定最终作品的评价量表；学生依据评价标准的要求完成的给定任务，在规定日期提交作品，投入在作品上的时间由学生自行决定；教师按照评价标准评定学生的信息技能掌握程度。

无论是诊断性评价、过程性评价还是总结性评价，其实施都是以三维教学目标为根本依据，是有目的、有计划的系统化过程，可以分为制定评价方案——信息采集与分析——教学活动调整三大步骤。首先，通过预先设计量表、问卷、试卷、任务等制定评价方案。其次，进行信息的收集与分析，对所收集的信息进行综合性的描述、判断，并对结果做出解释，从而形成综合性的评价意见或建议。对评价结果的分析可以分为定性分析和定量分析，定性分析是对评价资料做"质"的分析，运用分析、综合、比较、分类、归纳、演绎等逻辑方法，更重视对过程和要素相互关系的动态分析；定量分析是从"量"的角度，运用统计分析、方差分析、回归分析等数学方法对数据的分布规律等进行分析，但是，由于教育中各种变量之间的关系相当复杂，因此，通常要与定性分析相结合。再次，根据得出的评价结果对教学活动计划进行调整。

案 例

成功在评价中体验升华

本学期威海市古寨中学各年级各学科都在使用"导学案"，落实"生命化课堂"，想方设法调动学生自主学习、合作学习的积极性，在全校范围进行听评课活动。在信息技术的听评课过程中，我发现这样一个问题：课堂上对学生的评价比较少。

当前，对于初中信息技术的课堂评价，教学中主要表现为：一、教师在教学中对学生的学习行为、学习过程的评价过于简单、含糊，并流于形式，较为普遍的为教师的口头评价，"××同学的操作很好""××同学的作品很好"，对于现在的学生来讲，毫无感召力，这样一句评价起不到多大的促进作用；二、教师对学生平时课堂学习情况的评价不够及时，往往是一个学期结束了，教师给学生一个期末学习成绩，如优秀、合格、不合格，使学生难以明白自己到底在什么方面比较成功，哪些地方需要努力；三、教师对学生的评价往往着眼于学习优秀的学生，表现显眼的学生，而忽视了一大批表现一般和学习上有困难的学生。注重于课堂上的教学与练习，轻视了对学生学习的评价。一堂课下来，很难实现对所有学生的学习与操作做一一了解。

● "以学定教"的评价思想

"教为主导，学为主体"，一切教学活动的发生都应该是着眼学生的发展，有效的课堂评价应该围绕学生的学习展开。我们评价课堂教学，更多的字眼停留在教师的教，往往忽视学生的学习表现，造成评价的对象偏失，导致现如今仍有许多老师过多注重了自己的教、学生的练，轻视了对学生练习的全面评价，从而影响课堂教学的及时改进。

日本东京大学佐藤学教授指出：教学评议的对象不是放在"应当怎样教"上面，而是要放在"学生学到了什么，有哪些薄弱环节"。教学研究的目的不是"创造出色的教授"，而在于"相互学习关系的创造"和"高水准学习的实现"。探讨的中心不是教材的解释和教师的技能，而必须着眼于每一个学生在课堂上学习的具体事实。这就是说，教学评价的核心就是学习评价，教学的好坏由学生的学习表现来决定。

● 小专题研究的着眼点：

信息技术课堂，面向全体学生的"当堂全体检查评价"

● 研究对象：初一级部部分班级的全班学生

● 研究过程：

一、对全体学生的检查评价点评

初二会考结束后，接手初一5个班级的信息技术教学，第一节是Photoshop的单元综合练习，我查阅资料，备了一节《七巧板》的综合练习，通过给定一张七巧板的jpg图片，让学生利用Photoshop中学过的知识，把七个不同颜色的七个形状分离出来，然后再重新组合成一个新的图形。

第一次上初一的课，全新的课本、全新的学生，不清楚学生的具体情况，就在下课前5分钟左右，让学生打开自己组好的图形作品，老师挨个学生挨个机器的检查、了解，顺便对学生的作品进行一两句点评，打个分数。无论是做得好的，还是做得一般的，只要是做了的，我都给予了肯定。可能以前的老师从没有这么做过，只检查了两排，后面的学生就急不可待地，"老师，看看我的！"

虽然这次检查，我给每个学生的作品打了不大高的分，做好一个给1分，没完成的只要做了，一般是0.5到0.8之间，高的也就是2到3分。但学生的情绪比做完题还要高涨，而我对全班每个学生的做题情况也有了一个全面的了解。但这短短的五六分钟却给了我极大的震撼与启示：教师一个细小的言行就能让学生体验到成功的快乐。一次常规的检查、常规的点评与激励，对于教师只是举手之劳，对于学生而言，既得到了老师的肯定，又获得了成功的体验，心理上的兴奋与快乐。人们都渴望成功，成功是奋斗的兴奋剂。

这次经历也坚定了我每节课全查全看全点评的信心与毅力。

每节课的全部检查、一对一的点评，让我在每节课课前看到了学生的变化，学生上课来的早了，无论是谁，来了就赶快打开所有的电脑，急性子的还凑上来问"老师，今天做什么？"

学生的良好表现让我喜上眉梢，尝到了一个小小的改革带来的喜悦，也让我不断地研究、探索，认真思考，发现问题。

【出现的问题】

每节课的检查与点评，经常出现前后标准不一致，对学生有失公平。最早的几节课，由于是为了了解新班的学生情况而做的常规检查，给学生打的分，版面好的自然就高，但对于有些学生题做得不错，但不注意版面编排，检查时间又不长的情况下，看得就不够仔细，分数就低，学生没注意，但自己就感到前后标准不一致，而且这个检查标准主要取决于老师，学生不清楚检查、评分的标准，要进行改进。

二、"量规"评价

量规（Rubric）是一种结构化的定量评价标准，往往是从与评价目标相关的多个方面详细规定评级指标，具有操作性好、准确性高的特点。（祝智庭，2001）虽然从字面上看量规是一个全新的名词，但从内涵上讲并不是全新的。在传统的教学评价中，人们已经自觉不自觉地应用了这种工具。例如，教师对学生作文的评价，往往会分别就内容、结构、卷面等方面所占的分数给予规定，以便更有效地进行评价。

量规与传统评分的区别主要在于对评价工具的制定与运用上，传统评价在使用量规的自觉性和规范性还远远不够，特别是对学习主体和学习过程的关注不够。

【改进方法】

1. 在每一节课的"导学案"中明确指出每一个练习每一个操作的评分标准，让每位学生都能针对自己的练习情况进行自我量规评分或为他人量规评分。

2. 针对学生的平日课堂表现，制定科学的公平的量分标准，进行明确量分。有了这个量分标准，教师就可以对学生的课堂表现、作业情况进行公平的量分，同时班长、组长以及学生自己也可根据这个标准给自己或他人评分，班组长进行当堂记录，调动学生学习的积极性。

3. 对每节课的课堂表现、练习情况的量规评分进行记录，形成长期的个人量规记录——纸质档案，学期末进行汇总，记入年终成绩。

【取得的成效】

这次改进，只是应用了量规的部分内容，但也取得了不错了课堂效果。

在本学期最后3个周，由于任课教师休产假，初一任课教师又进行了一次调整，本人继续担任以前3个班的教学，又与其他教师互换了两个班，通过这五个班最后三个周教学情况的对比，之前进行"当堂全体检查评价"的班级的学习效率、自主学习的能力明显高于后来的两个班。同样的"导学案"，同样的习题量，同样的课堂要求，前三个大部分都能完成，有的学生还提前完成；而后来的两个班只有部分好学生能够完成，大部分做不完，最明显的是初一最后的质量检测结果。全校初一级部6月中旬进行了统一的质量检测，下面是五个班的成绩（如下表），显而易见，进行当堂全面评价的班级学生成绩非常突出。

等级	进行"当堂全体检查评价"的班级			不当堂全体检查评价的班级	
	A班	B班	D班	E班	F班
A等	51	41	43	23	29
B等	6	9	4	10	6
C等	1	0	3	10	11
D等	4	11	15	20	15
各班人数	62	61	65	63	61

三、反思

1. 教改不一定是天翻地覆的变化，教学研究也不是专家们的专利，我们普通老师也能，只要有心，一个小小的改变，就能让你收获意想不到的惊喜。

2. 教师一个细小的言行就能让学生体验到成功的快乐。

3. 让学生在课堂上不断地体验学习上的一个个小的成功，能形成学习上的良性循环。通过这半学期的实践证明，学习上的成功愉悦，能够满足学生成绩动机中的自我提高的需要，增强学生的自信心，使学生获得成就感，产生强烈的新的内驱力，给新知识学习带来兴趣和动力。在这一动力的作用下。学生的创造欲望及各种能力一定会得到进一步激发和培养，从而形成学习上的良性循环。因此，我们教师要不断地鼓励学生尝试、探索、体验成功，让学生人人都有机会获得成功，人人都能体验到成功的满足感，学生就会不断去追求新的成功，乐此不疲。

4. 不断学习和运用当今优秀的教学理论和研究，可以为我们的教学带来更高的效率。

这半学期的评价研究，只取得了一点点的成绩就让我兴奋不已，信息技术的课堂教学与评价还需要更多人的参与与研究，才能形成更切实有效的评价方法。

设计教师：古寨中学　邢敏

新课程理念倡导信息技术教师将三种评价有机结合，对学生进行全面的发展性评价。虽然多元化的课程评价方法能够有效促进教学，但是由于设计、实施多元的评价方法是费时、费力的，有时候信息技术课程教师不得不因为课程进度的原因而放弃设计与实施信息技术多元课程评价，这方面还有待教育管理部门采取有效措施来平衡二者之间的关系。

你怎么看

你如何看待信息技术课程教学中的评价？

第二章　威海市初中城乡信息技术课程教学现状

本章导读

　　威海市是第一批中国沿海开放城市、全国综合经济实力50强城市。因在建立健全推进义务教育均衡发展的体制机制、着力缩小城乡、区域和学校之间的教育差距等方面的工作突出，2009年教育部授予威海市"全国推进义务教育均衡发展工作先进地区"。

　　威海市信息技术教育工作也走在了全国的前列。1995年，全市初级中学克服资金、硬件、师资等困难，开始开设信息技术课程。十八年来，威海各级政府和教育主管部门大力普及和推进信息技术教育，努力提高学生信息素养，全面实施素质教育、培养创新人才。

　　本章根据官方统计及一线调查两条途径，摸清目前威海市初中信息技术课程教学的现状，查找城乡间差异的具体表现，剖析差异产生的原因。

一、威海市初中信息技术课程教学综述

近二十年来，威海市经济快速发展。作为沿海发达地市，政府投入大量资金为学校配备了大量的现代教育技术软硬件资源。各级教育行政、业务主管部门以科学发展、和谐发展为信息技术教育的中心点；以提高中小学生信息素养和推进信息技术在教育教学中的应用为基本点；以提高应用水平为出发点，广泛开展信息技术与课程整合和现代教育技术理论研究，并通过多种途径对信息技术教师进行全方位培训。从最早的实验教学到目前的独立课程，从早期的计算机课到现在的信息技术课，威海市的初中信息技术课程教学经历了怎样的发展历程？本节将结合教育相关部门统计的数据和提供的资料进行阐述。

一线教师访谈

"我认为威海市初中信息技术课程教学整体看还是很好的，学生的操作与技能完全可以满足平常生活和学习的需求。"

——皇冠中学　赵珺

"开课很正规，学校层面能保证课时。上级部门的培训和教学组织也很到位。教师的教学积极性较前些年有提高。"

——塔山中学　徐晓宁

"在义务教育学段的学校整体课程体系中，我们的份量略显羞涩，我们的作用略显绵薄，但信息技术作为未来主人必须掌握的一项基本技能，他们会在不远的将来，体会并认识到信息技术学习对于他们的意义。而我们现在做的，正是铺路筑石的工作，任重道远。"

——文登二中　孙传卿

/ **我的理解** /

教材、教师及硬件设备是决定信息技术课程能否规范开设的三大因素。十八年来，在各级政府、教育主管部门的正确领导和大力支持下，威海市所有中小学校全部开设信息技术课程。从威海市教育局计财科、教研中心等部门了解到，目前，威海市初中学校共有信息技术教师240人，使用泰山出版社出版的《山东省初中信息技术》教材，学校的硬件设施能够满足开设信息技术课程的需要，城乡间的差异不大，差别主要体现在教育理念、师资建设等"软实力"方面，但呈现出日益缩小的趋势。这得益于威海市近年来在义务教育优质、高位、均衡发展方面所做的大量工作。

（一）教材变更情况

20年来，信息技术课程从无到有，从最初的计算机课到现在的信息技术课，信息技术教学在潜移默化中发生了翻天覆地的变化。随着计算机系统性能的指数式飞跃和软件更新的日新月异，信息技术教育不断发展，信息技术教材也在不断改版。

1995年课程开设初期，威海市主要使用北京师范大学出版社《中学计算机基础教程》教材，教材主要内容包括计算机原理以及指法基础、汉字输入、DOS操作系统、WPS文字编辑、BASIC基础编程等在当时红极一时的应用软件。也有部分学校使用清华大学出版社出版的《中学信息学（计算机）基础》教材，主要包括信息学初步、计算机基本操作、CCED文本处理、Windows图形用户界面、LOTUS1-2-3电子数据表格等内容。2000年，教育部颁布了《中小学信息技术课程指导纲要》，提出各地从实际出发，积极创造条件，推进中小学信息课程建设，对中小学信息技术教学提出了基本要求。在这种时代背景下，泰山出版社根据《中小学信息技术课程指导纲要》和《山东省中小学信息技术课程教学大纲》编写了《山东省初中信息技术》教材，威海市初中学校2001年开始统一使用该教材。

教材分二册共七章，主要包括信息技术基础知识、操作系统、文字处理、计算机系统概论、网络基础及其应用、电子表格、多媒体信息处理等章节。此后的十年，教材在更新原有内容基础上不断进行改版，陆续增加了"多媒体信息的获取与加工""程序设计初步（VB）""Flash动画制作""智能机器人""常用工具软件""网络信息表达""图像获取与加工""用博客发表文章"等内容，教材编写理念与体系也在不断改进，注重从初中学生的年龄、生活、学习特点出发，按照信息需求的线索组织教材，采取讲练结合、综合实践、研究性学习等多种形式灵活展开教学活动，并着重突出信息技术的应用能力培养和技术价值认识的提升。尤其是每章的思维导图，以全新的、人本化的思维过程图示引导同学理解本章的结构，理清本章的脉络，深刻地领悟技术对于实践应用的价值所在。

案例

1995年与2012年教材内容及编排体系对比

北京师范大学出版社《中学计算机基础教程》	泰山出版社《信息技术》
第一章 进入计算机世界	第一册上：
第一节 信息与信息社会	第一章 信息技术通用操作
第二节 计算机基础知识	第1节 用户界面
一、计算机的发展史	第2节 编辑操作
二、计算机的特点	第3节 帮助文档
三、计算机是如何工作的	第二章 从因特网上获取信息
（一）计算机的组成	第1节 浏览信息
（二）计算机的硬件	第2节 捕获信息
（三）计算机的软件	第3节 搜索信息
四、中国的计算机事业的发展	第三章 从因特网上下载信息
☆第三节 计算机与人类社会	第1节 保存图文
一、计算机在社会中的应用	第2节 文件下载
二、计算机带来的机会与挑战	第四章 科学的管理资源
第四节 计算机的基本操作	第1节 分类存储
一、软磁盘的使用	第2节 网络共享
（一）软磁盘简介	第五章 在因特网上交流信息
（二）使用软磁盘应注意的问题	第1节 电子邮件
二、启动	第2节 网络论坛
（一）冷启动	第3节 即时通讯
（二）热启动	第一册下：
三、关机	第一章 文章的编排与修饰
四、键盘与指法	第1节 编辑文章
（一）键盘	第2节 修饰文章

续表

第四节 编辑技巧	第四章 交互动画创作
一、排版	第1节 认识代码
（一）设置左边界	第2节 使用按钮
（二）设置右边界	第3节 拖动控制
（三）段落重排	第4节 影片剪辑
二、寻找与替换	实践项目 剖析音乐播放器
（一）寻找操作	第二册下
（二）寻找且替换	第一章 多媒体作品的创作
（三）寻找某行	第一节 规划设计
三、块操作	第二节 图文并茂
（一）块的定义	第三节 有声有色
（二）块的操作	第四节 动感体验
（三）块的取消	第五节 精彩放映
四、自动制表	实践项目 阳光体育嘉年华
第五节 文件打印与其他功能	第二章 网络信息的表达
一、文件打印	第一节 构建网页
二、其他功能	第二节 链接信息
☆第六节 其他字处理软件简介	第三节 嵌入视频
一、WORDSTAR简介	实践项目 制作魅力家乡宣传网页
二、中文WORDSTAR简介	第三章 用博客发表文章
三、CCED简介	第一节 感受博客
第三章 计算机的管家—DOS	第二节 建立博客
第一节 对DOS的初步认识	第三节 管理博客
一、DOS的作用	实践项目 我的博客我做主
二、DOS的启动	
三、磁盘上的文件	
第二节 DOS的常用命令	
一、显示磁盘文件目录——DIR命令	
（一）显示当前盘上的文件目录	
（二）磁盘驱动器的转换	
（三）用"＊"和"？"代替文件名	
二、复制磁盘文件——COPY命令	
三、磁盘文件改名——RENAME命令	
四、删除磁盘文件——DEL命令	
五、清除屏幕——CLS命令	

续表

六、显示和修改日期——DATE命令	
七、显示和修改时间——TIME命令	
八、软磁盘格式化——FORMAT命令	
九、复制一张软磁盘——DISKCOPY命令	
第四章　BASIC程序	
第一节　让计算机计算	
一、将GWBASIC调入内存	
二、用PRINT命令做计算	
第二节　简单BASIC程序	
一、计算机演奏音乐的程序	
二、预测身高的咨询程序	
三、统计汽车加油站储油量的程序	
第三节　能进行判断的程序	
一、计算机出算术题	
二、流程图	
三、统计考试成绩的程序	
第四节　能重复执行的程序	
一、输出数学用表	
二、在循环语句控制下出多道算术题	
三、换个思路解应用题	
第五节　本章小结	
一、程序的三种基本结构	
二、语句定义符	
三、作用于程序的几个BASIC命令	
☆四、程序设计的基本步骤	
注：带"☆"的章节为选学部分或阅读材料	

　　综观各个版本的教材，教材介绍的软件紧随信息技术发展的步伐，编写体系注重信息时代对学生们的信息素养要求，既考虑了初中非零起点教学需求，同时为零起点同学提供了必要的学习渠道。学生通过参与不同形式、不同内容的信息技术活动，在熟练掌握基础知识和基本技能的前提下，获得可迁移的信息技术，提高了对信息技术新发展的适应能力。教材注重培养学生的创新思维与创新能力，引导学生树立利用现代技术解决问题的观念，从而为学生未来的可持续发展打下坚实的基础。

（二）教师队伍情况

20年来，威海市初中信息技术教师队伍不断壮大，教师素质不断提升。仅近三年，威海市初中信息技术教师共有9人次在山东省优质课中获奖，6人次在山东省教学技能大赛中获奖，并涌现一批在省、市具有相当影响力的教学能手、学科骨干。根据从威海市教育局计财科获得的数字，威海市信息技术教师现共有初级中学90所，信息技术教师共计240人。从性别组成看，男性占59.6%，女性占40.4%；从城乡分布看，城区教师占45.8%，乡镇学校占54.2%；从学历组成情况看，本科学历教师占92.08%，硕士研究生占1.25%，专科学历占6.67%。如表2-1-1所示。

表2-1-1　威海市初中信息技术教师情况汇总表

类别	学校数	教师数	性别组成		学历构成		
			男	女	硕士	本科	专科
城区	32	110	47	63	2	101	7
乡镇	58	130	96	34	1	120	9

从以上数据看，由于信息技术学科起步比较晚，教师学历水平比较高，业务素质比较过硬，但教师队伍真的让人满意吗？我们以文登市信息技术教师队伍情况为例进行了分析：2012年文登市初中信息技术学科教师共计47人，其中计算机教育、计算机应用、教育技术等信息技术相关专业的仅有18人，占38.30%；物理、应用电子技术等与计算机硬件相关专业的5人，占10.64%；其余24人则是其他学科转任而来。从以上数据不难看出，信息技术学科教师队伍的专业素养还比较薄弱，急需在工作实践中不断学习学科专业知识和教育教学理论。

从年龄组成上看，35岁以下的10人，占21.28%；35至40岁的22人，占46.81%；41岁至50岁的15人，占31.91%。从这组数据可以看出，由于信息技术是新兴学科，与其他文化学科相比，具有知识总量大，知识更新周期短的特点，信息技术教师必须持续补充、学习新的软硬件知识。另外在信息技术课堂上维持学生学习焦点的难度比较大，教师很难预期学生注意力和焦点的分散，因而教师必须不断更新教学策略和教学方法。由于以上两方面的原因，40多岁的中年教师任教该学科往往会感觉力不从心，从而选择承担一些难度较低的经验型工作，教师队伍亟需补充新鲜血液。

从教师承担的工作看，绝大多数信息技术教师兼任着网络管理、网站维护、硬件维修、学籍管理等学科相关工作，还有不少老师担任教导干事或者兼任其他学科课程。老师们在这些服务性、支撑性工作中消耗了大量的时间和精力，甚至将自己定位为后勤工作人员，导致老师们的教研意识和学习意愿淡薄，影响了教师的专业成长。

从教师参加教学比赛获奖情况看，在威海市乃至山东省比赛获奖的教师，绝大多集中在市区学校，这也从一个侧面反映了城乡间教师素质存在着差距。从笔者调研听课情况看，城区学校教师的教育理念比较先进，教学方法比较得当，课堂上尊重学生主体地位，注重培养学生的自主学习能力；而农村学校的部分教师将信息技术课程看作是简单地传授知识、学习技能的工具性课程，认为只要教会学生使用课本中规定的有关软件就足够了，是否合理、有效、充分使用信息技术无足轻重。甚至有部分学校以应对信息技术学业水平考试为终极目标，平时只讲授学业水平考试涉及的章节，教师对信息技术教学理念缺乏必要的科学的理解，不能正确领会信息技术课程目标，教学观念和教学行为都亟待改善。

（三）设施配备情况

20年来，威海市教育信息化建设与应用稳步推进。20世纪90年代信息技术教学刚刚兴起时，由于资金紧张，设备昂贵，学生计算机教室中往往只有寥寥十几台IBM PC 386/486兼容机，13寸的黑白显示器，上课时几个学生共用一台计算机；如今步入计算机教室，清一色的品牌机，配备强劲的双核甚至四核处理器，大屏幕液晶显示器整齐划一，让人倍感心情舒畅。近几年，教学用计算机设备数量不断增加，性能不断提高，档次不断提升，仅2011年全市就增加和更新了1.4万台师生使用的计算机，使得全市中小学教师基本实现每人配备一台计算机，小学、初中、高中学校生机比分别达到11.2：1、11：1和9.5：1。根据威海市教育局对全市初级中学教育技术装备的统计数据，截止2013年2月，威海市共有在校生91091人，配备计算机教室174间，共计投资31102864元。全市初中均按要求开足学时，生均每学年上机学习57课时，学科教学质量稳步提升。近几年随着全市义务教育城乡均衡发展工作的稳步推进，以及校安工程的全面实施，乡镇初级中学的计算机教室建设突飞猛进，无论是计算机的数量还是质量，都有赶超城区学校之势。从计算机数量上看，以文登市为例，市区四处初级中学共有在校生10198人，配备计算机953台，人机比10.7：1；乡镇12处初级中学共有在校生6585人，配备计算机926台，人机比7.1：1。学生用计算机的内存容量大致可以体现出计算机的购买时间，以文登市为例，截止2012年5月，计算机教室中配备的计算机，256M内存的共851台，512M内存的共319台，1G以上内存的共634台。

案例

文登市近年来计算机配备情况

根据1995年初文登市教育工作会议提出的教育现代化的奋斗目标，教育局确立了以"计算机配备更新、校校通和'班班通、堂堂用'"工程建设为主要内容，全面打造先进的文登市教育城域网，以教育信息化建设推动教育现代化发展的思路。

根据邓小平同志"计算机要从娃娃抓起"的指示，早在"八五"期间，原国家教委专门成立了全国中小学计算机教育领导小组。在政府的有力推动下，我国中小学计算机配备水平发展很快。1993年6月，文登市实验小学建起了一间由21台286计算机组成的计算机教室，这是文登市中小学第一间计算机教室。1995年初，文登市委、市政府召开全市教育工作会议，提出到2008年用14年的时间实现全市教育现代化的奋斗目标。这标志着文登市的教育信息化建设步入了快速发展的历史时间。从此，文登市中小学计算机从无到有，规模从小到大，发展十分迅速。2005年采购台式机80台，用于充实各初中学校教师和学生用计算机。2007年采购笔记本150台，分配给班班通配套使用；2009年投资300余万元采购台式计算机1012台，除357台用于班班通工程配套使用外，其它计算机全部用于充实二中、实验中学、张家产中学、宋村中学和莒家中学的师生用计算机。到2010年，文登市中小学共拥有计算机9930台。

（摘自《文登教育志》十二编二章二节学校信息化建设设施配备）

1991年—2010年文登市中小学历年计算机采购情况一览表

年份	投资金额（万元）	采购数量（台）	年份	投资金额（万元）	采购数量（台）
1993	6	21	2003	545	1178
1995	32	122	2004	232	791
1996	45	137	2005	182	533
1997	27	98	2006	162	511
1998	67	208	2007	479	1710
1999	106	381	2008	91	274
2000	154	307	2009	325	1139
2001	103	250	2010	192	594
2002	153	375			

通过以上多组数据以及对案例的分析可以看出，近几年随着威海市经济的迅猛发展，以及各级政府对教育信息化的日渐重视，新购置计算机数量激增，计算机硬件条件不断优化，城乡间在硬件配置方面的差距日益缩小，完全能够满足信息技术教学要求。

综上所述，20年来，在各级政府、教育主管部门的正确领导和大力支持下，威海市信息技术课程经历了从无到有、从计算机课到信息技术课、从仅凭任课教师的"信口开河"到拥有完善的教材教辅、从培养学生的基础知识基本能力到培养学生综合信息素养的发展历程。威海市目前所有初中学校能够按照《山东省九年义务教育阶段基本办学条件标准配备要求》中的相关条款配置计算机教室，硬件设施满足开设信息技术课程的需要，城乡间的差异不大；能够根据国家课程方案的要求，开设课程，开足课时，信息技术教学已经步入良性发展轨道。城乡间的差异主要体现在教育理念、师资建设等"软实力"方面，且呈现出日益缩小的趋势。这得益于威海市近年来在义务教育优质、高位、均衡发展方面所做的大量工作。

你怎么看

1. 你认为有目前信息技术课堂教学中存在的主要问题是什么？

2. 关于信息技术课程师资队伍建设，你有哪些建议或措施？

二、威海市初中城乡信息技术课程教学现状调查

从官方的统计数字及提供的资料看，目前威海市初中信息技术教育经过多年的探索和实践，取得了长足的发展。为了进一步摸清威海市城乡初中信息技术课程教学现状，剖析信息技术课程教学中教师队伍建设、课堂教学质量、教学方法研究等方面存在的问题与原因，探寻城乡信息技术课程教学高位、优质、均衡发展之路，笔者分别编制了"初中信息技术课程教学现状调查问卷"教师问卷和学生问卷，在全市初中信息技术课程教学一线进行了抽样问卷调查。

> **一线教师访谈**
>
> "目前，城乡信息技术教学软硬件配备上已经不存在明显差异，主要应该是体现在师资和教师的教学观念上，农村有不少学校是其它学科教师兼职信息技术。"
>
> ——塔山中学　徐晓宁
>
> "学生基本操作存在差异，城里的孩子家里多数有电脑，电脑操作比较流利；乡下孩子家里有电脑的少，操作不熟练，课堂教学任务不能及时完成。"
>
> ——崮山中学　许庆海
>
> "就本镇情况来说，学生差异很大，在小学，中心小学能开课，而村小则不能正常开课，导致升入初中后学生差异大，一部分学生基本操作都有问题，而优秀生则不满足课堂教学内容。城里则不存在这个问题。"
>
> ——张家产中学　杨杰

我的理解

信息技术课程教学的健康发展，需要进一步更新教育观念、加大资金投入力度、有效整合现有资源、加强师资队伍建设、改革教学方法等，只有科学管理，全面落实，才能真正实现高位优质均衡发展。

根据以上思路，笔者从教师基本情况、学校情况、课堂教学情况、教学研究情况、学生信息素养等方面设计了调查问卷，力求以真实、科学的数据来分析威海市初中信息技术课程教学现状。

通过调查、统计与分析，得到的结果与威海市教育主管部门掌握的情况基本一致。即：城乡间在信息技术课程硬件设施配备方面没有明显差异，甚至在一些新建的农村学校中，其信息技术硬件建设要好于部分城市学校，这些城市学校因为建校早、投入早，部分机房存在老化急需更新换代等问题；在教育理念、师资建设、课堂教学等方面农村学校存在着一定的差异。

（一）调查实施概述

1. 问卷设计

问卷采用无记名方式，以封闭性单项选择题为主，辅之少量的开放性问题。

（1）教师问卷主要由五部分组成：

第一部分：基本情况，1-5题，主要了解被调查者的基本情况，包括性别、工作年限、学历、学科适应性等。

第二部分：学校情况，6-12题，主要考查教师的信息技术应用环境状况，包括所在学校的位置、基本设施的配备、学校的应用机制等，旨在了解城乡学校已经具备现代教育技术设备的情况，以及学校领导的理念、学校教育管理机制等实际情况。本环节有关设施配备的问卷仅仅涉及了教师日常工作中应用最为基础的部分。

第三部分：自我评价，13-23题，主要考查教师的课程教学情况。这一部分内容主要针对教师的教学理念、教学设计、教学方法、教学评价等方面进行设计。

第四部分：教研情况，24-28题，主要了解教师对教学研究所持态度和价值取向。

第五部分：教学资源及其它，29-32题，主要了解影响《信息技术》教学的其它相关因素情况，包括学校的教学资源、学生的信息素养、家长对《信息技术》学科的态度等。

（2）学生问卷主要由三部分组成：

第一部分：说说你自己吧，1-10题，主要了解被调查者的基本情况，包括性别、对信息技术课的认识和态度、学校的计算机配备、《信息技术》课程开课情况以及家人对学生学习信息技术的主观态度、重视程度等。

第二部分：聊聊你的信息技术老师吧，11-20题，主要了解学生眼中的教师如何组织课堂教学，包括教师的课堂设计、课堂提问、教学方法、对学生的关注程度、对学生的学习评价等。

第三部分：让我们进一步走近你，21-33题，主要考查学生的信息素养情况。这一部分内容包括信息意识（21-23题）、信息知识（24-26题）、信息技能（27-30题）、信息道德（31-33题）。

2．调查对象

本调查研究主要对威海市所辖城乡部分初中教师和学生进行抽样问卷调查。教师对象的基本情况见表2-2-1，学生对象的基本情况见表2-2-2。

（1）教师部分

表2-2-1 教师的基本情况（N=151）

		频率	百分比
性别	男	84	55.6%
	女	67	44.4%
地域	城市	51	33.8%
	农村	100	66.2%
专/兼职	专职	116	76.8%
	兼职	35	23.2%
工作年限	1-4年	12	7.9%
	5-10年	23	15.2%
	10年以上	116	76.8%
学科适应性	专业对口	66	43.7%
	专业相近	40	26.5%
	专业不对口	45	29.8%

学历	专科	14	9.3%
	本科	135	89.4%
	研究生	2	1.3%

从表2-2-1教师的基本情况分布上看，男教师84人，占55.6%，女教师67人，占44.4%。从调查对象学校的位置来看，城区教师51人，占33.8%，农村教师100人，占66.2%。从调查对象的工作时间分布来看，1-4年以下的年轻教师12人，占7.9%，5-10年的中青年教师23人，占15.2%，10年以上的老教师116人，占76.8%。从调查对象的学科适应性分布来看，所学专业对口66人，占43.7%，相近40人，占26.5%，不对口45人，占29.8%，专职信息技术教师116人，占76.8%，兼职教师35人，占23.2%。从调查对象的学历分布来看，专科14人，占9.3%，本科135人，占89.45%，研究生2人，占1.3%。

（2）学生部分

表2-2-2　学生的基本情况（N=473）

		频率	百分比
性别	男	224	47.4%
	女	249	52.6%
地域	城市	236	49.9%
	农村	237	50.1%
年级	初一	213	45.0%
	初二	260	55.0%
家中有无计算机	有	298	63.0%
	没有	175	37.0%

从调查对象的性别上看，男生224人，占47.4%，女生249人，占52.6%。从调查对象的区域上看，城市236人，占49.9%，农村237人，占50.1%。从学生的年级分布上看，初一年级213人，占45%，初二年级260人，占55%。298人家中有计算机，占63%，175人家中没有计算机，占37%。

3．调查的实施

调查时，主要通过抽样学校的教导处发放和回收问卷，共发放教师问卷163份，回收问卷160份，有效问卷151份，有效回收率为92.6%；发放学生问卷600份，回收问卷597份，有效问卷473份，有效回收率为78.8%。同时，对问卷调研的目的和意义、调查对象的抽样原则、问卷实施需要注意的问题等进行了详细的说明，力求让受访者尤其是学生认真对待，确保数据的准确性和真实性。

（二）调查结果分析

1．学校的教学条件和学生的学习条件

表2-2-3 教师办公用计算机情况统计表

	城 市		农 村	
	人数	比例	人数	比例
有	50	98%	93	93%
没有	1	2%	7	7%
合计	51	100%	100	100%

表2-2-4 学校计算机教室配备情况统计表

	城 市		农 村	
	人数	比例	人数	比例
配备符合要求，学生人手一机	49	96.1%	89	89%
配备符合要求，达不到人手一机	0	0%	0	0%
配备不符合要求，学生人手一机	2	3.9%	11	11%
配备不符合要求，达不到人手一机	0	0%	0	0%
合计	51	100%	100	100%

表2-2-5 学校《信息技术》课程落实情况统计表

	城　市		农　村	
	人数	比例	人数	比例
课时开足	48	94.1%	87	87%
偶尔被挤占	3	5.9%	11	11%
不能保证	0		2	2%
合计	51	100%	100	100%

表2-2-6 学校组织信息技术教师培训、学习情况统计表

	城　市		农　村	
	人数	比例	人数	比例
经常	37	72.5%	63	63%
偶尔	13	25.5%	37	37%
从不	1	2.0%	0	
合计	51	100%	100	100%

表2-2-7 学校组织信息技术学科备课情况统计表

	城　市		农　村	
	人数	比例	人数	比例
集体备课	44	86.3%	47	47%
个人备课	7	13.7%	52	52%
没有备课，凭个人经验	0		1	1%
合计	51	100%	100	100%

表2-2-8 学校组织学科教研活动情况统计表

	城 市		农 村	
	人数	比例	人数	比例
经常	34	66.7%	51	51%
偶尔	13	25.5%	40	40%
从不	4	7.8%	9	9%
合计	51	100%	100	100%

如上列组表所示，随着近几年威海市经济的健康快速发展，各级政府对教育信息化的重视程度越来越高，教师的办公用计算机基本达到人手一机，城市教师拥有独立办公用计算机的比例稍高于农村教师。供学生学习使用的计算机教室条件差别不大，城市中计算机完全能够达到教学要求并且保证人手一机的比例是96.1%，农村是89%，另外根据笔者的实地调研，部分新建农村学校的硬件配备要明显优于个别城市学校，这些城市学校因计算机教室建成时间早，使用时间长，存在机器老化急需更新换代等问题。

从是否能开足课时这个角度看，学校对信息技术课程的重视程度也表现出较大差异。城市学校中可以保证开足课时的占94.1%，农村学校是87%，还有13%的学校不能保证开足课时，这也间接体现了城乡学校领导的规范办学意识与素质教育理念上的差距。

从教师的继续教育与专业提升情况看，城市中经常组织对信息技术教师进行培训、学习的占72.5%，农村是63%；城市中组织信息技术学科进行集体备课的占86.3%，而农村只有47%；城市中经常组织学科教研活动的占66.7%，农村是51%，从这三项数据可以看出，全市信息技术学科的教研教学工作还有待进一步规范，尤其是农村初中信息技术教师由于缺少领导、同事在专业成长上的关注和支持，难以建立共同的专业发展愿景，缺乏开展教学讨论的条件，专业发展环境和氛围亟待改善。

表2-2-9 学生家中计算机情况统计表

	城　市		农　村	
	人数	比例	人数	比例
有	203	86%	95	40%
没有	33	14%	142	60%
合计	236	100%	237	100%

表2-2-10 学生对信息技术课的认识情况统计表

		城　市		农　村	
		人数	比例	人数	比例
对信息技术课重要性的认识	重要	223	94.5%	206	86.9%
	一般	12	5.1%	28	11.8%
	不重要	1	0.4%	3	1.3%
	合计	236	100%	237	100%
对信息技术课的喜欢程度	非常喜欢	179	75.8%	173	72.9%
	一般	55	23.4%	63	27%
	不喜欢	2	0.8%	1	0.1%
	合计	236	100%	237	100%

表2-2-11 家长对信息技术学科所持态度情况统计表

		城　市		农　村	
		人数	比例	人数	比例
教师	支持	40	78.4%	67	67%
	一般	11	21.6%	29	29%
	不支持	0	0%	4	4%
	合计	51	100%	100	100%

学生	支持	193	81.8%	160	67.5%
	一般	28	11.9%	37	15.6%
	不支持	15	6.4%	40	16.9%
	合计	236	100%	237	100%

如上列组表所示，城市学生与农村学生家庭条件相差较大，城市学生家中有计算机的占86%，农村只有40%，这就决定了城乡学生的学习起点存在着一定的差距。学生对信息技术课程的认识相差不大，94.5的城市学生认为学习信息技术非常重要，农村学生是86.9%，另有5.5%的城市学生、13.1的农村学生认为一般或不重要；75.8%的城市学生、72.9%的农村学生都非常喜欢信息技术课程，另有24.2%的城市学生、27.1%的农村学生认为信息技术课一般或不喜欢。在家长对信息技术学科所持态度这个问题上，教师认为：78.4%的城市家长持支持态度，农村家长支持的占67%，21.6%的城市家长、33%的农村家长持不支持态度。学生认为：81.8%的城市家长持支持态度，农村家长占67.5%。另有6.4%的城市家长、16.9%的农村家长持不支持态度。以上数据表明，城市学生的学习条件相对较好，农村学生的学习条件相对较差，城市学校的学生和家长更重视信息技术学科的学习。

2. 师资力量

表2-2-12 教师学历情况统计表

	城　市		农　村	
	人数	比例	人数	比例
专科	2	3.9%	12	12%
本科	47	92.2%	88	88%
研究生	2	3.9%	0	
合计	51	100%	100	100%

表2-2-13　教师工作年限情况统计表

	城　市		农　村	
	人数	比例	人数	比例
1-4年	4	7.8%	8	8%
5-10年	11	21.6%	12	12%
10年以上	36	70.6%	80	80%
合计	51	100%	100	100%

表2-2-14　教师所学专业与学科教学适应性情况统计表

	城　市		农　村	
	人数	比例	人数	比例
专业对口	28	54.9%	38	38%
专业相近	13	25.5%	27	27%
不对口	10	19.6%	35	35%
合计	51	100%	100	100%

表2-2-15　教师专、兼职情况统计表

	城　市		农　村	
	人数	比例	人数	比例
专职	44	86.3%	72	72%
兼职	7	13.7%	28	28%
合计	51	100%	100	100%

如上列组表所示，城市学校的师资力量优于农村学校。城市教师的学历普遍高于农村学校，其中本科以上学历城市达到了96.1%，农村是88%。教师队伍中，处于职业黄金期5-10年的城市教师占21.6%，农村只有12%。城市教师中，专业相近或对口的占80.4%，农村只有65%。城市中的专职教师占到了86.3%，农村是72%。这些数据也说明各级领导比较重视硬件投入，但师资力量方面还需要加强，尤其是农村学校由于教育技术人员配备不完善，信息技术教师在承担自己的教学工作之余，还要

充当技术工作人员。由于这些工作繁杂而又得不到足够的肯定，因而很多信息技术教师缺少成就感和专业成长的强烈意愿。

3．教学研究

表2-2-16 教师课堂教学情况统计表

		城 市		农 村	
		人数	比例	人数	比例
教材理解	了解	33	64.7%	52	52%
	一般	15	29.4%	44	44%
	不了解	3	5.9%	4	4%
	合计	51	100.0%	100	100%
教学设计	有详细、完整的教学设计	30	58.8%	41	41%
	只有简案	20	39.2%	56	56%
	没有教学设计	1	2.0%	3	3%
	合计	51	100.0%	100	100%
课堂教学完整性	非常完整	46	90.2%	71	71%
	很少比例课时	4	7.8%	22	22%
	讲到哪算哪	1	2.0%	7	7%
	合计	51	100.0%	100	100%
主动创设教学情境	每节课	38	74.5%	43	43%
	部分重点课	12	23.5%	50	50%
	很少这样做	1	2.0%	7	7%
	合计	51	100.0%	100	100%
讲授法使用频度	几乎不用	1	2.0%	3	3%
	一半左右	26	51.0%	51	51%
	大多数课堂	10	19.6%	24	24%
	每节课	14	27.5%	22	22%
	合计	51	100.0%	100	100%

学生自主探究活动使用频度	经常	14	27.5%	33	33%
	一半左右	27	52.9%	40	40%
	很少	10	19.6%	24	24%
	从不	0	0.0%	3	3%
	合计	51	100.0%	100	100%
共性困难解决方案	广播教学	15	29.4%	48	48%
	学生演示	18	35.3%	26	26%
	小组协作	18	35.3%	23	23%
	使用帮助资源	0	0.0%	3	3%
	合计	51	100.0%	100	100%
课堂提问对象	兼顾各层次学生	33	64.7%	54	54%
	只提问好同学	11	21.6%	19	19%
	很少提问	7	13.7%	27	27%
	合计	51	100.0%	100	100%
是否注重培养学生思考	很注重	42	82.4%	54	54%
	偶尔	9	17.6%	42	42%
	从不	0	0.0%	4	4%
	合计	51	100.0%	100	100%
是否注重学习方法的培养	很注重	41	80.4%	82	82%
	偶尔	9	17.6%	15	15%
	从不	1	2.0%	3	3%
	合计	51	100.0%	100	100%
是否对学生学习进行评价	经常	46	90.2%	67	67%
	偶尔	5	9.8%	32	32%
	从不	0	0.0%	1	1%
	合计	51	100.0%	100	100%

表2-2-17 教师课堂教学情况统计表（学生评价）

		城 市		农 村	
		人数	比例	人数	比例
课堂管理	气氛活跃，积极学习	196	83.1%	176	74.3%
	课堂混乱，各行其是	13	5.5%	11	4.6%
	课堂沉闷，按要求学习	27	11.4%	50	21.1%
	合计	236	100.0%	237	100.0%
课堂进程	有趣的任务教学	165	69.9%	102	43.0%
	先讲授后练习	47	19.9%	109	46.0%
	自己对照课本练习，然后集中讲解	24	10.2%	26	11.0%
	合计	236	100.0%	237	100.0%
老师的提问	提问很多，各层次同学都有	210	89.0%	172	72.6%
	提问很少	14	5.9%	27	11.4%
	不提问	12	5.1%	38	16.0%
	合计	236	100.0%	237	100.0%
对学生提出的疑惑	鼓励并尽量回答	228	96.6%	199	84.0%
	不鼓励	7	3.0%	35	14.8%
	不予理睬	1	0.4%	3	1.3%
	合计	236	100.0%	237	100.0%
动手操作时间	70%以上	172	72.9%	145	61.2%
	70-50%	44	18.6%	59	24.9%
	50-30%	16	6.8%	24	10.1%
	30%以下	4	1.7%	9	3.8%
	合计	236	100.0%	237	100.0%

续表

老师经常采用的教学方法	讲授法	117	49.6%	145	61.2%
	任务驱动法	31	13.1%	45	19.0%
	发现式学习	47	19.9%	25	10.5%
	小组合作学习	53	22.5%	28	11.8%
	网络资源学习	2	0.8%	0	0.0%
	其它	0	0.0%	0	0.0%
	合计	250	105.9%	243	102.5%
老师对你个人学习的关注情况	经常关注	148	62.7%	127	53.6%
	偶尔关注	80	33.9%	64	27.0%
	从不关注	8	3.4%	46	19.4%
	合计	236	100.0%	237	100.0%
跟不上进度时老师的态度	讽刺挖苦	9	3.8%	13	5.5%
	不管	13	5.5%	25	10.5%
	耐心帮助	214	90.7%	199	84.0%
	合计	236	100.0%	237	100.0%
是否评价学生的学习成果	经常评价	167	70.8%	140	59.1%
	偶尔评价	61	25.8%	72	30.4%
	从不评价	8	3.4%	25	10.5%
	合计	236	100.0%	237	100.0%
对教学效果的评价	学会很多知识和操作	208	88.1%	167	70.5%
	学到一些知识，操作不熟练	24	10.2%	59	24.9%
	什么都不会	4	1.7%	11	4.6%
	合计	236	100.0%	237	100.0%

如上列组表所示，以上数据表明，城市、农村教师在信息技术课堂教学中表现出了较大的差异，差异主要表现在备课、教学环节、教学方法和教学评价等几方面。同时，城乡的信息技术课堂教学也存在着一定的共性问题，主要表现在普遍忽视备课、评价。只有58.8%的城市教师和41%的农村教师坚持每节课都进行详细、完整的教学设计。90.2%的城市教师和71%的农村教师认为自己的每一节课都有非常完整的教学环节，分别有2%的城市教师和7%的农村教师在课堂上是讲到哪里算到哪里，不重视课堂巩固练习和小结。能够坚持为每一节课主动创设教学情境的城市教师占74.5%，农村只有43%。分别有19.6%的城市教师和27%的农村教师很少或从未在课堂上引导学生进行自主探究学习。对于学生学习中遇到的共性困难，农村教师更偏向于广播讲解，这一比例占到48%，而城市教师则倾向于让学生演示或小组协作，比例占到了35.3%。在课堂提问上，注意兼顾不同层次学生进行提问的城市教师占64.7%，农村是54%，另分别有13.7%的城市教师和27%的农村教师很少进行课堂提问。82.4%的城市教师重视培养学生的思考能力，农村只有54%。90.2%的城市教师能够做到经常对学生的学习进行评价，农村只有67%。

认为课堂沉闷或混乱的城市、农村学生各占16.9%、25.7%。只有69.9%的城市学生和43%的农村学生认为教师在课堂上进行了有趣的任务教学，教学中采用老师先讲授、学生后练习这种传统教学方法的城市教师只有19.9%，农村高达46%。对教学效果的评价上，认为掌握了很多知识和操作的城市学生占88.1%，农村占70.5%。另外，农村学校有19.5%的学生认为教师从来没有关注自己，而教师对学生学习情况的关注度直接影响到学生的学习参与度和积极性。

表2-2-18 教师教学研究情况统计表

		城　市		农　村	
		人数	比例	人数	比例
学习关注方向	教育教学方法	37	72.5%	64	64%
	教育技术手段	12	23.5%	27	27%
	学生思想教育	8	15.7%	26	26%
	其他	0		3	3%
	合计	57	111.8%	120	120%

续表

观摩他人教学后	积极参与讨论	43	84.3%	52	52%
	只听不说	7	13.7%	39	39%
	不参与讨论	1	2.0%	9	9%
	合计	51	100%	100	100%
记录教学随笔	经常及时记录并撰写论文	19	37.3%	28	28%
	记录，很少写论文	28	54.9%	59	59%
	不记录，不写论文	4	7.8%	13	13%
	合计	51	100%	100	100%
对新技术、新理念的态度	畏难放弃	1	2.0%	1	1%
	被动跟上	4	7.8%	20	20%
	积极接受	46	90.2%	79	79%
	合计	51	100%	100	100%
欠缺知识	专业知识	16	31.4%	40	40%
	教育方法知识	33	64.7%	60	60%
	其它	2	3.9%	5	5%
	合计	51	100%	105	105%

上表数据表明，城市教师参与教学研究的积极性略高于农村教师。城市、农村教师均非常关注教育教学方法、技术手段与学生思想教育等方面的学习。在观摩他人教学后，积极参加评课等研讨活动，并勇于发言的城市教师占84.3%，而农村教师只有52%，更多的农村教师选择只听不说或不参与研讨活动。对于教学过程中的点滴，能及时记录并坚持撰写教学论文的城市教师占37.3%，农村占28%，比例都不高。对于不断发展的新技术、新理念，城市教师中积极接受的占90.2%，农村占79%，另分别有9.8%和21%的城市、农村教师持畏难放弃或被动跟上的态度。

4．学生的信息素养

表2-2-19　教师评价学生信息素养情况统计表

	城　市		农　村	
	人数	比例	人数	比例
整体很强	8	15.7%	5	5%
好70%，差30%	24	47.1%	29	29%
好差各占50%	14	27.5%	46	46%
好30%，差70%	5	9.8%	9	9%
整体很差	0	0.0%	11	11%
合计	51	100.0%	100	100%

上表数据表明，城市教师中，认为所教学生信息素养较高的占62.8%，农村这一比例是34%。

学生信息素养自我评价统计情况：在有效的473份调查问卷中，农村学生237份，城市学生236份，对其人数分布进行了比较，调查总体样本数基本相等，因此，这样分析同样具有统计学意义。

（1）信息意识

对于一般用计算机来做什么工作，城市学生和农村学生在进行创作活动上表现出了较大差异。柱形图分布如图2-2-1所示。

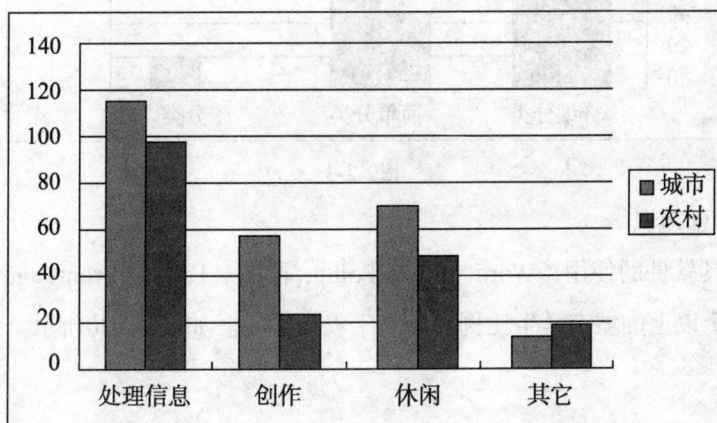

图2-2-1

对于信息技术对生活、学习的帮助，城市和农村的学生都认为有帮助，而且大部分学生认为很有帮助。柱形图分布如图2-2-2所示。

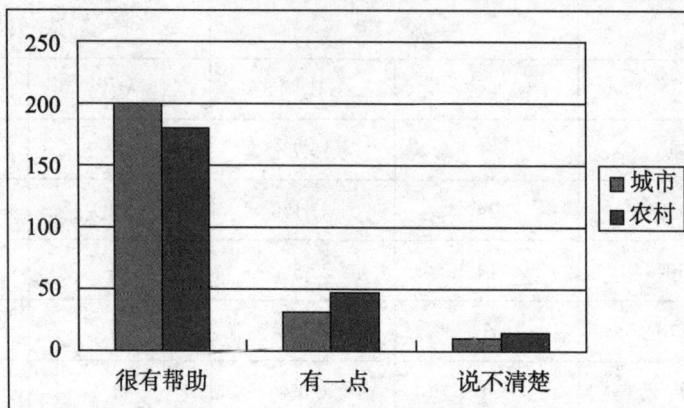

图2-2-2

对于"你电脑上的文档如何保存？"这个问题，无论城市还是农村学生，大部分都进行了详细分类保存，但只进行了简单分类以及未分类的农村学生比例明显高于城市学生。柱形图分布如图2-2-3所示。

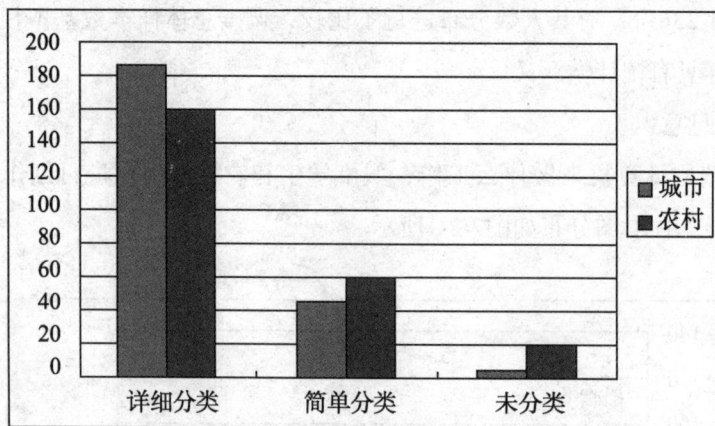

图2-2-3

（2）信息知识

关于工具软件的使用，Word、PowerPoint、画图、Excel、FrontPage、Photoshop中，掌握三个以上的城市学生比例明显高于农村学生。如表2-2-20所示。

表2-2-20　学过软件的数目

	3个以上	3个	3个以下	都不会
城市	71.6%	22%	5.5%	0.9%
农村	45.6%	25.3%	28.7%	0.4%
平均	58.6%	23.7%	17.1%	0.6%

对于计算机病毒，不了解的农村学生比例明显高于城市学生。柱形图分布如图2-2-4所示。

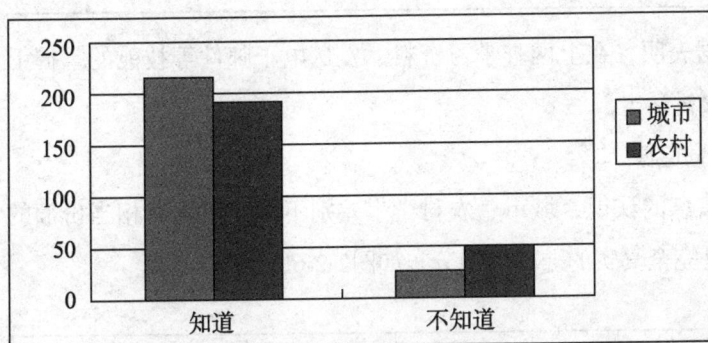

图2-2-4

对互联网功能的了解，认为主要用于发送电子邮件、休闲娱乐的农村学生比例均高于城市学生，认为主要用于资源共享的农村学生比例低于城市学生。柱形图分布如图2-2-5所示。

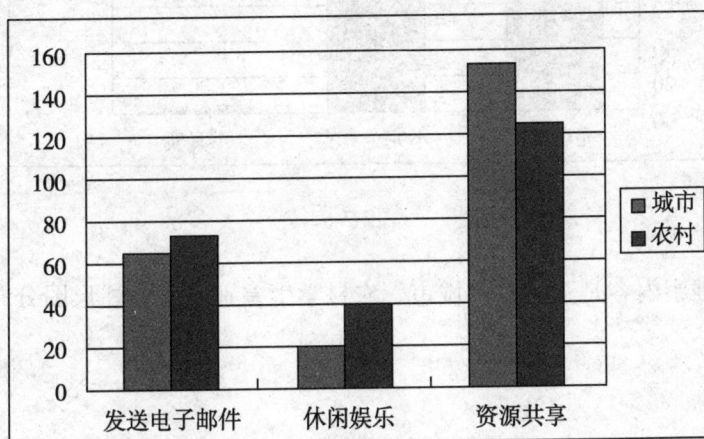

图2-2-5

（3）信息技能

表2-2-21　学生信息技能自我评价情况统计表

	上网查找资料		发送电子邮件		制作图文并茂的个人简历		制作演示文稿	
	会	不会	会	不会	会	不会	会	不会
城市	97%	3%	90%	10%	89%	11%	80%	20%
农村	73%	27%	66%	34%	65%	35%	59%	41%
平均	85%	15%	78%	22%	77%	23%	69%	31%

上表数据表明，在上网查学习资料、发送电子邮件等技能的掌握上，城市学生均明显优于农村学生。

（4）信息道德

对网上信息的认识，城市、农村学生差别不大。但均有相当份额的学生认为网络上的信息是完全真实的。柱形图分布如图2-2-6所示。

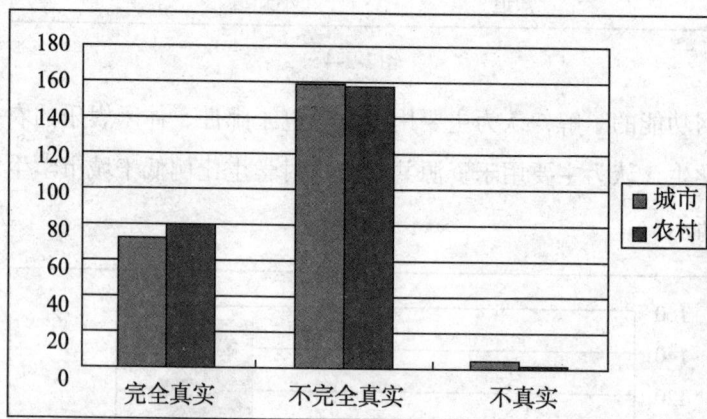

图2-2-6

遇到不健康内容是否会看，城市、农村学生差别不大。柱形图分布如图2-2-7所示。

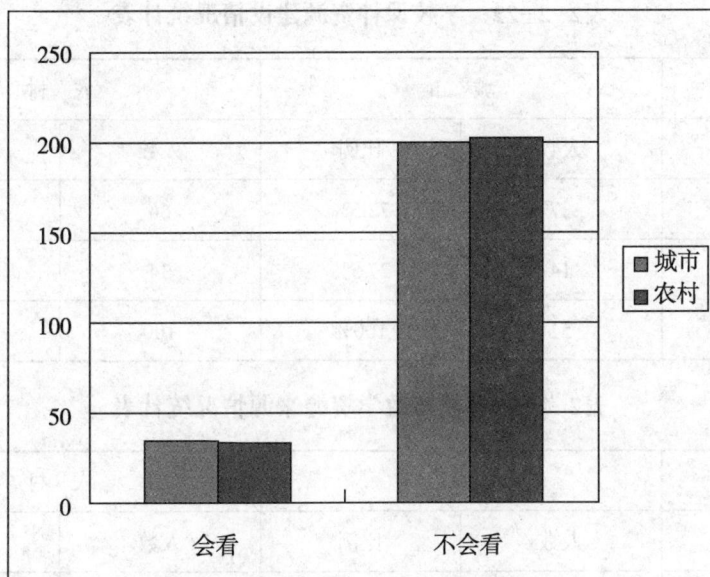

图2-2-7

　　当有人在网上发表不文明、不健康的文字或图片时，农村和城市均有大量学生采取举报或予以谴责的态度，但会无意识浏览的农村学生比例略高于城市学生。柱形图分布如图2-2-8所示。

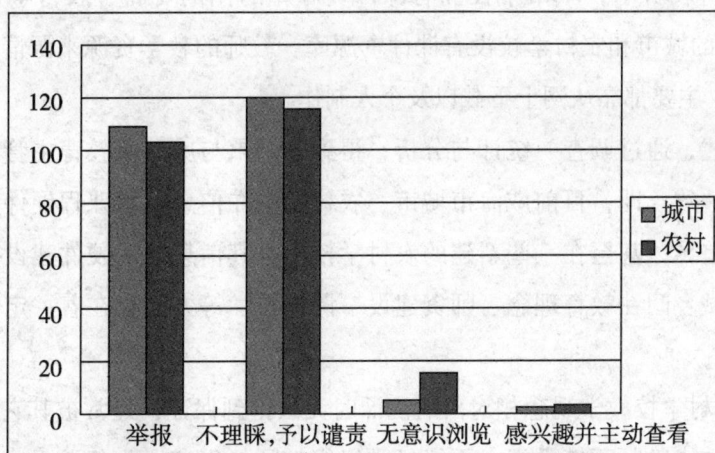

图2-2-8

5. 教学资源

表2-2-22　学校课件资源建设情况统计表

	城　市		农　村	
	人数	比例	人数	比例
有	37	72.5%	66	66%
没有	14	27.5%	34	34%
合计	51	100%	100	100%

表2-2-23　教师教学资源来源情况统计表

	城　市		农　村	
	人数	比例	人数	比例
学校提供	3	5.9%	14	14%
网上下载	22	43.1%	44	44%
自己制作	33	64.7%	65	65%
合计	58	113.7%	123	123%

如上列组表所示，城市学校拥有课件资源库的比例要高于农村学校，但仍有27.5%和34%的城市和农村学校没有课件资源库。教师的教学资源来源情况城市和农村差别不大，主要都靠从网上下载以及个人制作。

综上所述，通过调查、统计与分析，得到的结果与威海市教育主管部门掌握的情况工基本一致。即：目前威海市城市、农村初中在信息技术课程硬件设施配备方面没有明显差异，甚至在一些新建的农村学校中，其信息技术硬件建设要好于部分城市学校；城乡间在教育理念、师资建设、课堂教学等方面存在着一定的差异。主要表现在：

（1）农村学校教学观念相对落后。课时无法得到保证，经常被其它学科挤占；学校对信息技术教师不够重视，不能经常组织教师外出参加业务学习或培训活动，学校内部也极少开展该学科的教学研究活动。

（2）农村学校的师资力量相对薄弱。青年教师和老教师偏多，专业不对口、兼职教师偏多。相当一部分教师教学中缺少对教学计划、教学评价的合理规划，对学科、对教材的内涵定位不准确，以单纯的讲授操作为主，教材呈现方式和教学方法陈旧，忽视对学生创新能力、思考能力、学习能力的培养，忽视教学评价的反馈修正作用，造成课堂缺乏科学性、趣味性。

3. 农村学校的教师教研意识淡漠。更多的教师不愿意参加各种教学研讨活动，即使参加也不愿意或不敢发言；在日常教学工作中，不能主动记录教学心得或反思、撰写教学论文；对于不断发展的新技术、新理念，有畏难情绪或被动接受。

4. 农村学校的教育资源匮乏。学校的资源库建设水平相对较低，教师间进行教学资源共享意识淡漠，造成大量低水平重复开发，费时、费力，教学效果不显著。

5. 农村学校的学生信息素养相对较差。学生在学校、家庭的学习条件相对较差，获取信息知识、技能、提高信息素养的渠道单一。多数学生家长对这门学科持不理解态度，对学科的重要性认识不足。

你怎么看

1. 你校的信息技术教学存在着哪些问题，应如何解决？
2. 当前信息技术教育的发展趋势是什么？

三、城乡初中信息技术课程教学失衡原因分析

着眼威海：通过官方统计及一线调查两条渠道获得的数据和信息，我们能够得出结论：目前，威海市城乡间初中信息技术课程教学在硬件设施配备方面差异不大，在教育理念、师资建设、课堂教学等方面虽存在一定的差异，但也呈现差异逐年缩小的发展趋势。这些显然得益于威海市各级政府和教育主管部门近几年在义务教育均衡发展方面所做的大量工作。

视野放大：目前，就中国整体情况而言，义务教育阶段的信息技术课程教学并非都如此乐观。受政治、经济、观念、文化等因素的影响，在东部发达地区和西部落后地区，城乡间信息技术课程教学的差异、失衡现象是客观存在的。全方位、深

层次分析城乡信息技术教学失衡的原因对于缩小城乡信息技术课程教学的差距，进而推动教育的公平发展具有重要的理论与现实意义。

一线教师访谈

"师资力量分软件和硬件，乡村教师的软件（业务水平）和硬件（教师人数）都不如城里。学生差异主要是乡村学生家庭条件差，没有足够接触微机的机会，没有足够的操作经验作为前提，学生学习的先天条件就不如城里。"

——界石中学　于向科

"城乡间信息技术课程教学差异原因在教学设备的换代更新和教师的技能培训上。城里信息技术教师多，教研气氛浓厚，教师教研水平高。"

——文登营中学　李学剑、于志刚

/**我的理解**/

引起城乡信息技术课程教学失衡的因素是多层面的，城乡之间政治、经济、文化等社会环境因素发展的不均衡，直接造成了城乡教育环境的迥然差异。经济、观念、师资等是造成城乡信息技术课程教学失衡的主要因素。

（一）经济因素对城乡信息技术课程教学均衡发展的影响

信息技术课程教学的开展需要一定的硬件设施，而这些硬件设施的前期配置、后期维护、更新换代等都需要大量的资金投入。学校在信息技术教育资金投入上的差距，是造成目前城乡信息技术课程教学失衡的主要原因之一。近年来，随着我国经济的不断发展，教育越来越得到重视。无论是城市还是乡村，对信息技术教育的资金投入都不断增加，学校的设施设备也得到改善，但是对于农村的信息技术教育来说，教育经费不足仍是一个普遍问题：一方面，很多农村学校硬件设施建设得不到保障，满足不了信息技术课程教学的需求，成为制约农村信息技术教育发展的瓶颈；另一方面，很多地区农村教育经费不足，教师待遇低、编制分配不合理等，致使农村优秀教师大量流失，直接导致了城乡信息技术教育师资力量失衡。

1. 我国教育资金投入不足

我国教育投入占总投入的比重、教育人均投入和各级生均教育经费远低于世界发达国家水平，有限的教育投入大大限制了教育的发展。在有限的教育投入中，保证教职工的生存需要的人员经费占85%，剩下的15%还需支付行政开支等。教育资金投入本来就严重不足，用于信息技术教育基础建设的资金更加不足，导致许多农村学校机房配置落后，严重制约了农村信息技术教育的发展。

2．城乡义务教育经费来源不同

城乡在义务教育经费来源上的区别也是造成城乡教育失衡的经济因素之一。对于农村中学来说，政府所拨教育经费也是完善其教育基础设施的重要来源，地方财力不均和所拨教育经费不能完全到位，也会造成城乡间信息技术教育基础建设有较大差异。

3．信息技术教育经费投入结构不合理

信息技术教育经费来源之一是学校自筹，而目前很多农村学校不重视信息技术教育，不仅在信息技术教育上的资金投入不足，而且信息技术教育资金的使用结构也不合理。开展信息技术教育必须的基本硬件设施(计算机、多媒体设备等)其市场价格比较昂贵，许多学校在做了一次性的设备投资后，再也不愿意做维修、升级等其它投入，而随着使用寿命的到来，不断有一些设备出现不同程度的老化，以至于能够正常使用的机器越来越少。此外，信息技术教学的开展既需要硬件环境，也需要软件资源和雄厚的师资力量。目前农村学校的信息技术教育经费投入有90%用在基础建设（硬件）方面，5%~10%用在软件方面，只有1%~2%用在师资的培训与管理方面。从经费使用的结构我们不难看出，硬件建设方面的投资过大，教育软件、师资培训严重不足。

（二）观念因素对城乡信息技术课程教学均衡发展的影响

落后的观念是制约农村信息技术教育发展的致命因素，它加剧了城乡信息技术教育的失衡现象。目前，在经济普遍

> "城乡二元经济结构一般是指以社会化生产为主要特点的城市经济和以小生产为主要特点的农村经济并存的经济结构。"
> ——百度百科

不发达的农村，由于各种自然条件的限制，很多学校、家长和学生对信息技术教育的认识不充分、不全面，存在着一些落后的观念。

1．对信息技术课程的不重视

教育主管领导、学校领导、其他学科教师、家长、学生中都存在着对信息技术课程认识不足、重视不够的现象。

一些教育主管领导、学校领导没有真正认识到信息技术教育的重要性、紧迫性。他们对开展信息技术教育持观望和疑虑态度，误解了开设信息技术课程的目的，信息技术课程在不少农村中学成为摆设。有些学校领导片面追求升学率，在很多农村初中学校，学校领导仍然以学生的考试成绩和升学率作为衡量教师教学水平的唯一标准，信息技术课程在学校课程体系中的地位难以得到保证，从而导致信息技术课时不足、教学质量不高。有些学校领导对信息技术教育管理不力，对课程设置不管不问，甚至没有领导分管信息技术教学。因此，不少学校信息技术课在课时安排上得不到保证，不同程度地出现了信息技术课程开课率降低的问题。还有个别学校领导并没有把这些设备真正应用于教学，设备的使用率极低，没有发挥其应有的价值和作用，从而造成严重的资源浪费。

同时，社会和家长对信息技术课程也不重视，降低了社会对信息技术教育的支持，制约了信息技术教育在农村的发展。从部分家长和教师看，把信息技术课称为微机课，在认识上产生误区，以为这门课只是教学生打打字，反正不是必修课，也不是中考科目。

在中考、高考升学重压之下，许多学生也以应试为目的，认为学不学信息技术课无所谓，他们更多地把这门学科当作"自我放松"的学科。有些想学的学生，因担心影响必修课程的学习也不得不放弃。

2．对信息技术课程教师的不重视

信息技术学科在课程体系中的地位，在很大程度上决定了信息技术教师的客观地位。有些农村学校领导认为信息技术课不需要专门的教师，认为信息技术教师只要懂电脑就行，任何学科的教师都可以教，因此没有专业的信息技术课教师。还有一些学校虽然有专业的信息技术课教师，但他们往往身兼数职：信息技术教师、网管员、电教员、给其他学科开发课件人员等，用教师自己的话说就是"零杂工"。工作的繁忙，角色的众多，使得信息技术教师几乎没有时间去顾及其本职工作——信息技术教学。原本满腔热情的信息技术教师，受到不公正的对待，教育教学的积极性也被逐渐吞噬。信息技术教师是开展信息技术教育的主导力量，对他们的不重视直接限制了信息技术教育的发展，这种现象在农村中学更为普遍。

3．对信息技术的认识偏差

很多农村学校领导、教师、家长对信息技术的认识偏颇，将信息技术等同于电脑、计算机。他们认为上信息技术课是学习计算机操作，认为计算机只是一种娱乐工具，而不是工作、学习及掌握新知识的工具。有些家长认为计算机教学已经"过时了"或可以"无师自通"，学生可以通过自学学会计算机操作，根本没必要开设信息技术课程。农村大部分家长认为信息技术课让孩子学会了玩游戏、上网等，会影响其它学科的学习，他们甚至限制自己的孩子自由上网查找资料。有些学校领导和家长及其他学科的教师认为，让学生接触计算机，会分散学生的注意力，甚至会使其沉迷于网络。这些认识都曲解了信息技术的内涵和重要作用，因此不利于信息技术教育的开展。

信息技术课的总目标是培养学生的信息素养。即：让学生在初步掌握计算机基本知识和技能的同时，培养学生对信息的收集、处理、应用和传输的能力，增强信息意识。信息技术课的设立是为了培养信息人才、创新人才，而不仅仅是培养各类软件的操作者。

而在农村中学里，大部分教师对信息技术教学理念缺乏理解，不能正确领会信息技术课程目标的内涵，将这门课看作是简单地传授知识、学习技能的工具性课程，认为只要教会学生使用课本中规定的有关软件就足够了，是否合理、有效、充分使用信息技术无足轻重。有些教师对信息技术课程的认识仅限于把它看作是学习各种计算机软件产品使用的训练课。在这种错误观念指导下，信息技术课程变得机械和枯燥，学生的信息素养无法得到真正有效地提升。

综上所述，目前一些农村学校的领导、教师、部分家长、学生对信息技术本身、信息技术课程、信息技术教师等都存在着认识不足、重视不够的问题，这些偏颇观念导致的结果是：信息技术课程得不到重视，学生的信息素养得不到提升，信息技术教育开展的成效大打折扣。

（三）师资因素对城乡信息技术课程教学均衡发展的影响

由于经济、观念等因素的影响，城乡师资水平存在较大差异，农村教师平均素质较城市教师偏低，同时环境等条件的限制又导致他们不注重自身专业发展（或者说没有条件和机会进行专业发展），这更加剧了城乡师资的不均衡，不利于城乡信息技术教育的均衡发展。

1. 城乡教师素质差异

教师素质差异也是一个制约教育公平的因素。由于我国城乡之间经济、观念等因素的差异，城乡间的师资水平也存在着较大差异：从数量上看，城市教师超编，农村教师缺编；从质量上看，城市的教师有着相对较高的学历和教学水平，而农村的教师学历和教学水平相对较低。经济因素、观念因素、制度因素等都是导致这一差异的原因。

信息技术学科有着不同于其它学科、独特的教学内容和教学方法，需要专业、专职的信息技术教师才能有效地完成教学任务。但由于受重视程度、人员编制和教育经费等因素影响，许多农村学校根本没有配备专职的信息技术教师，多数教师是从其他学科改行过来的，边教边学，还要兼教其他学科；加之信息技术知识更新极快，这些教师更加难以胜任。这些改行任教的教师以及身兼数职的信息技术教师很难胜任信息技术学科的教学任务，这直接影响着信息技术教育的成效，也限制了城乡信息技术教育的均衡发展。

2. 城乡教师专业发展差异

农村信息技术教师专业成长缓慢也是造成城乡信息技术教育失衡的一个因素。信息技术学科与其他学科相比，还很年轻，信息技术教师中，新教师和年轻教师居多，学科骨干教师的比例很低。学校里既掌握信息技术操作方法，同时又懂信息技术教学方法的教师极度缺乏。目前一些农村学校通常只有1或2名信息技术教师，不少学校甚至没有专门的信息技术教研组，教师之间缺少集体备课、交流研讨的机会。另外，由于经费、观念等因素的制约，农村学校的信息技术教师也极少有机会外出参加业务学习或观摩，致使信息技术教师专业成长非常缓慢。有些年轻教师甚至没有掌握基本的信息技术教育教学方法，这对信息技术教育、对学生都是相当不利的。

（四）其他因素对城乡信息技术课程教学均衡发展的影响

城乡历史、文化等社会环境因素的差异也是影响城乡教育均衡发展的因素。长期以来，随着历史的演变，城乡两地社会生活已都自成体系。由于城乡二元社会结构的存在，形成了农村传统文化与城市现代文化并存的局面。城乡两地的文化各具特色，对城乡两地的生活产生着潜移默化的影响。不同的文化特质和经济基础，形成了农村不同于城市的生活方式和人文习惯，同时，文化本身具备一定的教育功能。在这种有差异的文化环境中，城乡的教育不可避免受到影响。

引起城乡信息技术课程教学失衡的因素是复杂的、多层面的，既有历史沉淀的因素，又与当前的制度紧密联系。这就决定了解决城乡信息技术课程教学失衡的问题需要多方协调、共同努力，逐步缩小城乡差距。

你怎么看

1.如果城乡间信息技术课程教学存在差异，你认为主要会体现在哪些方面？

2.你认为造成城乡间技术课程教学差异的主要原因有哪些？

第三章　城乡信息技术课程教学均衡发展策略

本章导读

　　城乡信息技术课程教学的均衡发展是一项长期的、渐进的系统工程，需要政府、教育部门、学校、教师、家长、学生等各方面的共同努力。为了缩小城乡间信息技术课程教学的差距，我们应该从均衡城乡教育投入、转变信息技术教育观念、加强农村信息技术师资队伍建设、促进城乡信息技术资源共享几个方面出发，无论是政策导向还是经济投入上，弱化城市重点学校优先的资源配置理念，建立城乡一体化的教育发展机制，在教育投入、学校建设、教师配置、信息技术装备等方面应重点向农村倾斜，逐步缩小已经形成的差距，促进城乡信息技术课程教学均衡发展。

　　近年来，威海市积极推进义务教育高位优质均衡发展，先后实施了农村中小学规范化学校建设、食暖行、仪器更新、信息化建设"四大工程"，让农村学校的硬件"优"起来；启动了学校建设统一投入、教育经费统一拨付、教师待遇统一标准、教职员工统一管理和师资力量统一调配的"五统一"工程，让农村学校的软件"硬"起来。如今，威海市

"均衡发展是义务教育的战略性任务。建立健全义务教育均衡发展保障机制，推进义务教育学校标准化建设，均衡配置教师、设备、图书、校舍等资源。"
　　——国家中长期教育改革和发展规划纲要(2010—2020年)

在缩小城乡、校际间资源差异，合理配置教育资源的实践中，实施区域教育高位均衡，成为全国义务教育均衡发展工作先进地区。

本章将结合威海市近几年在义务教育高位优质均衡发展方面探索和实践出的一些具有推广价值的做法和具体案例，分别阐述城乡信息技术课程教学的教育投入均衡策略、教育观念转变策略、师资队伍建设策略及教育资源共享策略。

一、教育投入均衡策略

"完善城乡义务教育经费保障机制，科学规划、统筹安排、均衡配置、合理布局。要健全以政府投入为主、多渠道筹集教育经费的体制，大幅度增加教育投入。"——国家中长期教育改革和发展规划纲要(2010—2020年)

无论是信息技术课程教学硬件建设、课程资源建设还是信息技术课程教师队伍建设，都需要大量的资金投入。同时，由于信息技术课程教学设备都有一定的生命周期和老化周期，需要适时更换，这就需要保障对信息技术教育持续而充足的教育投入。经费投入的均衡是保障城乡学生能享受平等的教育教学基础设施的必要前提。建立健全有效的经费筹措机制、建立城乡均衡化的财政分配制度、建立信息技术教育经费监督机制是改善城乡教育失衡现象的重要经济措施，这些措施既能使教育经费能够有所保障，又有利于缩小城乡教育投入的差异。

一线教师访谈

"师资力量分软件和硬件，乡村教师的软件（业务水平）和硬件（教师人数）都不如城里。学生差异主要是乡村学生家庭条件差，没有足够接触微机的机会，没有足够的操作作为前提，学生学习的先天条件就不如城里。"

——界石中学 于向科

"城乡间信息技术课程教学差异原因在教学设备的换代更新和教师的技能培训上。城里信息技术教师多，教研气氛浓厚，教师教研水平高。"

——文登营中学 李学剑、于志刚

我的理解

首先，要建立健全教育经费筹措机制，遵循"以政府投入为主体，社会力量为补充"的办学思路，建立国家、集体、社会团体和个人多元化投资的教育资金筹措机制是解决教育投入不足这一问题的有效办法。另外，建立城乡均衡化的财政分配制度、健全信息技术教育经费监督机制都是进一步缩小城乡差距、改善城乡教育失衡现象、促进城乡信息技术课程教学均衡发展的有效经济策略。

（一）建立健全教育经费筹措机制

当前，政府是基础教育经费供给的主体，然而，政府教育经费投入不足是制约我国基础教育均衡发展的最主要的原因，成为基础教育不均衡的"瓶颈"。因此，要解决我国基础教育均衡发展的问题，国家应该从宏观政策入手，制定行之有效的经费筹措机制。首先，继续加大教育投入力度。21世纪国家逐步加大对基础教育的投入力度，从"两免一补"到全面免除学杂费、课本费等措施的推行，体现了政府对基础教育的大力支持。然而，这还远远不够，各级政府要进一步加大对教育的投入力度，真正把农村教育放在优先发展的战略地位，教育投入应严格按照《教育法》第五十五条的规定，做到"三个增长"，即各级政府教育财政拨款的增长要高于同级财政经常性收入的增长，在校学生人均教育经费逐步增长，教师工资和学生人均公用经费逐步增长。其次，吸引其他资金来源。教育投入完全依靠政府拨款，尤其是在地方财政吃紧的地区，短期内很难改善办学条件，严重制约了义务教育的均衡发展。为此，一些地区提出了"政府主导、社会办学"的教育发展思路，邀请乡镇政府、村委会、社会团体、企业、群众代表等各界人士共同参与学校的发展与管理，形成了社会各界共同关心支持学校的局面。各级政府为保障教育经费，应设法通过各种途径建立政府、银行、社会三位一体的教育扶贫机制，保障农村学校的正常运转。

"社会投入是教育投入的重要组成部分。充分调动全社会办教育积极性，扩大社会资源进入教育途径，多渠道增加教育投入。"

——国家中长期教育改革和发展规划纲要(2010—2020年)

案例

1. 高区一中建成"因塔思信息技术教室"

2009年，威海市因塔思电子有限公司投资10万元，为威海市高区一中建成一间拥有60台联想启天计算机的"因塔思信息技术教室"。该信息技术教室的投入使用，大大缓解了学校信息技术课程教学设备不足的难题，成为企业参与教育经费筹措、参与学校发展的又一成功范例。

至2009年底，威海市在社会各界的大力支持下，相继建成高区一中因塔思信息技术教室等"希望工程爱心电脑教室"8个，为教育经费相对紧张的农村学校改善办学条件，为广大农村学生接受信息技术教育，为提高威海市青少年整体信息技术素养做出了积极贡献。

2. 我市大力实施标准化建设工程（节选）

信息来源：威海教育网

自山东省普通中小学办学条件标准化建设工程实施以来，威海市确定了以推进市域内义务教育高位优质均衡发展为核心、按时保量完成标准化学校建设的目标任务，并将实施标准化学校建设作为推进基础教育优质均衡发展、科学合理配置基础教育资源、缩小城乡学校办学条件差距的重要举措。不断加大资金投入，夯实建设基础。2011年至2013年初，全市累计投入10.52亿元用于标准化学校建设。其中，信息化建设投入1.3亿元，新增学生用计算机9131台、专任教师用计算机7792台、新建校园网57处。

3. 优质均衡教育惠民生（节选）

信息来源：威海日报

2013年威海市教育工作会议提出，今年我市将以"均衡发展，提高质量"为主题，突出"内涵提升、队伍建设"两个重点，促进各级各类教育优质均衡发展，到2015年，在全省率先实现教育现代化，在全国率先实现义务教育优质均衡发展。自今年起，我市实施教育信息化3年行动计划，重点加强计算机配备、全自动录播教室、交互式多媒体教室建设和数字化教学资源库建设。

2013年全市中小学、中职学校要新建31个录播教室，建设1160个交互式多媒体教室。同时加强教育教学资料平台建设。通过信息化建设，加快实现城乡同上名师课程、共享优质教育资源的目标。到2015年，全面完成"三通两平台"（宽带网络校校通、优质资源班班通、学习空间人人通；教育资源公共服务平台、教育管理公共服务平台）建设任务，基本建成覆盖全市的教育信息化公共服务体系。

（二）建立城乡均衡化的财政分配制度

经济发展水平不均衡是城乡教育发展失衡的直接原因，而义务教育办学的主体是政府，对学校的资金投入是政府的责任，因此政府应该打破城乡二元制的结构，建立均衡化的财政分配制度，保证城乡教育投入的均衡。

> "建立城乡一体化义务教育发展机制，在财政拨款、学校建设、教师配置等方面向农村倾斜。率先在县（区）域内实现城乡均衡发展，逐步在更大范围内推进。"
>
> ——国家中长期教育改革和发展规划纲要(2010—2020年)

在教育的投入上，政府要克服"城市中心"取向，坚持向广大农村倾斜，缩小城乡差距。基于当前城乡义务教育存在的差距，在财政分配时，可以把义务教育财政拨款分成两部分。第一，国家财政性教育经费方面，在同一地区内，对于实施义务教育的学校，不管城市学校还是农村学校，以学生数为标准，教育事业性支出和基础建设支出实行均等化分配制度，切实保证中小学生均公用经费基本标准和预算内生均公用经费拨款标准的落实。第二，根据农村义务教育发展状况还要设定一部分均衡化拨款。这部分拨款用于改善农村义务教育的状况，缩小与城市之间的差距。政府应先依据地区整体的经济发展水平制定整个地区义务教育的最低办学标准，然后根据农村义务教育与这一标准的差异，确定均衡化拨款的数额。

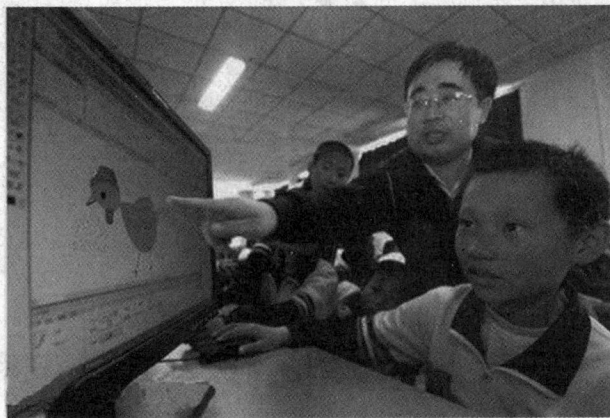

图3-1-1　唐海宝（右一）在兴趣班上动漫课

　　来自四川省营山县的唐海宝是山东威海市经济技术开发区崮山中学的学生，他的父母亲都在威海三进船业打工。尽管崮山中学是一所农村中学，但唐海宝在这里享受到了和城里学校一样的教育资源。在威海市，像唐海宝这样的外来务工人员子女还有很多，包括崮山中学在内的28所威海城乡学校为他们提供了平等接受义务教育的机会。近年来，威海市积极推进义务教育高位优质均衡发展，先后实施农村中小学规范化学校建设、食暖行、仪器更新、信息化建设"四大工程"，让农村学校的硬件"优"起来；启动学校建设统一投入、教育经费统一拨付、教师待遇统一标准、教职员工统一管理和师资力量统一调配的"五统一"工程，让农村学校的软件"硬"起来。如今，威海市在缩小城乡、校际间资源差异，合理配置教育资源的实践中，实施区域教育高位均衡，成为全国义务教育均衡发展工作先进地区。

（三）建立健全信息技术教育经费监督机制

　　在访谈调查过程中，我们发现了一些信息技术教育经费使用不合理的问题，主要表现在：（1）有些农村学校拨款不到位、信息技术教学设备用款挪作他用等现象仍然存在；（2）有些学校购买了先进设备却不用，只是作为摆设，造成了信息技术教育资源的严重浪费；（3）从经费使用的结构上，有些学校硬件建设方面的投资过大，教育软件、师资培训严重不足，而信息技术课程教学的开展既需要硬件环境，也需要丰富的软件资源和雄厚的师资力量；（4）许多学校在做了一次性的设备投资后，再也不愿意投入，而基于使用寿命的限制，陆续有一些设备出现不同程度的老化，以至于能够正常使用的机器越来越少。

> "加强经费使用监督，强化重大项目建设和经费使用全过程审计，确保经费使用规范、安全、有效。"
> ——国家中长期教育改革和发展规划纲要(2010—2020年)

为此，政府应建立专门的监督保障机制，保障地区城乡信息技术教育经费及时到位，同时对教育经费的使用情况全面监督，不浪费、不流失、不滥用，真正能够为推动信息技术教育的发展所用。首先，教育经费专款专用，保障及时到位，满足信息技术教育设备更新、教学活动等开展对资金的持续需求；其次，充分利用购进的设备，杜绝将其作为"摆设"的形象工程现象；再次，合理使用经费，学校在分配信息技术教育经费时，要在硬件、软件、师资方面都有适当比例的投入；同时要做好长远打算，要考虑到这种设备老化和损坏等问题，在投入的时间上做好规划。这样才能保证信息技术课程的顺利开展和学校信息技术教育的长远发展。

案例

环翠区加大投入力度 均衡发展义务教育

近年来，环翠区教育局始终坚持以办人民满意教育为宗旨，以区域整体推进素质教育为核心，以规范化、标准化、特色化学校建设为重点，不断加大教育投入，优化教学环境，强化师资建设，深化教学改革，有力地促进了城乡教育优质均衡发展，全区教育现代化水平走在了全省乃至全国前列。2005年在全市率先跨入山东省教育工作示范区行列，2008年顺利通过了山东省教育工作示范区复查验收，2010年又被评为"山东省推进义务教育均衡发展工作先进区"。

环翠区教育局在推进义务教育均衡发展工作中注重强化教育资源共享。坚持以城乡学区为平台，在全市率先推出了城乡学校联合成立学区制度，城区每所学校与1～3所农村学校联合组建为一个学区，对学区内的城乡学校实行捆绑式评价，学区内的教师和领导干部实行双向流动，促进了城乡学校的共同发展。制定了信息化建设的明确目标和一系列保障奖励政策，累计投资1亿多元用于微机室、校园网、多媒体、远程观摩系统等信息化建设。目前，全区中小学计算机配备率达到100%，省级电教示范学校8所，市级以上电教示范学校占学校总数的90%，城乡学校交流合作的渠道更加便捷畅通，实现了区域内优质教育资源的高效率、最大化共享。

你怎么看

你认为有哪些做法有助于均衡城乡间信息技术课程教学？

二、教育观念转变策略

人们对信息技术课程所持观念的不同，是造成城乡信息技术课程差异的重要原因之一。只有采取切实有效的措施改变农村信息技术课程教学中相关人员的教育观念，城乡信息技术课程教学才能真正实现均衡发展。

教育部提出：由应试教育向素质教育转轨是当前和今后一个时期内基础教育改革和发展的重大任务，各地必须加强中小学信息技术教育。在国家政策的正确指引下，人们对信息技术课程的观念已逐渐转变。教育观念的转变应该是多层次、多方面的，需要学校领导、教师、家长、学生和社会各界的共同努力。其中，多层次体现在：要转变一些学校（尤其是一些农村学校）领导、教师、学生及家长的观念；多方面体现在：要转变他们对待信息技术、信息技术课程、信息技术教师的观念。

一线教师访谈

"一是提高信息技术教师的幸福感，让教师愿意把心思和精力更多地用到教学上。二是教学观念及时转变。"

——塔山中学　徐晓宁

"很多农村学校缺少专业的信息技术老师，而且领导对信息技术学科不重视，甚至很少愿意让信息技术教师参加教研活动。"

——蛳江中学　王建红

"我认为生源、家庭条件以及家长重视程度是造成城乡间技术课程教学差异的主要原因。"

——南黄初中　刘炳基

我的理解

信息技术教育观念的转变直接影响到信息技术课程教学的有效性。要转变影响信息技术课程教学相关人员的观念，包括学校领导、教师、学生、家长（特别是农村）对信息技术的认识、对信息技术课程的认识以及以信息技术教师的认识。组织各种开放的信息技术课外活动、建立有效的考核机制、合理的奖惩机制等信息技术课程实施监督保障体制是比较直接、有效的途径。

（一）转变对信息技术的认识

信息技术是指一切与信息的收集、加工、处理、存储、传输乃至应用有关的各种技术，它以通信、计算机、光电等技术为基础，扩展和延伸了人类信息器官的功能。它不等同于计算机操作，也不是用来娱乐的工具。21世纪是信息化社会、学习经济时代，信息化程度已成为衡量国家综合国力的标准之一，为此世界各国都在加大信息化力度，积极加快信息产业的发展。信息技术已经渗透到人们生产生活的方方面面，成为推动信息社会发展的重要技术手段之一。要在信息化社会中生存（E-生存）必然要掌握适应社会需要的信息技术。尤其是在当今的学生作为"数字土著"的一代，由于其生活环境和生活方式（数字化世界）的不同，他们的思维模式已经发生根本的改变，信息技术已成为其生活的重要部分。

在对信息技术的认识上，学生的误区最大，观念亟待改变。特别是农村学生，他们的学习条件相对较差，获取信息知识、技能、提高信息素养的渠道单一。学校和信息技术教师可以通过组织征文、演讲、报告会等活动，以及在课堂教学中将信息技术学习与生活中的应用紧密联系，帮助学生转变观念。

案例

我们的网络生活

【题记】

为了进一步引领学生认识到网络在生活和学习中的应用广泛性，提高学生的信息技术素养，神道口中学举行了"我是网络小达人"征文评比活动。学生分别从网络发展历史、网络安全、网络学习、网络娱乐、网络购物、网络查疑解惑等方面，选择感兴趣的角度，结合自己、亲人或者朋友的网络应用实践，撰写了征文。"网虫小记"以幽默风趣的语言描述了一个小网虫的网络经历；"我的免费老师"则生动形象地描述了小达人利用网络学习的收获……活动的成功举办，既引导学生正确认识信息技术、认识网络，处理好学习、生活与网络的关系，也为学生展示个人在网络应用方面的特长提供了舞台，更推动了神道口中学的信息技术教育迈上新台阶。

【获奖征文】

我很小的时候，就接触网络了，那个时候爸爸在外面出差，经常用网络给我和妈妈打电话，还有视频聊天，爸爸说，网络使地球变小了，信息沟通很快，大家很容易就可以见面和聊天，很方便。

现在家里的网络更快了，还有了无线上网、手机上网，我有时候用小姨的平板电脑玩网络游戏，很多人在网络上面扮演角色，大家玩起来太投入、太有趣了；爸爸经常在网络上面看新闻、查询工作需要的资料、查询各种知识，通过网络收发邮件处理日常工作；妈妈经常在网络上面看电视、新闻，也经常在网络上面购物，给家里和我买需要的东西——总之，网络已经深入到了我们的日常生活

爸爸是做通信工作的，他说以前的IPv4的地址资源数量有限制，IPv4的IP地址在2011年2月已经分配完毕了，北美就占了资源的3/4，而中国的IP地址数量严重不足，制约了中国的互联网发展；但是现在IPv6技术出现，不但解决了网络地址资源数量的问题，同时也为除电脑外的设备连入互联网在数量限制上扫清了障碍。IPv6扩展到任意事物之间的对话，它不仅可以为人类服务，还将服务于众多硬件设备，如家用电

器、传感器、远程照相机、汽车等，它将是无时不在，无处不在的深入社会每个角落的真正的宽带网。而现在有线网络的提速，无线网络的覆盖和3G/4G的升级，也为我们未来丰富的网络，打下了基础。

将来工作的时候，家里的监控将上传给你信息，下班以前，你可以电脑或者手机远程把车辆空调启动，在回家以前，远程打开空调，或者打开微波炉热饭，或者让电视下载好电影等你回来观看……网络会让很多事情更加简单便利，让我们的生活更加绚丽多彩。

神道口中学初二·5班　孙润韬

（二）转变对信息技术课程的认识

1. 进一步确立信息技术课程的重要地位

目前，信息技术课程目前在中小学课程体系中居于次要地位，政府与学校虽然为信息技术课程实施投入了大量的资金，但却造成信息技术教育高投入、低产出的现象。因此，进一步确立与强化信息技术课程的重要地位，对于改善信息技术课程教学具有重要的意义。信息技术课程是培养学生创新与实践能力、动手操作能力的重要课程，它既是一门技术性课程，又是学习其他学科的一门基础性课程，在整个课程体系中实际上占有非常重要的地位。正如祝智庭所说，"信息技术课程属于技术教育领域，技术教育应该成为中小学课程体系中的核心要素，低估技术教育的基础教育绝不是好的教育。"因此，社会各界应充分认识到这一点，明确开设信息技术课的目的和价值，意识到信息技术课程的重要性，并且对促进城乡均衡发展有一定的统筹考虑。

教育管理部门应通过各种媒体、各种形式加大对信息技术、信息技术课程重要性的宣传，进一步确立信息技术课程在课程体系中的基础性核心地位，并将其纳入相关的政策法规，以引起社会各界对于信息技术课程的重视。

各级学校、教师、家长以及社会各界也要转变以考试成绩和升学率作为衡量教学质量主要标志、以在考试中所占分值比例划分"大、小"学科的思想观念。学校可以利用家长开放日等契机，组织信息技术课程开放活动，让家长零距离了解信息技术课程；教师则可以利用家校联系平台，经常就学生的信息技术课程学习情况等与家长主动沟通，可以对学生在家如何科学、合理使用计算机、文明上网等问题对家长进行指导，也可以经常性地组织"打字能手比赛""电脑绘图比赛""电子贺卡制作比赛"等形式多样的学科活动，丰富学生的课余生活，等等。以上策略都能有效引领学校领导、家长、学生走出以往对信息技术课程以偏概全的认识误区。

案例

1. 家长走进信息技术教室

六一国际儿童节到来前夕，高区一中举办了"快乐庆六一、小手绘童心"电子画图比赛。与以往不同的是，本次活动学校邀请了学生家长来到比赛现场，亲身体验、感受孩子们信息技术课程的学习成果，参与到作品的评比工作中。

参赛学生以饱满的热情、认真的态度、独具匠心的创意设计及熟练的计算机操作技能顺利地完成作品。这一份份精彩纷呈的作品，不仅彰显了学生良好的信息素养，更让家长们赞叹不已："原来我对信息技术这门课程特别抵触，认为孩子用电脑无非就是玩玩游戏，对学习没什么帮助。没想到，学校的信息技术课程教学如此正规。看来以后我们的老思想该更新了！""学校组织这些活动，不仅能为孩子搭建施展信息技术知识和技能的舞台，也大大地丰富了孩子们的课余生活。我们希望学校能多举办这样的活动！"

图3-2-1 家长走进信息技术教室

图3-2-2　特邀家长担任评委

2. 利用家校平台与家长交流

★ 家长您好！我是孩子的微机教师。这学期要学习的新内容已经结束，为了让您及时了解到孩子本学期学习到的技能，我将孩子每次课后填写的自我评价表装订成册，做为学习档案，留存学习的印迹。装订好的档案昨天已经发到了孩子的手中，请您今晚浏览过目，明天孩子要带回学校。同时希望您能留下宝贵意见（写于首页下方即可）。【高区神道口中学】

★ 尊敬的家长：新年好！伴随着柔和的春风，孩子们也要开学了。信息技术是现代人必须掌握的一门技能，对于孩子迷恋网络、热衷游戏的普遍现象，我对孩子在家中使用计算机的建议是"合理使用，科学安排"，必要的上网查阅资料辅助学习的使用是正常的。另外，周末可以给孩子一小时左右的时间玩一些小游戏，绝对不要玩大型游戏，容易痴迷，影响学习。请您与我们共同关注，期待孩子的精彩表现！【高区神道口中学】

2. 重新认识信息技术课程的目标——培养信息素养

21世纪是信息社会，良好的信息素养是信息社会学生的必备素质，信息技术课程的核心是"培养学生良好的信息素养"，而不是单纯学习计算机知识。桑新民从三个层次、六个方面描述了信息素养的内在结构与目标体系：

第一层次：驾驭信息的能力

（1）高效获取信息的能力；

（2）熟练、批判性地评价信息的能力；

（3）有效地吸收、存储、快速提取信息的能力；

（4）运用多媒体形式表达信息、创造性使用信息的能力；

第二层次：运用信息技术高效学习与交流的能力

（5）将以上一整套驾驭信息的能力转化为自主、高效地学习与交流的能力；

第三层次：信息时代公民的人格教养

（6）培养和提高信息时代公民的道德情感、法律意识与社会责任。

开展信息技术课程是培养、提升学生的信息素养的重要途径。信息技术课程教学不仅可以使学生掌握丰富的信息技术基础知识和技能，更是为了通过信息技术教育使学生提高获取信息、传输信息、处理信息和应用信息的能力，培养学生对信息技术的兴趣和较强的信息意识，同时注重使他们正确认识和理解与信息技术相关的文化、伦理和社会等问题，负责任地使用信息技术，并将信息技术作为支持终身学习和合作学习的手段，为适应信息社会的学习、工作和生活打下必备的基础。

此外，在信息社会，信息技术课程是学习其他学科的基础，对学习其他学科有着很大的促进作用。而且，信息技术课程是推进素质教育的核心内容和有效途径，因此发展信息技术教育的思想绝不可动摇。

3．建立信息技术课程实施监督保障体制

对于现在一些学校的领导、教师对信息技术课程不够重视的问题，各级教育管理部门（尤其是农村）需引起重视，建立有效的考核机制、合理的奖惩机制于一体的监督保障体制，加强对信息技术课程实施的有效监督管理，调动各学校开展信息技术课程的积极性，促进信息技术教育的发展，缩小城乡差距。

（1）建立有效的考核机制

建立有效的考核机制，定期对信息技术课程实施状况进行考评，考核内容包括对各地区教研室组织开展的信息技术教研活动情况、各学校的信息技术课程开展情况、信息技术教师的教学工作开展情况等等。

（2）建立合理的奖惩机制

对积极开展信息技术教育的教研室、学校及教师，要及时、不遗余力地进行表彰与奖励，对他们的做法与经验大力进行推广与宣传；对信息技术教育工作开展消极懈怠的单位与教师，要进行批评、教育，限期整改等等。

（三）转变对信息技术教师的认识

信息技术课程有其独特的学科特点，如教学内容更新很快、教学方法也不同于一般课程等，必须有专职、专业的信息技术教师，他们的教学工作是不可取代的。

学校领导应转变认为信息技术教师"只要会电脑就可以教"和把信息技术教师当"零杂工"的观念，充分认识到其工作的不可取代性，安排专职、专业的教师担任信息技术课程教学工作。

信息技术课教师要充分认识到自己的角色在信息时代的重要性。实施素质教育是以培养学生的创新精神和实践能力为重点，依据教育者先受教的原则，教师要培养新型的学生，自己首先应该具有创新精神，不断加强自己的创新修养，及时扩充更新自己的知识结构，时刻梳理创新观念。不能因为别人误解自己担任的是"副科"老师而具有自卑情绪，更不应该因为自己当前的待遇较低而工作懈怠，应该具有高度的责任感，自觉地把自己定位于学校信息化资源的建设者、维护者，定位于学校信息化建设的规划师、领导决策的高参。

你怎么看

你怎么看信息技术教育观念的转变？

三、师资队伍建设策略

教育现代化的核心是教师素质的现代化。一个学校能否拥有一支素质过硬的信息技术教育师资队伍，关系到信息技术课程能否正常开设及其质量保证问题。在威海市教育主管部门了解到的信息及通过一线访谈、调查得到的统计信息均表明：信息技术教育师资队伍的均衡发展已成为制约信息技术课程均衡发展的瓶颈。这在经济相对发达、教育均衡发展走在全国前列的威海尚且如此，在中国更多的西部落后地区，问题更为突出。

由于在中考中所占份量轻，人们普遍认为信息技术课程在目前的学校课程体系中属于小学科，因此无论在城市还是农村，信息技术教师队伍都存在着年轻化或者老龄化的现象。农村信息技术教育师资与城市相比更为薄弱，骨干教师缺乏，教师专业发展缓慢。经过近几年的努力调整，威海市的信息技术教育师资队伍建设取得了令人满意的成绩，探索出一些具有推广价值的做法。本节将结合威海市在推进义务教育师资队伍均衡发展工作中的一些具体案例进行阐述。

一线教师访谈

"组织对一线教师真正有用的培训，理论提升和教学实践紧密结合，不能偏颇。"

——塔山中学　徐晓宁

"信息技术课程师资队伍人员构成比较复杂，即使是全日制计算机相关专业也是五花八门。所以教师上岗后的培训和教师自学能力很重要。开展城乡交流和培训活动有助于农村教师的成长和提高。"

——泽头中学　王世清、李文涛

"信息技术教师都是比较年轻的老师，相对来说更有可塑性，由于信息技术学科是这几年才发展起来的，老师们也都是在探索中教学，所以信息技术老师更多的需要交流，交流相互之间的心得，新技术，新方法。只有更多的交流才能更快地提高信息技术老师的整体水平。"

——城里中学　张华

我的理解

在政策上应着重加强农村信息技术教育师资队伍建设，尽量均衡化师资配置。具体来说，一方面，鼓励高学历、专业对口的教师到农村任教，同时在编制分配和教师待遇上做到城乡均衡，尽量均衡城乡信息技术教育师资；另一方面，创建区域内教师自主研究以及合作教研的专业发展环境，通过开展形式多样的区域内信息技术教研、培训活动，促进城乡教师之间的沟通和交流，发挥城市教师的示范、辐射和引领作用，做到城乡联动、共同发展，从而全面提高信息技术教师的能力素质水平。

一、均衡信息技术课程师资

城乡信息技术课程师资目前差异较大。从数量上看，城市教师超编，农村教师缺编；从质量上看，城市教师的学历程度和专业适应性都超过农村教师。教育的发展依靠优秀的教师队伍，教育的公平发展以均衡的师资为基础。城乡之间信息技术课程教学水平的均衡，很大程度上取决于信息技术教师资源的均衡配置。因此，政府和教育主管部门应在有关政策和制度上支持城乡信息技术教育师资的均衡。

按照当前"工业反哺农业，城市反哺农村"的要求，政府应进一步组织好城市教师支援农村教育的工作，进一步完善相关政策，如完善对口支援、短期支教、兼职支教等政策，在城乡学校之间建立师资对口支持帮助关系，引导城市超编教师向农村缺编学校流动，切实解决农村学校教师不足、整体水平不高的问题。政府要研究制订鼓励城市优秀教师到农村边远薄弱学校工作的政策，优秀教师可以将编制和工资档案关系保留在原来的学校，到农村学校支教应给以物质上和政治上的奖励。政府应当在制度上保障，建立区域范围内教师和校长定期交流机制，并与职称评定、工资待遇等联系起来，比如对晋升中级职称的教师必须有到农村支教年限的要求等。

> "加快薄弱学校改造，着力提高师资水平。实行县（区）域内教师、校长交流制度。"
> ——国家中长期教育改革和发展规划纲要(2010—2020年)

1. 政策上鼓励教师到农村任教

城市的教师大多有着相对较高的学历和水平，而农村地区和偏远地区，教师学历相对较低，水平也不高。农村优秀师资力量的壮大是城乡教育均衡发展的重要保证，政府应在政策上鼓励高学历教师、专任教师、骨干教师到农村任教，同时，积极鼓励并组织落实高校毕业生支援农村教育工作。

2. 编制分配均衡

教育行政部门要加强教师的统筹管理工作，合理配置城乡教师资源，严格控制城市中小学教师编制，适当增加农村中小学教师编制，并且提高农村中小学中、高级教师职务的结构比例。

3. 待遇分配均衡

改善农村已有教师的成长环境和提高农村教师的待遇，均衡农村教师和城市教师的待遇水平，从而稳定农村教师队伍。受目前条件所限，处于偏远地区和贫困地区的一些学校，不可能达到像城市一样的教师待遇水平。为稳定教师队伍，我们应该从以下几方面努力提高农村教师的待遇：联合当地政府组织为他们提供生活、工作、交通、通讯上的便利，使他们安心农村教育工作，扎根基层；不断提高农村教师工资待遇，吸引优秀人才到农村支教；逐步提高农村中小学教师在高级专业职务聘任和表彰奖励中的比例等。

威海市全面推行城镇中小学教师赴农村学校支教

为全面贯彻落实教育部《关于大力推进城镇教师支援农村教育工作的意见》以及全市农村教育工作会议精神，近日威海市教育局出台了《关于城镇中小学教师赴农村学校支教工作的意见》。规定：自2007年9月起，每所城镇义务教育中小学都要与本区域内一所或几所农村学校结对子，并建立长期稳定的校对校对口支援关系。凡男45周岁（含45）、女40周岁（含40）以下没有一年以上农村任教经历的城镇中小学教师都应分期分批安排到农村学校支教。

支教的形式包括：一是城镇教师到农村学校顶岗教学，带动农村学校教师提高教学水平，时间一学年；二是城镇学校中层以上干部到农村学校挂任学校领导职务，指导农村学校提高管理水平，时间一至二学年；三是农村学校教师到城镇先进学校或市县教研部门跟班顶岗学习，学习先进教育理念和教学方式，时间一学年；四是送教下乡，发挥优秀教师的示范带动作用。原则上每学期送教下乡活动不少于一次。

支教人员实行双重管理，支教期间以受援学校为主，原学校配合，原工作单位待遇不变，各派出单位可参照出差补助给予支教人员适当的生活、交通补贴。

《意见》要求各市区要制定切实可行的考评细则，全面考评支教人员德、能、勤、绩、廉表现，对达不到支教要求的，取消其评优选先、晋升职务资格，年底考核应确定为不合格等次，对不服从组织安排的，专业技术职务高职低聘，全员聘用时缓签或解除合同。病事假连续超过1个月或一年内累计超过2个月的，不算支教经历。凡完成支教任务、表现突出并经考核为优秀者，同等条件下，在评优选先和评聘中、高级教师职务中优先考虑。自2010年起，符合支教条件的城镇中小学教师晋升高级教师职务，应有在农村学校任教1年以上的经历，并逐步成为教师职务评聘的必要条件。

（二）开展区域内信息技术教师教研

开展形式多样的区域内信息技术教师教研活动，全面提高信息技术教师的能力素质水平。一方面是加强对信息技术教师的培训，针对目前部分学校尤其是农村学校信息技术教育专业教师匮乏、素质不高的情况，对信息技术教师进行有效的培训尤为重要；另一方面是创建区域内教师自主研究以及合作教研的专业发展环境，以此促进城乡学校、教师之间的沟通交流，发挥城市学校、城市教师的示范、辐射和引领作用，做到城乡联动、共同发展。

1. 加强信息技术教师培训

教师职后培训是教师自身专业发展的重要途径，在采取措施提高教师学历层次的基础上，进一步完善职后培训制度，加强在职进修和校本培训，努力提高信息技术教师尤其是农村教师的专业素养和教学能力。信息技术教师培训具体可以通过集中培训、校本研修、网络研修等形式来进行。

（1）集中培训

集中培训主要侧重理论层面的培训。通过专家讲座、经验交流等形式使信息技术教师树立现代教育理念，逐步提高自身素质。在具体实施上，可以构建省——市——区——校四级培训体系，分层次展开培训。

案例

信息技术集中培训体会

今年暑假，我们参加了区里组织的中小学信息技术学科培训。每次的培训和学习，都让我们受益匪浅，收获颇多。这次培训中，我们聆听了陶西平教授题为《个性化学习与多样化办学》的报告。陶会长宏观的诠释了世界教育发展总体趋势、中国教育发展现状，以及《国家中长期教育改革和发展规划纲要》，援引先进的教育理念和具体生动的案例，阐述了以提高质量为核心的教育发展观，阐释了推进个性化学习、倡导多样化办学、实现教育公平、关注学生全面发展的重要性，为实施素质教育提供了专业指导。

教研员田老师做题为《用心走进学区同研》的报告。她从现实反思到改进建议再到切磋琢磨、聚集研究性，给我们总结了以往学区同研中存在的问题，并给我们以后的同研提出了指导性建议，从具体的研什么、怎么研等方面给我们做了详细的阐述，让我们进一步明确了学区同研的意义及重要性。随后各学区以说课的方式交流展示了各自的同研成果。每交流一节课，各学区的老师都会当场给予诚恳的评价，国际学区的自主学习教学模式、古寨学区的分层教学及评价模式非常值得我们学习，真正让我们领略到了同研的价值。

用说课、评课、研讨的形式对我们进行培训，收获很大，这样的培训是比较有效的，能直接反映在教学中，在以后的教学中我们要多不断的提高自己的教学能力和业务水平。通过本次培训，以说课、评课、研讨的形式带动我们对课堂教学进行思考，我感到收获很大。希望今后我们学科多开展这种形式的培训学习，让我们在同研中不断进步。

古寨中学　吴莲莲、刘明波；威海七中　唐琦

（2）校本研修

校本研修作为教师专业发展的基本形式，特别适合农村或贫困地区。为了解决教师的工学矛盾，学校应从实际出发，建立以本校为中心的自学为主、互帮互学的学习方式，把培训工作切实落到实处。在日常教学工作中可以让教研部门多为教师提供更多的展示机会，多组织一些专业的培训。也可以请一些信息技术专家来校进行教学经验的交流或讲座等。

（3）网络研修

利用中国教育卫星宽带网和互联网等，对信息技术教师开展培训，使城乡信息技术教师都能普遍接受旨在提高其信息技术教育素质和能力的教育。网络研修最大的优势在于其普遍性、不受时空限制等，对一些教师来说更加方便。

（4）外出学习再培训

选派信息技术教师外出参加专业学习或再培训，例如经常选派教师参加省、市各级教研部门组织的业务研讨、听课等活动，或者参加专业知识的学习，包括：计算机等电教设备的常见故障与维修、网页制作技术、多媒体网络教学、信息技术与其他课程整合相关的技术与理念等等。这些教师外出学习回来，既可以高质量完成学校信息技术课程的教学任务，又可以起到以点带面的作用。

2．创建区域教师专业发展学习环境

通过开展有效的教研活动，建立面向全市的经验交流共享平台，创造教师专业发展的学习环境，使农村教师能够有更多的机会参与教研。教师专业发展学习环境包括实地环境和网络环境两种，可同时推进。通过开展丰富多彩的教研活动，带

动农村的一线教师参与教研，增强其研究意识，从而促进农村信息技术课程教学的改善。

实地环境的创设，如充分利用每学期的教材培训会、教师培训会开展教学研讨活动，积极组织集体备课、小专题研讨、教学经验交流等；各级教研部门还可以定期在全市或全区范围内进行讲课、说课比赛、同上一节课活动等。

案例

搭平台　同进步　共发展

开展形式多样的区域内信息技术教师教研活动，是新课程改革以来的新生教研形态，我们在摸索中前进，在困惑中探究。在几年的实施过程中，无论是活动的组织实施与落实，还是教师的参与热情与提升，都让我们看到了这种新生事物蓬勃的生命力。活动中，伙伴校教研组的教研功能得以最大效果地呈现，教研组成员之间的团结协作得以最大限度地发挥，更立竿见影的是教师的专业素养得以最快速高效地提升。从混沌到清晰，从茫然到理性，本人有幸经历其中的细水长流，个中感触更为深刻。

一、突破形式局限，变单一模式为多管齐下。

信息技术教育专业教师匮乏、素质提升缓慢是不争的事实。一线老师们各自"画地为牢"，缺乏自主研究以及合作教研的专业发展环境——恶性事实造成恶性循环。因此，基于一定区域内的信息技术教研活动的开展，对于教师们的专业成长与促进可谓是久旱逢甘霖。"城乡联动、共同发展"的组织理念促进了城乡学校、教师之间的沟通交流，城市学校、城市教师的示范、辐射和引领作用，为老师们的学习交流找到契机与切入点。几年来，本人多次参加同研一节课、同上一节课、小专题研讨、教学经验交流等现场教研活动，再配合网络教研、课后总结等反思形式，在"实地环境"和"网络环境"这两种同时推进模式的督促下，自感提升不少。尤其是在教材的整体把握上、课例的准确定位上、研究意识的认识提升上，我与同事们均有不同程度地进步。我们都突破了以往"教研就是公开课"的单一局限，不再一枝笔、一个本就敢进课堂，而是人人有思考、个个有主张。这些"目的相同、侧重各异"的各类教研活动，为城乡一线老师们的困惑指明方向，无论你有想法还是疑问，都能找到铺陈开来的舞台。

二、转变设计思路，变单打独斗为集团作战。

雅斯贝尔斯说："教育就是一朵云推动另一朵云，一棵树摇动另一棵树，一个灵魂唤醒另一个灵魂。"教学如此，教师间的交流也是如此。个人力量毕竟有限，集团作战效率才高。本人在去年六月参加威海市信息技术课程资源评比中，就切实体会到这一点。当时，我领取的任务是Excel下的"图表制作"，授课思路在反复比较与斟酌中已渐渐清晰，但一直苦恼于要提供给学生什么内容的练习才能最大程度地带动大家的参与热情。百思不见出口，于是果断向同事甚至是异校同行们发出呼救。几位老师给了我不同侧面的建议，我如颠簸的小船，在不同情境中折折返返。后来周老师的一句："要开奥运会了"让我豁然开朗，我猛然联想到：用图表的不同形式展现中国和美国等几个金牌大国在近几届奥运会中的奖牌榜变化，不是贴时又贴心吗？在这一想法的指引下，我陆续为学生提供出三组与中国相关的奖牌数据，三组数据对应柱形图、折线图、饼图三种表现形式，学生在行云流水的练习中学到了知识，更看到了中国体育健儿为国拼搏的艰难历程，身心皆有斩获。本人的这节录像课，最终在威海市级的评比中获得一等奖。似乎结果只是一个证明，而这一结果的诞生过程，才是让我刻骨铭心的记忆。这样的一个过程，真实而且高效。我们在交流中各抒己见，思维有碰撞，智慧有交换，思想有提升，可谓各有所获。

三、树立个人风格，变固定套路为各领风骚。

工作中，我们常言"教无定法"，作为老师，我们应该努力寻求自己的教学风格，既要适合学生实情保证教学质量，又要体会新改思路，寻求行之有效的教学方式，不断地取长补短，让自己变得更完善。为此我市教研中心领导提出"同课异构"的组织理念，让不同教学风格的两位老师建构出不同意义的设计，展示自己课堂教学的优点，赋予静态教材以多种活力。例如"编辑操作"一课，文登营中学的宋军丽老师从家居环境入手，学生们在"整理清扫"中体会复制、粘贴、删除等操作技巧，而笔者则从不同软件间的环境过渡下手，先带领学生们在最熟悉的画图软件中总结，然后在资源管理器中过渡，最后在Word和PowerPoint中提升，学生在一系列的环境变换中寻找编辑操作的共性之处，提升他们对技能操作的掌控能力。两种设计思路中，宋老师追求轻松活泼，本人侧重理性共通，我们怀着同一份责任、同一种冲动，在这种交流碰撞中看到彼此的风采，树立起个人的标签，各自均从不同的层面得到很好的发展。

对教师来说，课堂是教师立足之根本，教师要把自己作为研究的对象，对自己的"课例"进行自我反思实践，反思自己的教学观念、教学行为以及教学效果，形成自己对教学对象、教学问题的独立思考和创造性见解，使自己真正成为教学和教学研究的主人，进而改进自己的教学行为，提高教学效果。一系列的课例教研活动已为我们搭起交流互助的平台，此时不搏，更待何时？山高水远，几多岁月在探索；来日方长，让我们携手同行！

文登第二中学　孙传卿

网络环境的创设，目前一些地区已经建设了区域教师专业发展平台，如邹城网络教研平台（http://www.zcjy.jinedu.cn/）、永康市教师专业发展平台（http://www.jxxx.ykedu.net/jsfz/）等，教师专业发展平台主要应当具备三大职能：一是资源共建、共享，即每位成员将自己拥有的优秀教育教学资源发布到社区中，其他社区成员可以使用；二是经验分享，即教师将自身的教学经验以教学反思、教育叙事、教育日志等文章的形式发布到社区中，其他成员可以查看并且使用，实现经验的分享与交流；三是协作交流，即在社区中开展丰富的教研活动，以弥补现实教研的不足。教师专业发展平台通常包括五大核心功能模块：资源中心、经验分享、协作备课、虚拟教研室、教师论坛。

为有效保障教师积极使用学习环境，教育管理部门可以对农村教师参加研讨活动进行硬性规定，要求农村教师不仅要积极参加展示，并且要积极踊跃发言，积极撰写学习体会、听课反思等等。对于教学研讨活动中涌现出的积极分子，要及时给予表彰，让他们品尝到教研带来的甜头。

你怎么看

你参加过区（市）里组织的哪些学科教研活动？你认为这些学科教研活动对个人专业成长有哪些帮助？

四、教育资源共享策略

"建立开放灵活的教育资源公共服务平台，促进优质教育资源普及共享。"

——国家中长期教育改革和发展规划纲要(2010—2020年)

优质教育资源共享是推动教育均衡发展最有效的途径。政府、各级教育主管部门应采取有效措施着重促进城乡信息技术人力资源、物质资源的共享，从而逐渐缩小城乡信息技术教育资源配置的差异，推动信息技术课程教学实现全面均衡发展。

威海市在城乡教育资源共享方面做了大量的工作：在先期充分调研、论证的基础上，分别在人力资源、物质资源共享方面进行了大胆的探索与实践，取得了显著成效。本节将结合具体案例进行阐述。

一线教师访谈

"资源共享是整个社会发展的趋势。但共享不等于照搬，在共享、应用的基础上，加上自己的东西才真正有用。"

——塔山中学　徐晓宁

"信息技术课程资源共享有利于教师综合其他学校优秀的教学资源和教学案例，丰富自己的课堂教学，促进教师的教和学生的学。"

——威海市第五中学　于永威

"课程资源共享，可以节约时间，同时也有助于全市教学水平的统一，值得提倡。"

——文登营中学　宋军丽

"信息技术课程资源共享是一件好事。不仅能为优秀教师提供展示才华的舞台，也能为其他教师提供学习和借鉴的机会。"

——高区一中　毕跃华

"独乐乐不如众乐乐，我希望自己是共享资源的提供者，也是共享资源的受益者。"

——蜊江中学　王建红

/我的理解/

  教育资源共享包括人力资源共享和物质资源共享两方面。有效的人力资源共享策略包括在区域范围内建立学区、伙伴校等形式的城乡教育共同体，开展骨干教师下乡支教、城乡教师换岗等形式多样的城乡教师交流活动等。有效的物质资源共享策略包括送优质课程资源下乡、搭建区域教育资源共享网络平台等。

（一）人力资源共享策略

1. 建立城乡教育共同体

  城乡教育共同体的基本形式是：城区和农村的学校建立相互对应、相对固定的共同体。如：威海市环翠区坚持以城乡学区为平台，在全市率先推出了城乡学校联合成立学区制度，本着自由结合、集中协调的原则，城区每所学校与1～3所农村学校联合组建为一个学区，对学区内的城乡学校实行"捆绑式"评价，学区内的教师和领导干部实行双向流动，学区内合作，学区间竞争，促进了城乡学校的共同发展。再如：文登市组织8处城市学校与30多所乡镇学校结成伙伴校，采取伙伴校自评与教育局考评相结合的方式，对伙伴校交流合作过程进行捆绑考核。逐步缩小城乡之间、校际之间差距，更好地落实义务教育的普及性、平等性、基础性与发展性，促进全市义务教育全面协调可持续发展。

  城乡教育共同体的核心内容包括以下三个方面：首先，师资配备一体化。即：同为一个共同体中的城市和农村学校互相打破校际间的界限，根据城乡间教育均衡发展工作的实际需要，科学统筹，合理安排任课教师。城区学校的教师按比例下乡，农村的教师定期、分批到城区学校任教。其次，督导评估一体化。根据推行素质教育的量化考核标准，对同一共同体内城乡学校双方的教育教学成绩实施捆绑式评估。特别要对在共同体建设工作中做出特殊贡献的学校、教师个人给予奖励。再次，学校管理一体化。共同体内城乡学校的领导班子应定期召开碰头会，共同研究并制定各自学校的发展规划，共同研究并解决各自教育教学中遇到的问题。共同体内的城乡学校在日常教育教学管理工作中建立起多层次互助关系，相互学习，共同提高。

案例

威海市县级城乡教育共同体两例

一、环翠区教育局多措并举加强学区建设

环翠区自2002年出台《威海市环翠区关于基础教育均衡发展的实施意见》后，城乡联合建立学区，成立学区委员会，广泛开展学区内的业务交流与人员交流，促进了农村教育的快速发展。为进一步加强和提高学区建设水平，环翠区教育局多措并举加强学区组织制度建设，规范学区内部管理，创新学区交流模式，提高学区运行效率和工作质量，加快城乡教师的专业化发展，引领城乡学校共同走内涵发展之路，全面打造优质特色的环翠教育品牌。

（一）加强组织建设

区直学校校长任学区委员会主任，乡镇学校校长任学区委员会副主任，学区委员会办公室设在区直学校，区直学校业务校长为办公室主任。每学期至少召开2次学区委员会办公会，学区委员会主任、副主任每学期至少参加2次学区教研活动，制定具体工作配档，做好相关会议记录。区教育局以文件的形式公布任命学区委员会组织机构，落实对学区委员会主任、副主任的年度目标考核。加大学区建设在学校教育督导评估中的分值和比重，设立学区建设单项奖，研究学区捆绑式评价的考核办法，每年举行一次优秀学区的评比活动，每2年组织一次优秀教研组和优秀个人的评选。

（二）完善规章制度

各学区研究制定《学区工作手册》，出台岗位职责、人员分工、人员交流、教师培训、资源共享、学区教研等各项规章制度，以此来统一思想认识，明确日常工作程序，使学区内部管理走向制度化、规范化，保证学区工作有序运行。

（三）明确工作目标

各学区在充分调研、科学论证的基础上，制定学区工作计划（包括中长期发展规划以及学期计划、年度目标），目标要具有梯次性，政策上要保持连续性，并要严格落实目标化管理与考核办法，明确人员分工，理清工作思路，有计划、分步骤地开展学区日常工作，切实提高工作效率。

（四）突出工作重点

学区工作要坚持以特色学校建设、教师专业发展、教育资源共享、学区教研活动为主要工作内容，大处着眼，小处入手，在德育、教学、素质教育、特色学校、教师专业发展等方面展开全方位的交流合作，打造城乡学校学习、研究与工作的共同体，共享资源，共谋发展。

（五）创新工作方式

学区工作要坚持一体化管理，加强互动交流。组建名师团队，负责学区师训工作，鼓励骨干教师满工作量工作，跨学校兼课与讲座。学校领导、教师每学期至少组织3人次的转任交流，每学期组织1~2次学生交流活动。学区要制定教研工作计划和具体活动配档，各学科教研组也要有主题教研计划、活动记录及效果反馈，变单向性的展示交流为互动式的诊断提高，提高学区教研活动的实效性。

（六）增加经费投入

区教育局设立学区建设专项资金，用于解决区直学校和教师服务农村学校所增加的工作量、经费消耗等方面的新问题，对于工作成效显著的学区给予一定的物质奖励。

（七）发挥技术优势

依托教育信息化资源平台，积极探索网上开展学区交流、教师培训以及教研活动的新途径和新方法，节约工作成本，减少不必要的经费消耗，提高工作效率，力求效益的最大化与效果的最优化。

二、文登市不断加强城乡伙伴校建设力度

为促进城乡义务教育优质、均衡、内涵发展，文登市组织8处城市学校与30多所乡镇学校结成伙伴校，逐步缩小城乡之间、校际之间差距，更好地落实义务教育的普及性、平等性、基础性与发展性，促进全市义务教育全面协调可持续发展。

一是理清组织结构。成立以中心校校长为主任、成员校校长为副主任、中心校和成员校的中层领导或骨干教师为主要成员的伙伴校工作委员会，委员会办公室设在中心校。建立伙伴校办公会制度，研究制定《伙伴校工作手册》，出台人员交流、伙伴校培训、资源共享、校际教研等各项规章制度，明确日常工作程序，使伙伴校内部管理走向制度化、规范化，保证伙伴校工作有序运行。

二是明确工作目标。文登要求伙伴校要在充分调研、科学论证的基础上，制定伙伴校工作计划，研究制定伙伴校重点工作推进方案。工作目标要具有梯次性，严格落实目标化管理与考核办法，有计划、有步骤地在人员交流、教师专业发展、教育资源共享、校际教研、学校文化与特色建设、德育工作等方面全方位地进行交流

合作，打造城乡学校相互学习、研究、发展、提高的共同体。

三是创新工作方式。要求各伙伴校根据不同学科特点，成立由特级教师、优秀教师、名师人选、教学能手、学科带头人等名师领衔，学科骨干教师为成员的伙伴校名师工作室，引领伙伴校教研活动，强化教师学习培训，鼓励工作室成员跨学校兼课，进行经常性辅导讲座。学校领导、后备干部、教师每学期至少组织3人次的转任交流，通过蹲点指导、影子培训、挂职锻炼等方式，实现城乡之间领导、教师有序交流。同时，加强校际教研和网上交流，提高伙伴校教研活动的实效性。

四是加强考核评估。每学年采取伙伴校自评与教育局考评相结合的方式，对伙伴校交流合作情况进行评估。每学年伙伴校委员会要形成伙伴校合作交流自评报告。教育局每年组织一次对伙伴校合作交流工作的督导评估，对照伙伴校自评报告，通过现场查看、听取汇报、查阅资料、访谈与座谈、问卷调查、听课等方式，对伙伴校交流合作过程进行考核。依据伙伴校捆绑考核结果，评选伙伴校建设先进集体和先进个人，并依据考核结果分三档纳入《文登市初中小学目标管理考核指标体系》。

2. 开展丰富多彩的城乡教师交流活动

加强城区与农村学校的师资交流，是促进师资力量均衡发展的有效途径。在城乡教师交流互动方面，以培养、提高农村教师队伍素质为主，实行城市教师到农村学校支教和农村骨干教师到城市学校学习提高的双向交流机制，促进城乡教师共同成长。威海市各县市区为实现城乡、区域、校际教育的相对均衡，分别建立了教师流动机制，开展"骨干教师下乡支教"、"教师轮岗式流动"、"城乡教师换岗"、"学区合作式流动"等丰富多彩的城乡教师交流活动，以城市优秀教师带动农村教师成长，为农村学校特别是薄弱学校

> "建立健全义务教育学校教师和校长流动机制。城镇中小学教师在评聘高级职务（职称）时，原则上要有一年以上在农村学校或薄弱学校任教经历。"
> ——国家中长期教育改革和发展规划纲要(2010—2020年)

培养一批骨干教师和学科带头人，均衡城乡信息技术教育师资力量。

（1）骨干教师下乡支教。由教育局每年从城区学校选派一些教学成绩好、综合素质高的骨干教师或中层干部到农村学校支教，通过执教模拟课、示范课、公开课、开放课等活动，为农村学校教师提供观摩学习机会，将先进的教育手段和方式传递给农村学校，带动受援学校教师成长，提高农村教师队伍的整体水平。

案例

文登：80名骨干教师下乡支教促城乡教育均衡发展

今年秋季开学，文登市教育局选派了80名城区学校骨干教师到农村学校支教，通过均衡师资力量，促进城乡教育均衡发展。

自2008年开始，文登市教育局每年都从城区学校选派一些教学成绩好、综合素质高的骨干教师或中层干部到农村学校支教，通过开展模拟课、示范课、公开课、开放课等活动，为农村学校教师提供观摩学习机会，将先进的教育手段和方式传递给农村学校，带动受援学校教师专业成长，提高了农村教师队伍的整体水平。

近年来，文登市教育局按照城乡教育均衡健康发展的要求，不断加强城区与农村学校的师资交流。除了教师下乡支教外，还定期组织教研员、教学能手、学科带头人、特级教师等送课下乡。同时投入200万元，建设了覆盖全市所有学校的双向视频教学系统，建成了大容量的网上教学资源库，为教师全员培训和校际交流提供平台。在城乡师资均衡发展上，文登市还形成了以市直学校为辐射源、市直学校与农村学校挂钩结对、城乡教育"捆绑式"管理与考核的新型城乡伙伴校制度。今年秋季新学期开学，城区8所市直学校与乡镇31所中小学结成了课改伙伴关系，实现了城乡学校资源共享、优势互补，推动了全市城乡教育均衡发展。

（2）骨干教师轮岗式流动。由教育局确定一批骨干教师每年进行轮岗，对象包括中心学校优秀教师、完小青年骨干教师及后备干部；轮岗时间一般为一年，但鼓励教师长期在相对薄弱学校或农村学校任教。教育局还应设立骨干教师专项资金，轮岗后经考核评为"优秀者"的给予物质奖励和相关荣誉称号。

案例

我的城乡交流生活

2011年9月至2012年8月，我在宋村中学完成了为期一年的支教任务。其间，宋村中学安排我担任了初一年级"信息技术课"的教学工作。回顾这一年的经历，真是受益匪浅。

初到宋村，乍一看：教学设施与城里中学相差无几。于是自己感觉底气十足，按照"老套路"放手准备了第一堂课，心情很轻松地走进教室，迈上讲台。然而，事与愿违：讲了一会儿，就发现学生们都茫然地看着我；操作时畏首畏尾，不怎么敢动手。我的支教第一课败了……

课后，我马上拿着自己的教案去找本校老师请教。老师简单一看，就抓住了问题的要害：没看到农村学生与城区学生在客观条件上的差距。她给我点出了两个"差距"：城区与农村小学对信息技术教学的重视程度不同，导致农村学生的基础较差；与城区相比，农村家庭极少购置微机，学生上机少，动手能力弱。她一针见血地告诫我：要是在支教的学校生搬硬套城区学校的教法，必然陷入南辕北辙、事倍功半的境地。备课首先要掌握学情，这是个关键。

原来这才是问题的症结所在。我开始扎学生堆，拉近与学生的距离，很快掌握了学生的真实水平。然后，按照学生的实际情况，设计课堂教学，最主要的是放低要求，从最基础的知识和操作开始，一点一点带着学生进入信息技术世界，我的课堂教学渐见起色。然而，我始终感觉课堂气氛很沉闷：孩子们只是在被动地接受我教授的理论知识和操作方法，机械地完成课堂任务，怯怯地听着我的评价，没有自己的想法，缺少学习激情。我又一次陷入了"泥沼"，似乎找不到出路了。

很庆幸，我参加了城乡伙伴校组织的"信息技术课例打磨"活动。文登二中孙传卿老师执教了一节"编辑操作"。这节课，教学情境创设的生动有趣：用师生之间"顺口溜输入比赛"导入新课，激发学生的学习兴趣；用"小任务"促动学生通过"小组合作"的方式寻疑解难。每个学生都有自己的任务，整堂课都能感受到学生交流想法时的兴奋。

从这次观摩学习中，我又一次找到了自己的欠缺：只注重书本知识的传授，忽视了学生情趣的培养。"填鸭式"的教法学生不喜欢，所以课堂气氛就会生硬、压抑。回校后，我改变教学思路。在教学设计中，认真琢磨每个教学环节，用原汁原味的生活实例创设情境，寓教于乐，以情启智，以智促能。根据学生的信息技术水平，我把学生分成多个学习小组，以优带差，以点带面。课堂学习气氛活跃，学生不再缩手缩脚，敢于动手，大胆发言；积极参与讨论、评价。课堂效率有很大提高。

支教结束回到原来的学校，我发现我的课堂教学比我支教前要精彩流畅许多，究其原因，支教这一年让我得到很多：

一、学情分析是提高教学有效性的重要途径。

"我们要引导学生到我们想让他去的地方，就必须先知道，他现在到底在哪里。"因学定教、因材施教，才能让老师的"教"更加贴近学生的"学"，所以一定要对教学进行必要的学情分析。

狭义地讲，"学情"就是学生的具体情况，包括知识能力水平、情感认知态度、客观制约因素等。我的具体做法是：用"小测"摸知识的底儿，用常态交流探情感的度，用"咨询"找掣肘的事儿。

二、有效的情境创设是实现有意义学习的重要手段。

有一个比喻：如果让你咽下15克盐，无论如何你难以下咽。如果把15克盐放入一碗美味可口的汤中，你会在不知不觉中将15克盐全部吸收了。情境之于知识，犹如汤之于盐。当学生们在一个情境中不知不觉地探索出解决问题的方法时，你就会懂得情境创设对实现有意义学习是多么重要。

当然，前提是创设的情境是有效的。我在情境创设时一般采用在针对性、系统性原则的基础上，根据教学内容创设一个综合性的任务驱动情境，让这个情境贯穿整个课堂，使整堂课成为一个有机的整体，使学生由情入境，情境交融，点燃思考的火花，也使学生的学习状态变得积极投入。这样，课堂学习效果自然能得到大幅提高。

三、小组合作是提高课堂教与学质量的重要方法。

新课程倡导"自主探索、合作交流"的学习方式。这就指明了教学方向，激活了教学思路。在教学中科学地组建学习小组、提高小组合作学习的实效性，成为全面提高教学质量的重要方法。

初一学生由于原来的学习生活环境不同，导致信息技术水平差异较大，课堂教学很难兼顾每个学生，我就将学生按性别、兴趣、能力、基础等划分，能力强差搭配，将不同特点的学生搭配成多个学习小组，每组四人（一个优等生，一个学困生，两个中等生），发挥优势互补作用，以优带差，以点带面，从而提高课堂教与学的质量。总之，一年的支教工作虽然短暂，但我却收获良多，不仅提升了我的教学素养，更将敦促我进一步转变教学观念，在教和学的实践中，不断探索，不停地追求。

文登市七里汤中学　王玉娟

（3）城乡教师换岗。每年从市区学校选派优秀中青年教师，分赴全市师资力量欠缺的乡村学校支教，同时由农村各学校选派教师赴城区学校跟岗学习、进修培训、交流任教。

案例

乳山121名城乡教师换岗一年

信息来源：齐鲁晚报

记者从乳山教育局了解到，今年从乳山市市区中小学学校选派的55名优秀中青年教师，分赴全市师资力量欠缺的乡村中小学校支教，同时由农村各中小学选派的66名教师赴城区学校交流任教。这是乳山市首次实行城乡教师交流，为期一学年。

为提升农村办学质量，补充城区教学力量，促进城乡教育均衡发展，乳山市教育部门决定，自今年秋季开学起，加大城乡学校间的对口交流力度。本次交流范围是男48周岁、女43周岁以下的全体义务教育学校教师，其中没有一年以上农村任教经历的城区义务教育学校教师，优先输送到农村学校任教。根据符合交流条件的人员数量及层次，按比例、分学科分配到各学校，首批交流人数为符合条件教师总数的10%左右。此举将激活全市的教育资源，推动教育资源的均衡、优化、协调发展。

齐鲁晚报2010年9月16日讯

记者刘洁；通讯员　刘国贤　刘忠卿

（4）同研一节课。每年定期组织教研员、城区、农村学校全体信息技术教师参加"同研一节课"、"课例同研"等教学研讨活动。由教研员、城区、农村学校的信息技术教师对同一课题，各自进行备课，然后在同一地点，对不同班级进行授课，全市（区）教师进行现场听课、评课，在听、评课中，交流思想，碰撞智慧，提高教学水平。

案例

文登市课例同研活动纪实

教研论坛公布了本次课例同研的课题——《交互、动态设计及作品发布》，要求各伙伴校选出主备人，进行课例研讨。因为教研室大力支持农村教师参加课例展示，所以我非常荣幸地被选为三里河伙伴校的主备人。

我们首先在组长于启慧老师的组织下，通过伙伴校QQ群探讨了本节课的教学目标及基本流程，参与讨论的老师也提出了对本节课教学设计的一些想法，然后由我对这些建议进行归纳，确定自己的教学设计思路。

细细比较各位老师对本节课教学设计的设想，我决定让学生做一个"性格测试"幻灯片，引起学生兴趣，通过"性格测试"所需的跳转功能引导学生去探索超链接的用法，理解动作按钮和超链接在幻灯片中的应用，对于幻灯片的切换效果和自定义动画则学生根据自己的喜好设置，我只是给予方向上的指导。

思路确定了，我开始设计教案、制作课件、导学案、准备学生制作幻灯片所需的资源，第二天，我把教案、课件及导学案发给伙伴校成员修改，不久，伙伴校的各位老师就对我的教学设计提出了修改意见，三里河的于芳老师提出，从头做一个幻灯片太浪费时间，不如老师准备一个未设置完全的幻灯片，既可以节省时间，又能突出重点；高村中学的林乐森老师提出，在知识的归纳、总结上，老师没有以学生的对比归纳、总结为主，忽视了学生的主体作用；大水泊中学丛海军老师也对导学案的设计提出了好的建议。

根据各位老师提出的建议，我修改了教案，并再次上传给伙伴校成员，组长于启慧老师在QQ群里提出建议，光看教案不行，我们还是去听听实课，明天上午你调一下课，我们具体去听一下课，看看效果如何。

第二天上午，伙伴校成员来我校听课，并针对课堂情况指出问题：一是导入部分占用时间太多，语言不够精炼；二是小组作用没得到充分发挥，学生之间互动少；三是学生在对比归纳、总结时，老师的引导不够；四是自定义动画这个难点没能得到有效突破，任务设置不妥当。针对以上问题，各位伙伴校的老师是各尽所能的帮我出谋划策，对小组的分工提出优化方案，以加强学生之间的互动，对自定义动画部分的任务设置进行分层，让难点逐步突破……于芳老师、于启慧老师还走上讲台，现场展示改动部分的效果，看着各位老师真诚面容，我也丢掉心中的羞怯，走上讲台，把各位老师当做学生，去体验那种把握课堂的激情。下午，我满怀信心地提出再次进行磨课。课后，伙伴校的老师们给予我以肯定。

两天以后，我在全市信息技术课例大教研交流会上执教了《交互、动态设计及作品发布》一课，并获得老师们的好评，我记得有一位老师私下对同事说："信息技术课大都是城里教师讲的好，没想到农村中学的老师也能讲得这么好。"我心里想说的是："有课例同研这样一个平台，有那么多热心的伙伴校老师的帮助，就会有越来越多的农村老师满怀信心地走向更大的舞台。"

文登小观中学　林忠华

（二）物质资源共享策略

以物质资源的均衡配置为主要手段的工程实施，缩小了城乡之间、区域之间、学校之间教育的物质条件差距，为提高教育教学质量提供了基本保障。

1. 送优质教学资源下乡

"送优质教学资源下乡"是充分运用技术手段，将城市优秀教师的教学思想、方法融入到教学资源中，形成优质教学资源，配送到农村，旨在让农村中小学的学生享受优质的教学资源，同时适应农村中小学课堂教学的要求。许多地区（如江苏省、广东省等）为推进城乡基础教育的均衡发展，曾经实施"送优质教学下乡工程"，具体实施步骤为：了解农村中小学资源配置情况，选拔城区的优秀学科教师，制作面向农村中小学生的课堂教学光盘，配送到农村中小学。光盘设计新颖，不同于单一的优秀课录像，每一堂课的资源是一个资源包，既有优秀教师对这堂课的教学设计描述，也包括示范性的教学录像，还包括与课程内容有关的教学素材，对农村地区的一线学科教师的指导性很强。威海市近年来通过组织"名师巡讲月"、"优质课程资源建设及评选"等活动，及时将优秀的科研创新成果进行推广应用，促进广大教师尤其是农村教师的专业化发展，推动我市教育的高位优质均衡发展。

案例

威海市开展名师巡讲月暨科研创新成果展示活动力促城乡优质教学资源共享

信息来源：威海教育网

2012年10月，为充分发挥"四名工程"名师人选对教育教学创新的引领、示范作用，并及时将优秀的科研创新成果进行推广应用，促进广大教师尤其是农村教师的专业化发展，进一步打造教育教学的区域品牌和特色，不断提升教育教学的核心竞争力，推动我市教育的高位优质均衡发展，根据《威海市教育局关于印发〈关于在全市教育系统开展师德师能提升年活动的实施方案〉的通知》（威教政字〔2012〕12号）要求，威海市教育局组织开展了名师巡讲月暨科研创新成果展示活动。各市区初中教研员、威海市名师人选及名课程候选团队、部分骨干教师共计2400多人参加了活动。

此次"名师巡讲活动"的巡讲人在"四名工程"名师、名课程团队人选中择优确定。巡讲内容较好地体现了各学科教学改革的新理念，具有典型性和引领性，并结合教学进度确定。巡讲与展示的形式主要是讲课、互动评课、名师专业发展经验介绍、科研创新成果展示与解读等方式。此次巡讲活动共展示观摩课16节，经验介绍27人次，科研创新成果展示12人次，所展示的每一节课、每一个成果都体现了名师自己的思想、体现了他们对教育教学的独特理解，都具有很好的引领作用。会场上气氛热烈、精彩不断，与会教师们对这次活动给予了充分的肯定。这次活动中不仅使名师及名课程团队成员的专业水平得到了进一步提升，更重要的是充分发挥了名师人选的示范和辐射作用，极大地开阔了与会教师的眼界，使我市的优质课程资源进一步得到共享。

威海市教育教学研究中心　张涛

2. 搭建区域教育资源共享网络平台

当同区域内的学校配备了教育信息化所需的基础设施后，如何有效地利用信息技术及信息化环境来促进区域教育均衡问题就变得非常重要。互联网使世界各地的资源互联互通起来，为资源共建共享创设了极为便利的条件。建立"城域教育网"是许多地区已有的成功经验，城域网将区域内的学校、班级、学生连接起来，实现区域内校校通、班班通、人人通，从而为网络资源共享提供硬件设施条件。

硬件设施满足条件后，接下来便是优质教育资源共享平台的建设，该平台集资源库、互动社区为一体，资源库内容包括教学课件、教学视频等资源，互动社区为教师交流提供平台。各地教育管理部门积极引导并鼓励各学校在校园网中建设校级资源库，引导教师将平时接触、使用的优秀教学软件、课件资源随时输入资源库，从而使资源库不断丰富和完善，既避免了教学资源的低水平重复开发，也能够及时将各种优质教育资源输送到农村学校。另外，也可引进各种优秀教育资源，如博物馆、图书馆、科技馆等地方的数字化资源。借助现代化的信息教育平台，实现优质教育资源最大限度的共享，借助信息化缩小城乡间之间的差距，追求区域教育均衡。

威海市教育局全面布署全市优质课程资源建设工程

消息来源：威海教育网

为进一步推进威海市教育高位优质均衡发展，加快优质课程资源的共建共享，根据《威海市人民政府关于推进市域内义务教育高位优质均衡发展的意见》（威政发〔2012〕9号）和《威海市教育局关于印发〈关于在全市教育系统开展师德师能提升年活动的实施方案〉的通知》(威教政字〔2012〕12号)要求，威海市教育局在全市普通中小学、特殊教育学校、幼儿园、中等职业学校和教研部门开展优质课程资源建设工程评选活动。

此次活动的目的在于：通过全市各类优质课程资源的开发和评选活动，激励广大教师深入研究课程标准、教材、教学和学生，进一步提升教师的专业素养和教学实践能力；通过"以评促建、以建促教"活动，力争用三年的时间，初步建成具有威海特色的各学段各学科核心内容比较完备的优质课程资源库，为实现我市城乡教育的高位优质均衡发展提供强有力的保障。要求各市区和学校要按照优质课程资源建设工程的要求，统筹安排，认真选取主题，本着"以评促建、以建促训、以建促研"的原则，组建各种形式的课程资源开发团队，鼓励教师积极参与，大胆创新，拿出精品，让课程资源的开发过程成为促进教师专业发展的有效途径。"四名工程"人选要成为优质课程资源开发的主力军。

此次活动要求开发的优质课程资源以各学段各学科开发的"教学类"课节（或课时）资源包为主，资源包包括每课节的教与学的教学设计、课件、学案、拓展资源、课堂教学视频、作业、试题、教学反思等。活动从2012年开始，2014年结束，周期为三年。全市优质课程资源建设工程评选活动每学期评选一次，市级评选集中在每年的8月份和12月份。每学期初由威海市教研中心分学段分学科下发相关通知，确定开发主题和内容，各市区和学校按要求开发相关学科课程资源，7月初和11月底分别将每学期开发的优质课程资源上报威海市教研中心。优质课程资源评选择优设一、二、三等奖，由威海市教研中心颁发获奖证书，作为单位参加市级及以上教育科研先进集体、特色学校等评选以及个人职称评定、晋升的重要依据，并优先推荐参加省级课程资源评选。获奖的优质课程资源将存入威海市优质课程资源库中，供全市师生共享。

3. 推进农村中小学现代信息技术远程教育工程

农村中小学现代远程教育工程，简称"农远工程"，是指为促进城乡优质教育资源共享，提高农村教育质量和效益，从2003年起开展的以信息技术为手段，采取教学光盘播放点、卫星教学收视点、计算机教室等三种模式将优质教育资源传输到农村的教学方法试点工程。2005年，"农远工程"在全国范围内全面实施，工程的根本目的是要运用信息化的手段和方式，把优质的教育资源、先进的教育理念、科学的教学方法、先进的文化输送到边远的山区、牧区、少数民族地区和贫困地区，有效地解决我国广大农村地区教育教学资源匮乏、师资短缺等问题，有助于提高农村教育的质量，缩小现实存在的城乡之间教育发展水平的差距，促进城乡教育协调发展，体现教育公平。因此，加快区域中小学远程教育网络建设，提高装备层次和水平，推进农村中小学信息技术学科远程教育工程，也是促进城乡信息技术教育均衡发展的有效途径。

> "实施农村中小学现代远程教育工程，促进城乡优质教育资源共享，提高农村教育质量和效果。"
> ——《国务院关于进一步加强农村教育工作的决定》[2003]

案例

加快信息化建设 促进城乡教育均衡发展

——威海市"农远工程"试点的实践探索（节选）

威海市委市政府对"农远工程"试点工作高度重视，专门成立了以分管市长为组长的"农远工程"试点工作领导小组、以分管局长为主任的"农远工程"试点工作办公室，以及以市教学研究中心、各市区教育技术人员组成的"农远工程"试点工作技术专家指导小组。为工程规划的顺利推进提供了强有力的保障。根据我市城域网建设比较完善和学校之间互联互通的实际情况，本着"有利于提高教育投资效益，避免重复建设和资源浪费，促进教育事业持续发展"的原则，按照省三种建设模式的标准要求，我们创造性地提出了"建立两级信息中心，使'天网''地网'相结合"的思路，在确保教育达到同等效果的前提下，既节约了大量经费又提高了管理效率，得到了省教育厅的肯定。

威海市"农远工程"试点工作共需配套资金1600多万元，国家和省财政专项资金补助威海市100万元，市财政拿出100万元配套资金。尽管财政缺口较大，市教育局本着"立足应用、软硬结合、避免浪费、着眼未来"原则，积极筹措配套资金，严格要求专款专用，确保了该项工作的顺利实施。鉴于威海市已经建成教育城域网和学校已经宽带接入的实际情况，根据国家（教基[2003]22号）、省（鲁教电字[2004] 2号）有关文件精神，在开展"农远工程"试点工作的同时，我们对工程建设模式进行了创造性的调整，利用教育城域网通过直播软件的功能取代了学校卫星天线的安装和接收，节约资金400多万元，而且减少了管理上的麻烦。截至目前，我市共建设"农远工程"试点学校217所（模式二131所；模式三86所），市区信息中心建设卫星收视站，完全小学建设远程网络收视站，初级中学建设计算机教室局域网并与校园网、教育城域网连接。目前，所有远程教育建设工程都已经通过了省级验收。

加强教育资源建设是实施"农远工程"的根本保障，它能够避免在应用中出现有"路"有"车"却无"货"的现象。教育教学资源建设的前提条件就是要满足不同教学环境下一线教学的实际需求。教学资源建设应力图通过充实教育网站信息等途径，提供诸如多媒体素材、课件、教育论文、研究性学习专题等丰富的资源类型，并通过资源建设达到学生成为课程资源主体和学习主人、教师成为学生利用课程资源引导者的目的。

远程教育工程的应用"宁可用烂，不能放坏"。应用是"农远工程"的最终目的。经过大量专题培训，广大教师都基本形成了运用远程教育资源和城域网教育资源的习惯。几年来，教育行政部门举办的市级培训就有40多次，培训2000多人次。使广大教师的信息技术水平得到了很大的提高，达到每一名教师都能利用远程教育资源进行教学的目标。各市区对中小学教师进行达标考试，把信息技术水平作为衡量教师整体素质的一项指标。安装了视频直播软件以后，各市区的教师在学校的任意一台计算机上都可以看到培训的直播实况，不但节约了人力、物力和财力，而且提高了培训实效。送课下乡为了开阔教师的视野，增加广大教师向名师学习的机会，信息中心把国家、省、市名师的讲课录像传送到网上，可供教师随时在学校中浏览、观摩、借鉴。同时，信息中心选取了大量的优秀教育学案例和优秀论文供广大教师查阅、参考，为教师的发展提供了机会和动力，极大地提高了广大教师学习的积极性。

事实表明，随着我国经济的快速发展，城乡之间的差距并没有缩小。如果不能填平或者缩小城乡之间的"数字鸿沟"，使城乡共享同等教育机会和优质教育资源就成为一句空话。虽说我市属于发达地区，但是城乡之间也存在着较大的差距。"农远工程"建设的试点工作对我市教育发展，尤其是农村教育的发展起到了很大推动作用，在解决农村中小学教育资源匮乏、师资水平和教学质量不高、探索教育教学方法、教育资源建设、师资培训工作等方面提供新的思路。它使城乡之间共享优质教育资源由可能变为现实，为我市城乡教育均衡发展提供了一条有效途径，是落实"科教兴威"战略的又一重大举措。

作者：威海市教育教学研究中心　王曰牟　温勇

《中国教育信息化》2007.4

你怎么看

1. 你参加过城乡教师交流吗？请谈谈你对此经历的看法。

2. 关于信息技术课程资源共享你怎么看？

第四章　构建信息技术高效课堂策略

本章导读

《国家中长期教育改革和发展规划纲要（2010—2020年）》指出："要把育人为本作为教育工作的基本要求，以学生为主体，以教师为主导，充分发挥学生的主动性，深化课程和教学方法改革，把促进学生健康成长作为学校一切工作的出发点和落脚点。关心每个学生，促进每个学生主动地、生动活泼地发展，尊重教育规律和学生身心发展规律，为每个学生提供适合的教育。"短短百余字，寄予了国家对课程改革推进的深深期盼和对学生全面发展的倾力付出。课堂是学校开展教育教学、推进课程改革的主阵地。要如期实现十年发展目标，实现教育现代化，打造"以最小的教学和学习投入获得最大学习效益"的高效课堂是不二选择，信息技术课程当然也不例外。

本章主要围绕构建信息技术高效课堂的两大重要环节——"教学"与"评价"展开阐述。具体包括：信息技术高效课堂中的情境教学策略、分层教学策略、评价策略、特色课程资源策略等等。其中，分层教学和教学评价既是一线

工作方针：优先发展、育人为本、改革创新、促进公平、提高质量。

战略主题：坚持以人为本、推进素质教育。

——《国家中长期教育改革和发展规划纲要（2010—2020年）》

教师普遍关注的焦点话题，同时也是目前信息技术课程发展中的难点问题。笔者将结合具体的教育教学实践案例进行详细阐述。

一、信息技术高效课堂中的情境教学策略

高效课堂是近年来教育研究领域的热点话题，也是所有学科教学的终极目标，更是所有教师、学校的共同追求。在构建信息技术高效课堂的进程中，越来越多的教师认识到：信息素养的核心是信息能力，信息能力则主要体现在如何利用信息技术分析问题、解决问题、为生活和学习服务上。如果仅从技术本身出发，即使能够按照课时目标和要求，将一些相对零散的知识、技能传授给学生，也无法有效提高其信息能力。当生活中遇到问题时学生依然束手无策，似乎书本和生活是两个世界。这主要是因为学生所学课本上的这些知识和技能没有与生活实际应用紧密联系所致。

情境教学的优势在于能够为学生创设一个真实、生动的应用情境，将课时目标要求中所有应该掌握的知识和技能，串成与情境相关的、环环相扣的任务链，在提高学生学习兴趣的同时，提高课堂教学质量，提高学生的信息能力，进而培养良好的信息素养。

本节将主要围绕信息技术高效课堂中的情境教学策略，结合具体案例进行详细阐述。

一线教师访谈

"信息技术课堂是否规范高效，是检验一位教师是否合格、是否优秀的验金石。信息技术情境教学是我们一线教师一直在努力研究的课题，良好的情境创设有助于学生快速进入学习状态和激发学生自主探索的动力。"

——泽头中学　王世清

"情境教学有利于激起学生的学习兴趣，并引导学生探索，让学生把课堂学到的知识进行具体运用。"

——小观中学　林忠华

一线教师访谈

"一个演员要想演好一场戏，首先必须要入戏。而学生要想学好一节课，我们教师也必须先创设一种形象生动具体的场景，让学生有一种身临其境的感受，以引起学生一定的态度体验，从而帮助学生理解教材。"

——泽头中学　李文涛

"有效的情情景创设是课堂的催化，但应从教学内容的实际需要出发，而不是单纯的为了渲染气氛。"

——荣成蜁江中学　王建红

我的理解

恰如其分地运用情境教学策略创设良好的情境，是构建信息技术高效课堂的重要前提。结合课时具体内容，以实际生活问题为主线，量身定做与生活紧密联系的问题情境进行教学，是提高学生学习兴趣、提高信息能力的有力途径。

（一）情境教学与信息技术高效课堂

1. 高效课堂

高效课堂：是以最小的教学和学习投入获得最大学习效益的课堂。其基本特征是："自主建构，互动激发，高效生成，愉悦共享"。衡量课堂是否高效，一要看学生知识掌握、能力增长和情感、态度、价值观的变化程度；二要看教学效果是通过怎样的投入获得的，是否实现了少教多学；三要看师生是否经历了一段双向激发的愉悦交往过程。

2. 情境教学

情境教学：是指在教学过程中，教师有目的地引入或者创设具有一定情绪色彩、以形象为主体既生动又具体的教学情境，引起学生一定的态度体验，从而帮助学生更好地理解教材，心理机能得到最大程度地发展。

世界上最早在教育学意义上运用情境的是杜威。他认

"我们是被我们生活的环境教学和教育的，也是为了它才受教学和教育的。"

——保加利亚暗示学家G·洛扎诺夫

121

为"思维起于直接经验的情境"。在我国,江苏情境教育研究所所长李吉林老师从1978年正式开始对情境教学法进行系统的实验研究。她长期坚持教学改革,创立了情境教育理论体系及操作体系。她提出情境教学应该具有"形真、情切、意远、理寓其中"四个特点,应该坚持"诱发主动性、强化感受性、突出创造性、渗透教育性、贯穿实践性"五项原则,把情境教学分为实体情境、模拟情境、语表情境、想象情境及推理情境五种类型。

良好的情境不仅能够净化心灵,陶冶情感,还能起到唤醒、暗示或启迪智慧的作用,有利于培养学生的创造性思维。处于特定问题情境中的学生,会因某句提醒、某个问题而受到启发,经过思维的内部整合而产生顿悟或新的认知结构,从而顺利地解决问题。情境教学方法包括角色扮演、诗歌朗诵、音乐欣赏、旅游观光、课内游戏、生动形象的语言描绘等等,它们都是寓具体的教学内容于生动形象的情境之中,潜移默化中激发学生的情感,提高学生的能力。

3. 情境教学与信息技术高效课堂

高效课堂,强调的是师生共同积极、愉悦的学习体验,自主、高效的学习历程。在信息技术课堂中,如果只是采用"教师演示、学生练习"或者"学生先探究后展示"的方式,而没有科学合理地为所学知识技能创设一个能够置身于实际生活的情境,那么师生都将很难产生积极、愉悦、自主、高效的正情绪。这也可以作为一线教师对情境教学认识的一种解释,为什么"在优质课或者公开课上,情境教学一定要用而且要精心设计?"——因为它为师生带来了正情绪,为课堂带来了正能量。而为什么"常态课稍微引导,意思到了就可以?"我想这其中,固然有教师自身的问题,还受到教材、环境等其它因素的影响。尽管目前信息技术课程理念已经从"工具论"发展到"信息素养论",教材里仍多多少少遗留着"工具论"的影子,或者以技术为主线,根本没有应用情境;或者情境不够形象、生动,不足以引起学生强烈的探究欲望和学习需求。一线教师在备课时,要逐课设计情境,设计与情境相关的任务串,像准备优质课一样准备每一节课,的确有难度。因此我们建议除加强教师自身的专业素养外,更要加强校际间的横向交流,加强区域内优质资源共享(前文已进行过阐述),从而使每一节常态课都能像优质课那般精彩、高效。

(二)信息技术高效课堂中情境教学的应用实践

1. 情境教学应用案例

通过"一线教师访谈",我们可以看到:大多数一线教师对于情境教学等先进的教学策略"认识到位，行动欠缺"。显然，要构建高效的信息技术课堂，改进策略也只有八个字："认识提升，行动加强"。每一位从事信息技术课程教学的教师，都应在备课时下足功夫，结合课时目标和内容的具体要求，二次开发教材——以实际生活问题为主线，恰如其分地运用情境教学策略，量身定做与生活紧密联系的问题情境进行教学，从而帮助学生把相对零散的知识技能整合到实际问题的解决方案中，在亲身体验中，提高信息意识，增长信息知识，培养信息能力，树立正确的信息道德，综合培养良好的信息素养。

例如：《山东省初中信息技术》（泰山版）"网络论坛"一课，教材中没有设置一个完整的教学情境，教师就可以结合学生喜欢吃辣条等垃圾食品这个问题，创设"论坛聊出健康来"的情境组织教学，为学生搭建一个交流健康知识的平台，任务串由"健康支招""健康共享""健康咨询"三个实践活动组成，将本课的重点——如何在论坛中发帖、回帖等知识和技能巧妙地蕴含其中。通过一节课的学习，学生不仅交流了健康心得，掌握在论坛中发布帖子的技巧，体验在论坛中交流信息的过程，同时还认识到：要遵守国家法律和论坛规定，文明交流，对个人的言论和行为负责，提高辨别信息真伪的能力，积极促进论坛的繁荣。

再如"编辑数据"一课，教材中的情境设计为"校园卡拉OK歌手大赛"，比较符合学生的年龄和认知特点，与实际生活也有着紧密的联系。此外，教师还可以结合当地实际，自行创设有价值的情境，比如将该课的情境设计为"职业初体验"，整堂课共分三个大环节，一是"未来职业我选择"，为学生提供了医院、学校、公安局、五星级大酒店五个工作场所，有医生、护士、教师、警察、司机、美发师、厨师等十余种职业供学生体验，学生可以根据自己的兴趣和爱好选择要体验的职业。每种职业都有具体的职业要求，学生可以对所选职业有最基本的认识。另外，每种职业都提供了财务科、人事科两个体验场所，学生可以在财务科中，通过输入个人信息认识Excel工作窗口。二是"我的工资会计算"，通过计算工资总额掌握公式计算，通过计算平均工资，引出比公式计算更为方便快捷的函数计算。三是"我的业务顶呱呱"，学生走进人事科，通过计算业务考核总分、平均分等进行巩固练习。通过一节课的学习，学生不仅体验到电子表格在编辑、加工数据方面的方便与快捷，同时能够初步感知各职业的特点，从而努力为未来做好知识和能力的储备。这节课的情境设计属于模拟情境类型，是情境教学中常用的一种类型。

案例

职业初体验

——编辑数据

一、教学设计

1.教学目标：

● 知识与技能：

使用电子表格输入与编辑数据；运用公式和函数进行必要的数据计算。

● 过程与方法：

通过体验电子表格在数据的录入、编辑、保存，特别是计算等操作，体会电子表格组织、加工数据的方便与快捷。

● 情感、态度与价值观：

通过走进公安局、教育局、医院、酒店等单位的财务科和人事科，在数据计算的过程中初步感知各职业的特点，从而正确引导学生为未来做好知识和能力储备。

2.教学重点、难点：

重点是电子表格组织数据的方法和利用公式、函数快捷地进行数据计算，难点是公式的输入、函数的应用，疑点是公式与函数的关系。

3.教学准备：

电子表格文件半成品、录屏资源等

4.教学过程：

① 导入：（大屏幕出示一组数据）谁能快速算出这组数据的总和和平均值？有没有比计算器更快、更简便的方法呢？今天老师给你们带来了一个工具，想知道它是什么吗？（师快速完成计算。）这个工具就叫EXCEL，也叫电子表格。大家可不要小瞧这个软件。它具有非常强大的计算功能，在很多工作领域中都要用到它。今天老师带你们分别来到公安局、医院等单位，走进财务科和人事科两个核心部门，去进一步体验。

② 新授：我们首先来到财务科。这个工作薄中共有四个工作表，分别是？我想先问问同学们，你的理想是什么？你选择哪种职业？为什么？（学生举手回答自己的职业理想。）

活动一：未来职业我选择

下面，就请你根据自己的选择，在相应的工作表中录入你的个人信息。年龄以10年后为准，它的项目内容自定。完成的同学请对照学习网站"新手入门"中的的图表，大致了解EXCEL的工作窗口。重点是单元格地址的构成，请你把答案填到导学案中。

我们一起看一下：单元格地址是由几部分组成的？在前？在后？你的姓名所在单元格地址是（　　），基本工资所在单元格地址是（　　）。单元格地址非常重要，在后面的学习中经常要用到它。

活动二：我的工资会计算

同学们已经填好了个人的信息，成为其中一员了。那么我们每个月到底可以领到多少工资呢？在单位里是属于工资比较高的？还是比较低的呢？下面我们就来计算一下工资总额。（学生通过录屏资源进行自主学习，重点是公式和填充柄的讲解。）

通过刚才的计算，大家是不是已经感受到了EXCEL在计算方面的方便和快捷呢？其实，这仅仅是它众多"魔法"功能中的冰山一角。下面我们继续利用它来计算出平均值。在座的警察、教师、医生、护士们，谁能告诉我，以"基本工资"一列为例，怎样能够求出平均值？

这个公式是正确的，但是太繁琐了。其实，EXCEL中还提供了一些预先设计好的特殊公式，我们称之为函数。快来体验一下吧！（学生通过录屏资源进行自主学习。）

（学生进行演示。师生共同归纳总结。）

活动三：我的业务顶呱呱

财务科的工作我们已经顺利地完成了。现在就让我们来到另外一个重要部门——人事科。在这里，首先来了解我们各自的职业要求，看看怎样才能做一个合格的员工？然后通过计算，了解自己在部门中的考核情况，是否属于优秀的员工？（操作要求在学习网站"巩固练习"中。）

③学生填写自我评价表，梳理本节所学知识。

④小结。

二、案例点评

本节课的设计是最值得关注的亮点，以职业初体验为主线，贯穿全课，走进财务科及人事科两大核心部门为任务设计点，将EXCEL主要的功能发挥出来，顺理成章的展开学习，引导学生树立远大的理想，将着力点放在眼下，激发学生好好学习，将来能从事自己理想的职业。通过走进人事科，处理数据，让学生认识到，无论现在还是将来，都要遵纪守法，努力学习、工作，服从管理，遵守职业道德，才能现在成为一名好学生，将来成为一名好员工，将这种思想潜移默化的根植在学生的脑中。在情境教学中，情感不仅仅作为手段，而且成为教学本身的任务，成为目的。我认为，这节课充分体现了情境教学诱发主动性、强化感受性、突出创造性、渗透教育性、贯穿实践性的原则，是信息技术情境教学策略的成功之作。

教学设计：神道口中学　丛宏

点评教师：威海九中　吕孟君

2. 情境教学的误区

情境教学是提高信息技术课程教学有效性、构建信息技术高效课堂的一项重要的教学策略。在教学实践中，已经有越来越多的教师开始注重教学情境的创设，涌现出很多优秀的案例，同时也暴露出一些问题：有的教师只把教学情境当成课堂教学的摆设和点缀；有的教师过于注重教学情境化，无处不情境；有的教师辛辛苦苦创设的情境，并没有发挥出应有的作用；有的教师创设的情境严重脱离学生的生活环境和经验；有的情境创设过程太长，内容堆积，要求不具体等等。种种现象表明一些教师陷入了情境创设的误区。

以下两种误区最为常见：一是情境与课堂教学脱节。有些教师认为，只要课堂中有关于情境的描述或者环节，这节课就运用了情境教学策略。例如：上课伊始，运用美丽的图片、动听的音乐或者学生提前排演的情景剧作为导入，把学生的学习积极性调动了起来。结果进入具体的学习过程后，就完全脱离了之前创设的情境，仍然以技术为主线，讲授知识和技能操作。显然，这违背了情境教学的目标和原则。"情境教学"之所以取"情境"二字而没有取"情景"二字，其原因就在于"情境"具有一定的深度与广度，"情境"应贯穿于教学的三维目标，贯穿于教学始终。二是情境过于儿化或虚假化。例如：有些教师为了迎合学生，以动画片中的角色创造或提供虚假的教学情境，使教学情境虚假化。有教师为"图像处理"一课创设了如下的教学情境：红太狼的生日快到了，可是灰太狼总是逗不过羊村的小羊，费尽了心思也不知给老婆准备什么礼物好。终于，他想出了一个好主意——送一张又肥又嫩的羊村合影给老婆大人……"这种虚假化的教学情境由于缺乏真实感很难发挥情境的实效，极易造成知识的误导或者与现实生活中的应用脱节。虚拟不等于虚假，真实性是创设情境的重要前提。即使是虚拟情境，也应符合起码的生活逻辑，符合事物发展的客观规律，应该是实际生活和社会生活中真实发生或者可能发生的，而不是为情境而情境、人为编造与现实情境相悖的情境。

另外，在运用情境教学策略组织教学时，教师还应在努力创设良好情境的同时，注重创设良好的课堂氛围，通过眼神、语言、动作、表情等让每一位学生感受到关心、信任和理解，促进学生融入情境，愉快学习，主动发展。总之，情境创设是一项复杂的、艺术化的创造过程，也是一个"研究、实践、反思、改进、再实践"螺旋上升的研究过程，需要我们在教学实践中不断总结和提高。

你怎么看

你认为在信息技术课程中使用情境教学效果如何？使用时应注意哪些问题？

二、信息技术高效课堂中的分层教学策略

信息技术课程因其学科独有的特点——实践性和应用性而广受学生的喜爱。然而，由于初中学段学生基础水平不一，教材又立足于非零起点，使得信息技术教师叫苦连天，有些教师干脆"穿新鞋，走老路"，延续"一刀切"教学，不仅扼杀了学生的学习兴趣，更不符合素质教育全面发展的要求。要构建信息技术高效课堂，教师必须面向全体学生组织分层教学，真正体现"因材施教"的教学原则，为学生信息素养的全面发展创造条件，培养学生鲜明个性化的品质。在具体的教学实践中，如何组织和实施分层教学呢？本节将围绕相关案例进行具体阐述。

"在我们学校周边的各所小学，开设信息技术课程的硬件条件不同，教授的内容深浅不一。由于家庭条件、父母观念等原因，孩子们接触计算机的机会不同。所以学生的水平参差不齐，信息素养起点不一样。知道分层教学对教学有利，对学生有利，但不知如何实施既省力，又有效？"

——神道口中学　洪超

"针对学生间的差距采用分层教学是很有必要的。但是怎样调动每个层次上学生的积极性，让学生不仅仅停留在原来的层次上，还需要我们老师动动脑筋。"

——威海市城里中学　洪丽燕

"分层教学是非常必要的，但在教学的组织和评价上的确有实际困难，涉及到课时、班额、教师的精力，教师驾驭课堂的能力等等方面，真正实现分层并不容易。"

——塔山中学　徐晓宁

我的理解

根据差异性原则提出的分层教学，是解决因材施教的个体性与班级授课制的集体性之间矛盾的有效途径。课堂分层互动教学模式比较适合于信息技术高效课堂使用。教师可以通过科学分组、分层设计学生任务、录屏教学等策略组织实施分层教学，促进学生信息素养的全面发展。

（一）分层教学与信息技术高效课堂

1. 分层教学

分层教学：教师根据学生现有的知识、能力水平和潜力倾向，把学生科学的分成几组水平相近的群体，在教师恰当的分层策略和相互作用中，各群体得到最好的发展和提高。分层教学在西方一些国家尤其是美国非常流行，中国在20世纪80年代引进了分层教学的概念，北京十一中、福州八中、山东威海第二职业中学等学校先后进行了分层教学的研究和实践。

分层教学主要有班内分层目标教学、分层走班、能力目标分层监测、课堂分层互动等教学模式。其中，课堂分层互动教学模式比较适合于信息技术高效课堂使用。其操作要点在于：教师通过调查和观察，根据班级内每个学生的学习状况、知识水平、性格特点等，对学生进行科学分组，形成多个学习小组。利用学生层次的差异性与合作意识，组织小组合作学习和成员之间的互帮互学，开展面向每个学生、面向每个学生的每个方面的教学活动，充分发挥师生之间、学生之间的互动和激励，从而使不同水平的所有学生都能高效地参与学习，得到最大程度的发展。

2．分层教学与信息技术高效课堂

分层教学集中强调三点：① 学生的现有知识、能力水平；② 分层次；③ 所有学生都得到应有的提高。具体到信息技术高效课堂中，应根据学生现有的信息技术知识和能力水平，结合学生的性格、爱好等特点，科学分层，设计教学。建议教师在实施分层教学时注意以下两点：

（1）从态度上要承认、尊重、欢迎学生间存在的差异。世界上没有两片完全相同的树叶，更没有两个完全相同的学生。正因为学生间存有差异，课堂才丰富多彩，合作学习才更有意义。教师要做的就是如何利用差异，让学习成为趣事，让学生喜欢学习，让课堂呈现活力，让师生愉悦经历。因此，承认学生的差异性，并根据差异性原则组织课堂教学，是因材施教的具体体现，更是高效课堂的重要前提。

（2）从做法上要以事实为依据，科学分层分组，制定分层目标，确定分层任务，组织分层教学和分层评价。

首先，备课分层。在认真钻研纲要和教材的基础上，根据不同层次学生的认知水平，确定具体可行的分层目标和分层任务。学困生能够掌握最基础的知识，具有最初步的技能，基本完成学习任务；中等生能够很好地掌握基础知识和基本技能，能够独立思考，具有一定的分析问题和解决问题的能力；学有余力的学生则要进一步拓宽视野，发展思维，提高能力，纵向加深，创造性地完成拓展任务。

其次，讲课分层。对不同层次的学生，采取不同的教学策略。对于学有余力的学生，可以为其提供拓宽、加深知识难度的拓展任务，也可以让其充当学困生的"小导师"，或者示范讲解的"小老师"；普通水平的层次是学生中较多的群体，对于他们，主要可以通过正常的教师讲解、师生讨论等方式，促使其独立完成课堂学习任务，稳步推进。而对于学困生这样一个群体，除安排学有余力的学生一对一辅导外，还可以根据个人情况利用录屏资源反复学习。这样就能满足不同层次学生学习的需要，引导他们在各不相同的"最近发展区"前进，为他们创造更多获得成功的机会。

最后，评价分层。课堂评价的目的不是为了区别优生和差生，而是为了更好地激发学生学习的积极性，让学生在评价过程中反思自己的学习行为，发现自己学习中的问题，调整自己的学习策略，以便在原有的基础上得到最大限度的发展。学生的能力有差异，教师的评价体系自然要适应这种差异性。可以采用电子档案、自我检测等方式，从不同的角度、用不同的标准来评价不同层次的学生，关注他们学习、发展的过程。要注重与不同层次学生进行即时交流和评价，向学有余力的学生提出更高层次的要求，激发他们学习的斗志；积极帮助没及时完成任务的学生查找原因，有点滴进步就给予及时的鼓励，增加其自信心。从而让每个人都体验到成功，以快乐的心情投入到学习中。

（二）分层教学的应用实践

分层教学的应用实践过程中，需要着力研究的问题很多，可以采用的方式方法也很多。下面就结合案例重点谈一谈分层教学中的分层设计学生任务以及如何利用录屏资源实现分层教学。

1. 分层设计学生任务

信息技术课堂多以任务以主线，将各个知识点融汇于各个任务中，学生在完成任务的过程中理解掌握相关的信息技术知识和技能，提高信息素养。教师可以根据不同层次学生已有的信息技术知识和技能水平，分层设计学生任务。比较简单、易行、有效的做法就是将学生的任务设置为"基本任务"（或者称为"会员任务"）和"拓展任务"（也可称为"贵宾任务"）。基本任务是所有学生都应该完成的任务，完成后本节课的知识评价等级即为A等级；而拓展任务则是为学有余力的学生专门设置的，如果完成了其知识评价等级即为A+等级，这样就为班级中基础较好的学生提供了进一步提高和发展的空间，最大程度地满足了他们的学习需要。

案例

学生任务的分层设计

案例1："录制数字化声音——祖国在我心中诗歌朗诵会"一课中，学生任务分层设计如下：

1. 基本任务：

任务1：选择一首最喜欢的诗歌，使用Windows自带的"录音机"，有感情地朗诵并进行录制。

任务2：将录制好的诗歌保存到个人文件夹下，文件名使用如下格式"2年8班马小明"。并观察文件保存时格式为（　　　）。

任务3：尝试使用"效果"菜单中的各个命令，如"加速""反转"等，体验各种声音效果。

2. 拓展任务：

任务4：安装GoldWave软件，并尝试使用该软件进行录音，观察保存的录音文件格式为（　　　）。

任务5：尝试使用GoldWave软件，将任务1中录制好的诗歌，转换为mp3格式。

案例2："形状补间动画——我会七十二变"一节，学生任务分层设计如下：

1. 基本任务：

任务1：打开"魔幻万花筒"源文件，找出以下问题的答案。

● 一共用到几个关键帧？分别位于第几帧？都是什么形状？

● 在时间轴上拖动鼠标，能不能看到形状的变化效果？时间轴上两个关键帧间有一条什么样的线？

● 观察第5帧、第10帧上的图形，分析这些中间帧上的图形是如何得到的？

任务2：以小组为单位，分别完成如下实验，并交流展示实验结果。

● 将结束帧中的圆改为其它颜色，观看动画效果。

● 用任意变形工具，改变结束帧中圆的大小，观看动画效果。

● 改变结束帧中圆的位置，观看动画效果。

● 删除起始帧中的形状，观察时间轴上有什么变化？再画一个方形，观看动画效果。

● 更改"属性"中的补间类型为无，观看动画效果，看看有什么变化？

任务3：入门版七十二变，将金箍棒变成五角星或者……如：

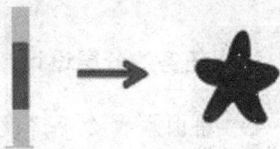

任务4：初级版七十二变。继续制作变形动画。如：

2. 拓展任务：

任务5：升级版七十二变。继续将三朵小花变成"美猴王"三个字。知识拓展加深：文字的变形需先分离成形状。

任务6：观看录像，自主学习如何添加形状提示。知识拓展加深：形状提示的添加。

从上述两则案例中可以看出，教师其实并没有对学生和学生要完成的任务进行显性分层：A层的学生完成什么任务，B层的学生完成什么任务等等，而是根据大的学习情境"祖国在我心中诗歌朗诵"、"我会七十二变"，将应掌握的信息技术知识和技能隐含于由易到难的几个任务中。这种隐性分层设计的好处在于，学生不会根据教师的显性层次要求对号入座，不会形成一种自我定位：我就是优生，或者我就是差生，而产生自卑感，下意识降低自我要求。

与学生任务相对应的是评价的设计。以"形状补间动画——我会七十二变"一节为例，完成了基本任务1~4的学生，其知识与技能等级为A；在此基础上，还选做了一个拓展任务的学生，等级为A+；只完成基本任务1~3，等级为B；完成基本任务1~2，等级为C，其它为D。如此，在具体的分层任务和评价标准的激励下，学生根据个人的能力水平和兴趣，自主选择任务完成学习，逐步加大知识的难度，由浅入深，逐级挑战，学习积极性最大限度地得到激发，再加上教师组织的小组评价、个人评价以及教师艺术性的语言评价（本书后面将详细阐述），使得课堂教学呈现一种正状态，在愉悦、积极的氛围中高效推进。

2．用录屏资源实施分层教学

信息技术课程中的图像处理、动画制作等内容，由于操作步骤比较复杂，不太适宜组织全体学生进行自主探究学习，很多教师都采取了"先演示讲解，后学生练习"的方法进行教学。这种做法存在两个问题：一是不能照顾到不同层次的学生的学习需要，学有余力的学生可能不想听，学困生听一遍仍然学不会；二是需要将多个操作步骤分成几块进行讲解，破坏了知识的连续性，而且学生极其反感操作过程被中断。

在近几年的教学实验中，我们发现借助录屏资源可以有效解决这些问题，较好地实现分层教学的理念：教师在课前利用时下比较常用的屏幕录制软件，根据课堂情境、学习任务的需要，将每个任务的完成过程录制下来，制作成录像帮助文件（简称录屏资源），分发到学生机上。在课堂学习过程中，学生可以根据个人需要自主选择观看。学有余力的学生可以先自主探究完成学习任务，当遇到学习困难时，再进行观看；学困生如果第一次没看明白，可以重新播放，继续观看，直到掌握了为止。这样，既满足了不同层次学生的学习需要，又照顾到了学困生的心理感受，真正体现了高效课堂的内涵：以最小的教学和学习投入获得最大的学习效益。

案例

"FLASH动画制作——遮罩效果"

一、教学设计

1.教学目标：

知识与技能

（1）掌握遮罩动画的工作原理，理解遮罩层与被遮罩层之间的关系；

（2）掌握探照灯效果的制作方法；

（3）能够灵活运用所学动画制作技巧，创作动画作品。

过程与方法

（1）通过师生共同分析遮罩的实例，加深学生对于遮罩原理的理解；

（2）让学生自主实践，去完成探照灯效果的动画，使学生能够迅速掌握遮罩效果的制作方法；

（3）培养学生自主学习能力、探索创新能力和综合运用知识的能力。

情感态度与价值观

（1）感受运用Flash动画软件创造作品的乐趣；

（2）体验信息技术蕴含的文化内涵，形成和保持对信息技术的求知欲；

（3）能辩证地认识信息技术对社会发展、科技进步和日常生活学习的影响；

（4）通过信息技术手段，增进师与生、生与生之间的情感交流；

（5）体验作品创作成功的喜悦和成就感，激发学习flash的兴趣。

2.教学重点：

遮罩的含义，遮罩与被遮罩的关系，遮罩效果的制作。

3.教学难点：

哪层遮罩，哪层被遮罩，是遮罩层运动还是被遮罩层运动。

4.教学方法与教学手段：

以师生讨论法、录屏教学法为主，辅以必要的讲授法、演示法。

5.教学准备：

录屏资源。

6.教学过程：

学习过程	教师活动	学生活动	设计意图
情境导入	【新课导入】游戏： 展示Flash游戏——"小孔探物"，介绍游戏的玩法：通过移动屏幕布上的小孔，显示出部份图像，能够看出小孔后面的内容。 　　讨论："小孔探物"游戏所采用的动画效果就叫做"遮罩"，运用这种效果可以制作出许多美妙的动画。导入本节课的内容：用Flash软件制作出遮罩效果。	学生亲自体验，积极参与，观察游戏中的动画效果。 明确本节课目标	激发学生的学习兴趣，引导学生思考，导出本课教学内容。

探究新知	【知识讲解】实物演示，解释遮罩的原理。 采用一张遮罩动画的层次解析图，说明遮罩动画的原理：遮罩就是透过一种图形来看被挡住的内容。 遮罩效果的实现，需要两层：一层是遮罩层（在上层）——提供了形状；另一层是被遮罩层（在下层）——提供了被挡住的内容——（文字、图片等）。	理解遮罩动画的基本原理	结合形象化的事物，帮助学生理解遮罩动画的原理，从而帮助学生的记忆。
分析实例	【实例分析】展示遮罩动画的应用实例，分析动画中遮罩层图形和被遮层的内容。 得出结论：利用遮罩可以制作出很多意想不到的效果，我们既可以让遮罩层运动，也可以让被遮罩层运动。 【方法指导】为了让学生觉得遮罩其实并不难，可以分解步骤，先让一学生做个文字，再叫一学生作一个滚动的圆，将圆所在的层设置为"遮罩层"，完成透过图形看到文字的遮罩效果，从而达到探照灯的初步效果，并强调遮罩效果需要2层：遮罩层和被遮罩层，可以是遮罩层中的内容运动，也可以是被遮罩层中的内容运动。	欣赏并主动分析每个实例中遮罩层提供了什么形状？被遮罩层的内容是什么？回答问题。	通过实例的展示以及师生共同分析，使学生对遮罩动画产生浓厚兴趣，进一步加深学生对遮罩的理解。
基本任务 提高任务	【任务】利用遮罩技术，制作出"探照灯"效果的动画，保存后测试影片。 【即时指正】老师巡视，及时纠正错误，并将一些集中出现的典型的问题广播给所有学生。 【任务进阶】引导学生理解遮罩层和被遮罩层都可以运动，在基本任务的基础上完成提高任务	掌握遮罩动画的制作方法。 完成第一个任务的学生可以参看录像帮助完成进阶任务。	第一个任务相对比较简单，进阶任务的设置是帮助学生循序渐进地完成整个动画。培养学生自学的能力。
拓展任务	【拓展任务】要求学生在学有余力的基础上合作讨论并尝试制作出"滚动的字幕"和"多彩的文字"动画效果。未完成前面任务的学生可以在课后再思考。有同学在课堂内完成就当堂展示他的作品，激发其更浓厚的学习兴趣，同时也可以激励其他同学。 【交流展示】教师提供交流平台：引导学生在信息博客上进行师生交流。	分析出是遮罩层在运动，还是被遮罩层在运动。 在博客上回答问题，发表言论。	拓展任务是进阶任务的延伸，引导学生运用所学，举一反三，主动探究问题。回忆本节课所学知识，回答问题。

总结	1.要产生遮罩效果，至少需要几个图层 2.遮罩层与被遮罩层的位置关系（谁在上，谁在下） 3.遮罩层动画的特点 _____（遮罩层/被遮罩层）决定看到的形状 _____（遮罩层/被遮罩层）决定看到的内容	学生回顾本节课的主要知识点	加深学生对于遮罩效果的理解，进行知识的梳理

注：本案例的教学设计原创作者为南京市新城中学信息技术教师陈澜，威海市神道口中学信息技术教师丛宏在随威海市教育局"四名工程"人选赴上海、南京学习考察返回后，执教了一节翻版课。下面的学生反馈和教学反思由丛宏老师提供。

二、学生反馈

● 我很喜欢这样的学习方式，因为如果忘记怎样做还可以再看一遍，有助于我的记忆。所以我建议老师以后经常开展这样的学习方式。

——［2010-12-14 14:53:23 | By: 2.8王妍彤(游客)］

● 我觉得这种教学方法很好，进度快的同学可以快点做，不影响进度。

——［2010-12-14 14:50:36 | By: 2.8朱一泓(游客)］

● 这节课感觉不错，因为老师给我们了更多自学的机会。希望老师多使用这种方法。

——［2010-12-14 14:49:45 | By: 2.8毕晓婷(游客)］

● 这节课的学习方式，我很喜欢。这样，可以叫我们自己做。节约了时间。老师也可以保护嗓子，希望老师以后多多采用这种学习方式。

——［2010-12-14 14:47:46 | By: 2.8 毕方圆(游客)］

● 这节课很好，老师不讲课我们可以提高自学能力，当然还可以学会。

——［2010-12-13 14:50:58 | By: 柳文娇(游客)］

三、教师反思

执教这节翻版课原因有两点：一是学校有规定，凡外出学习者返校后应执教翻版课，同教研组教师进行听、评课；二是个人有需求，这节南京师范大学附属中学的信息课（并且是一节常态课），让我大开眼界，有一种强烈的冲动想把它搬到自己的课堂上，一探究竟。

　　学生的随堂反馈通过博客已经清楚地展现，这种基于录屏资源的自主学习受到学生的欢迎是不容置疑的。具体说来有以下两点：

　　一是满足了全体学生自我实现的学习愿望。

　　《论语》中有关孔子与其学生的课堂实录大多一个版式，那就是学生问，老师答，学生从老师的回答中习得知识与经验。历史长卷翻过几千年，如今的课堂上学生却难得发问。取而代之的是老师问学生答，或者有问而无答，或者无问也无答。在我们信息课上这种现象尤其常见。学生习惯于在教师的讲授中默不作声，然后机械地去练习，去巩固。这节翻版课打破了信息技术课堂"讲练式"的教学八股，通过清晰的板块设计，引导学生从制作原理到动画实现逐步深入。自主学习的过程中，有问题的学生马上发问，我有针对地进行解惑：个别现象个别讲解，普遍现象集体讲解，或者由学生演示讲解，课堂上多了有效的互动。学生通过自主学习，获得满足感与成功感，在实践操作中，在互动交流中，收获知识与经验。

　　二是满足了不同层次学生的学习需要。

　　两周前我曾在所执教的班级中进行了课堂教学调查，汇总结果显示，部分学生认为课堂上我讲地多，学生练地少，限制了他们的学习；部分学生认为我讲得快，学生不能掌握；另有部分学生直言：即便老师非常耐心，能够不厌其烦再次为跟不上进度的学生讲解，仍有很多学生认为听老师讲二岔课是一件很丢人的事情，因此宁可不会做。我曾与同事探讨：这些意见的反馈能够说明我课堂教学中存在的问题，同时也揭示了一种现象，那就是不同层次的学生需要亦不同。这节翻版课的最大亮点在于学生可以根据个人需要自主选择学习进度，基础好的学生可以从基本任务到提高任务，再到拓展任务，全部完成；基础差的学生可以通过反复观看录像帮助，稳扎稳打，逐个突破。这样就可以有效满足不同层次学生的学习需要。

　　当然，这种基于录屏资源的学习方式存在的最大问题就是制作资源的工作量太大，短时间内增加了教师的备课负担。同时，对教师的专业素质也提出了很大的挑战：制作资源所需技术、不同层次任务的合理设置等等。这就需要充分发挥教研组团队的力量，通过集体备课、分工合作等方式，实现教学资源有序开发和共享。

四、各种课堂使用的录屏资源截图

1. 将录屏资源整合到网页课件中。如下图：

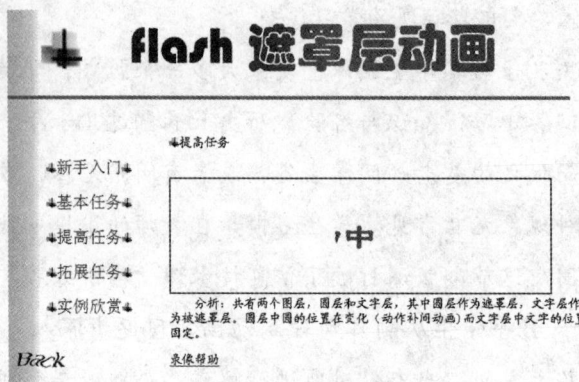

"遮罩效果"的录屏资源

2. 将录屏资源以独立文件的形式存放到一个文件中，发放到学生机。如下图：

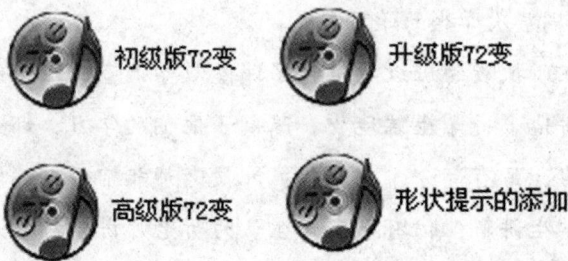

"形状补间动画——我会七十二变"的录屏资源

上述案例中，教师运用录屏资源，将学习的自主权放给了学生，不仅解放了教师，使教师有更多的时间去发现问题，以及进行个别辅导，而且让学生享受到自主选择、自主学习的乐趣。从学生反馈可以看出，这种分层教学方式非常受学生的欢迎。当然，并不是每一节信息技术课都适合使用此种方法，它主要适用于操作步骤相对复杂、繁琐，学生难以掌握的课程内容。相关专家和一线教师对分层教学的研究和实践成果还有很多，这些成果都极大地丰富了信息技术课堂，真正推进了信息技术高效课堂的建设和发展。

你怎么看

关于分层教学你怎么看？你是如何组织实施分层教学的？

三、信息技术高效课堂中的自我评价策略

教学评价对课堂教学起着重要的导向和质量监控作用。广义的教育评价包括学生评价、教师评价、教材评价等，其核心是学生评价，即：以学生为对象，对学生的学习过程和生活中的发展和成长给予价值判断。本章中，对信息技术高效课堂的评价主要集中于学生评价。

构建信息技术高效课堂，科学、合理、有效的评价必不可少。当前，信息技术课程的学生评价已不仅是对知识记忆性的评价，而是更加注重对较深层次的操作性、创造性和信息情感变化的评价。随着教育教学领域中评价理念的发展，评价的主体逐渐趋于多元，评价的功能由分等鉴定向诊断激励转变，评价的类型从重知识到重全面素质，评价的方法更如百花齐放，呈现出综合性和多样性。相关专家、学者和一线教师对信息技术课堂评价研究的角度不同，观点亦不同，这些研究都极大地丰富了信息技术课堂评价理论与实践。本节开始，将主要围绕具体案例，从不同评价主体的角度，对信息技术高效课堂中自我评价、小组评价及教师评价的具体组织与实施进行阐述。

先来探讨信息技术高效课堂中如何组织、实施学生的自我评价。

> "根据培养目标和人才理念，建立科学、多样的评价标准。探索促进学生发展的多种评价方式，激励学生乐观向上、自主自立、努力成才。"
> ——《国家中长期教育改革和发展规划纲要(2010—2020年)》

"自我评价不是自我检讨，它是找差距、补不足的措施，在客观上能让学生自我完善。"

——大孤山镇初中　于镇海

"自我评价由于是对自己的评价，客观上会有一点偏差，但对教师了解情况还是有很大的参考意义的。在学期初的几节课中我会拿出一点时间对自我评价明显不客观、不认真的学生进行提醒和纠正。"

——泽头中学　王世清

"自我评价对学生来说是很重要的。用发展的眼光来看，每个学生都是在进步的，所以我尽量让学生利用自己的空间记录下每节课的进步哪怕只有一点点，到学期末时，每个学生都会发现自己在一天天进步。"

——皇冠中学　赵珺

我的理解

自我评价与小组评价、教师评价共同构建了相对完整的学生评价体系。有效的自我评价，可以充分发挥学生的主观能动性，既促进了学生的自我完善与自我发展，又为教师修正、改进教学提供了依据和参考。自我评价应围绕具体的学习目标和内容，尽可能包含知识、技能、方法、情感、态度等多个维度，并有意识地引导、培养学生学会记录学习过程，学会利用记录及时对学习中的体验、收获、不足进行总结、调整，使其养成自我反思和自我教育的习惯。这种评价注重教育性和发展性，重在持续、动态地开展。

（一）自我评价与高效课堂

自我评价：是指被评价者根据评价的内容和标准，对自身的工作、学习情况进行全面的总结、分析和评价。自我评价能充分发扬评价的民主精神，激励评价者的参与意识，提高其评价积极性，激发自尊心、自信心，还可以使评价者在评价中发现自己的长处与不足，明确今后的努力方向。

信息技术课程的总目标是"培养学生良好的信息素养"。因此在进行学生评价时，既要考察学生对知识、技能的理解和掌握情况（信息知识），综合运用信息技术知识技能分析问题、解决问题的能力（信息能力），还要包括信息情感、信息道德等相关的信息素养。这就要求教师改变以往只注重评价知识的掌握、技能的熟练程度，忽视对学习能力、情感态度等方面的评价方式，采取能够体现学生在学习和评价中主体地位的自我评价，充分发挥学生的主观能动性，在多个维度的自我评价中积极思考，评价自己的学习进程，反思自己的学习行为，发现自己学习中的问题，调整自己的学习策略，养成自我反思和自我教育的良好习惯，从而更加主动地、生动活泼地自我完善与自我发展。这也正体现了信息技术高效课堂"自主建构，高效生成"的基本特征。

信息技术高效课堂中的"自我评价"具有两个重要功能：一是对学生自身的诊断与激励功能。二是对教师的反馈和指导功能。自我评价不仅是对知识和技能掌握的评价，还应该包括学生对自身学习态度、学习方法等的评价；更重要的是学生要对自己的优势及不足有清醒认识，以及在此基础上对个人发展的评价。学生通过参与实时、动态、持续的自我评价，对自己的学习过程、学习收获和存在的问题有了清醒、客观、系统的诊断，自我评价意识、能力得到培养，学习质量和效率不断提高。比如，"我还有这些困惑或收获""一句话自我反思"这类开放性的栏目，要求学生及时对当天学习的体验、收获、不足进行总结，做到"吾日一省吾身"。

这种对自己的动态评价，很好地改变了以往盲目学习的状况，真正促使学生静下心来反思自己的学习，梳理自己的收获。这种反思式自我评价贯穿于学习过程始终，到学期末检测时，设置开放性的题目，要求学生结合个人情况，总结评价个人整个学习过程中的学习方法、收获等等，进一步认识自我，了解自我，激励自我、超越自我。这样，日常动态的自我评价与期末的自我评价，共同组成了一份完整的学习档案、一份珍贵的学习记录。

> "成长记录应收集能够反映学生学习过程和结果的资料，包括学生的自我评价、最佳作品、教师、同学的观察和评价，来自家长的信息，考试和测验的信息等。"
>
> ——《教育部关于积极推进中小学评价与考试制度改革的通知》

反馈、指导和改进课堂教学是评价目标得以实现的关键。为了使教师的教学活动不断接近教育目标，必须能够及时对偏离目标的不合理、不科学的教学行为进行修正。学生的自我评价反馈为教师修正、改进课堂教学提供了科学的依据：及时了解教学目标的完成情况，教学活动的开展情况，掌握学生的学习动态，发现教与学中存在的问题，合理调整教学内容，改进教学方法，或者帮助学生提出学习改进意见，与学生一起不断发展、完善。

（二）自我评价的组织与实施

1. 自我评价的形式

信息技术高效课堂中的自我评价可以通过语言表述、文字记录、表格记录等多种形式进行，其中语言表述随意性太强，且无法留存；文字记录对学生的写作、归纳总结能力有一定要求，容易导致自我评价良莠不齐；比较具有可操作性的就是表格记录。下面出示的是威海市"十二五"规划课题"构建初中信息技术课堂评价量表与特色课程资源的研究"课题组研究的一套"自我评价表"，大致分为"基本信息""知识与技能""信息素养""畅所欲言"四大版块。其中：

"基本信息"包括"学习者姓名""班级""等级"三项，"等级"一项根据每节课教师提前设计好的评价标准，在快下课时由组长检查后打等级，或者由学生根据自己完成学习的情况自行评定，从而培养学生自我检测、自我评定的能力。

"知识与技能"一般包括"我知道了""我能指认出""我掌握了"三部分，主要根据课时内容，以填空、选择等形式呈现，以帮助学生梳理、巩固当堂学习内容。

"信息素养"主要以"我应该做到"的形式，引导学生培养、提高自己某方面的信息素养。例如："录制数字声音"一课的"我应该做到"建议学生：朗诵时富有感情，吐音清晰，注意节奏。"获取数字视频"一课建议学生：选择合适的拍摄工具，灵活调整拍摄角度，善于发现生活中美好的镜头。"动画的制作原理"一课建议学生：理解动画的制作原理，关心民族动画事业的发展，积极学习，为赶超日本等动画大国做好准备。

"畅所欲言"是开放性的栏目，主要有两种呈现形式，一是"我还有这些收获或困惑"，学生可以把当堂学习过程中在学习上的收获或者困惑简单简述；二是"一句话感言"或"一句话自我反思"，学生通过一句话来概括自己的学习体会，反思自己的学习过程，认识自己学习上的不足，提炼、总结、归纳的能力得到提高。

图像合成自我评价表

姓名		班级		等级	
知识与技能	我知道了： 1.在图像合成中，最关键的技术是（　　） A.填充　　　　　　　　B.放大 C.图层　　　　　　　　D.编辑 2.选中要编辑的不规则对象可以用（　　）工具 A.魔棒　　　　　　　　B.仿制图章 C.移动　　　　　　　　D.磁性套索 3.单击（　　）可以隐藏当前图层，单击（　　）可以复制当前图层。 				
	我掌握了：（是/需练习/否） 1.将两幅图像合成到一起（　　） 2.图层的复制、重命名、隐藏、删除、调整顺序等操作（　　）				
信息素养	我应该做到 1.合成到一起的图片处理美观、自然、细腻、逼真。 2.不恶意进行图像合成、宣传或发布，遵守信息道德。				

我还有这些困惑或收获	

2．自我评价的组织实施步骤

学生自我评价的组织实施大致可以分为以下几个步骤：

（1）设计"自我评价表"。

无论教师采取何种形式组织学生进行自我评价，首先都需要结合具体的学习目标和内容，设计合理的自我评价框架体系，将课堂评价内容具体化、标准精细化。这套框架体系在投入使用前期，可以先在实验班进行实验，发现问题后及时修正，然后大规模使用。以上述案例中所使用的"自我评价表"为例，总的框架体系和版块设置好后，教师只需根据每节课的学习目标、内容及教学设计，向各版块中填加内容即可。

纸质的"自我评价表"便于教师课下浏览，但浪费纸张，不够环保；电子版的"自我评价表"（如word格式）方便学生留存电子档案，但教师浏览时比较麻烦。随着信息技术课程的普及和"三通"工程的实现，开展基于网络的实时在线评价与检测越来越受欢迎。教师可以提前将"自我评价表"提交到相关网站（如问卷星等类网站），学生可以在任何网络终端，不受时间、地点的限制进行自我评价、自我检测，这也能有效地解决广大信息技术教师普遍反映——"评价虽好，无奈课堂时间有限，没有时间组织"的难题。这些电子评价档案逐渐积累，从而形成学生信息技术素养发展的轨迹。

案例

电子版的自我评价量表

数据分析自我评价表

发布者：chwzi828.qq 12-06-04 有效答卷：4份

一、基本信息

请输入您的班级：

您的姓名：

您的性别：*
○男　　○女

依据本节课的评价标准，我为自己本节课的学习评定为（　　）等级。
A*: 完成基本任务和一个巩固任务，操作非常熟练。
A: 完成基本任务，操作非常熟练。
B: 完成基本任务，操作有需加强练习，不要独立完成。
C: 基本任务没完成。*
○A*
○A
○B
○C

二、知识与技能

我知道了：
1、排序是在不改变数据值的情况下，重新组织数据（　）的一种手段。排序后的数据，更容易观察记录之间的（　）关系。
A、位次，排列顺序　　　B、排列顺序，位次　　　C、排列顺序，记录 *
○A
○B
○C

2、单击工具栏中的排序按钮[X] 后，所有记录将以当前单元格所在列为关键字完成（　）排序。A、升序B、降序。
○A
○B
○C

3、筛选是将符合条件的记录（　），将不符合条件的记录（　）。
A、显示，删除　　　B、显示，隐藏　　　C、隐藏，删除 *
○A
○B
○C

4、分类汇总前必须先进行（　）。在"分类汇总"对话框中确认的分类字段必须与（　）关键字一致。
A、筛选，排序　　　B、计算，排序　　　C、排序，排序 *
○A
○B
○C

我掌握了：（A、是　　B、还需练习　　3、否）
1、根据需要进行简单排序、复杂排序（　）。*
○A
○B
○C

2、了解筛选的作用，能够根据需要进行筛选、撤消筛选（　）。*
○A
○B
○C

3、了解分类汇总的作用，能够根据需要进行分类汇总（　）。*
○A
○B
○C

⊙信息素养：
我应该做到：
根据需要，通过排序、筛选、分类汇总操作，深入挖掘数据中所蕴藏的信息，发现问题，得出结论。

一句话自我反思
(遇到的困难、存在的困惑或者学习感言)

提交答卷

（2）对学生进行使用培训。

在组织学生进行自我评价前，应先对学生进行使用培训：一是通过培训让学生正确认识自我评价的意义和作用，从而积极参与评价；二是分别就每个版块进行具体的说明，如"等级"的标准；如何看待"信息素养"；"一句话自我反思"应该从哪些方面进行反思或者总结等等。通过培训，帮助学生少走弯路，进行有价值的自我评价。

（3）组织评价。

教师可以在每节课刚开始时先将本节课的评价量表进行展示，然后将其通过网络广播系统分发给学生。随着课堂一个又一个环节的进行，评价随之展开。学生随时针对自己的表现，进行自我评价；或者在每节课快结束时，利用3~5分钟的时间集中进行自我评价，这样学生既梳理了当堂课的学习收获，又达到了自我评价的诊断、激励、反馈等目的；也可以让学生课后或回家后当天完成；还可以在一单元的学习结束后，以单元为单位进行。当然，评价的时间不同，其所体现出的诊断、激励、反馈及对教学的指导作用也多少会有些不同。

案例

学生所填写的自我评价

● 案例1：学生每节课所填写的自我评价

1. "数字化声音编辑"一课，学生们写道：

> 赵鹏博：我觉地我很棒
> 周彬：在合并最后一个任务的时候，有些难，希望老师再说细点。
> 崔闻婕：第三个任务操作时稍微有点复杂，希望老师说地慢一点。
> 李勃翰：速度实在太慢，已经开始进行能够将两声音合并时，我才做到"去掉不需要的声音"。
> 陈成：不认真听讲真惨，跟不上练习速度。
> 谷佳琦：如果去掉不需要的声音，如果保存噪音，怎么办？
> 邵亚琳：这节课学了很多，也有点困惑。但有了同学的帮忙，解决了。

2. "数字化视频编辑"一课，学生们写道：

> 邵泽文：以前只羡慕，可喜欢微电影了，现在终于会做了！
> 马钰纹：还是有点不会把所有视频合到一起。
> 陈成：熟练中做到完美。
> 郭安怡：做了一个好的电影，虽然有些麻烦，但还是很高兴。
> 马钰书：还是有些困难，保存成 MPG 格式。
> 张炬铭：学习学得很快，感觉很好，看着电影我很满意。
> 王皓然：下载"狸窝"的时候没有看好选项，使电脑卡机了，很后悔！

孟筱铁：这节课我学会了合成视频，真开心。

于明琪：全部会了，自己当了一次导演，知道了导演们怎样做成电影。

郑世贤：当把合成好的作品提交给老师的时候，真地感到很自豪。

谢家长：有些同学不守信，害的我们的时间少了。

汤梦怡：做的视频时间短，但是形式上多样，有些花哨，望下次改正。

3. 在学习"形状补间动画"一课时，由于使用了可以反复观看的录屏资源，学生们写道：

邵泽文：录像的作用很大，以前都不知道图片要怎么处理

岳文彬：有这字第二次无法分离

赵吟雪：老师用录像教学方法很好

查汀：感觉老师的方法不错，多看几遍录像真地很好，我已经学会了，以前老师讲一遍我没记住，现在记住了

张帅：今天没有看完录像就开始做，被老师批评了。唉！下次一定好好学习

李迪：前面都很顺利，可是那四张图片我电脑上木有

孔凡磊：录像很好，能看清楚流程，希望以后还这样

乔文东：任务一时，没有将笔触颜色设为无色

● 案例2：期末质量检测时学生填写的总结性自我评价

1. 设计题目：论述题，本题分A、B、C、D四个等级，要求：叙述文字简炼，明了，条理清楚。

① 通过本学期的学习，你都掌握了哪些学习信息技术的方法？掌握了哪些信息技术技能？

② 对老师的教学，你是否满意，还有哪些好的建议？

③ 如果你在课堂上填写过自我评价表，请你说说填写评价表对自己的学习有哪些好处？还存在着哪些弊端？

2. 学生填写的原始资料：

学生认真总结一学期填写评价表的收获和体会

147

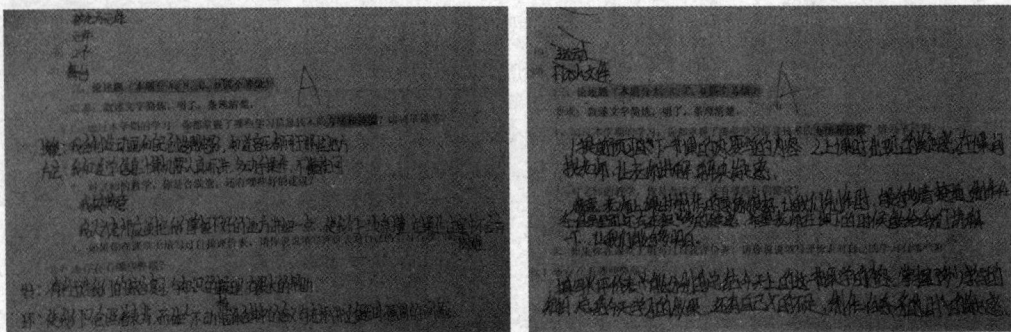

学生填写的体会

3. 部分学生关于问题③的反馈汇总：

"填写评价表能分别的总结今天上的这一节课所学的内容、掌握了多少学的知识，总结今天学习的成果，还有自己的不足，制作任务的疑惑。"

——神道口中学 鲁荣

"好处是能让自己认识到自己的操作还有哪些不足，自己上课时掌握了多少知识点。弊端是有些时候有些同学明明不会做表格中的题，就专听别人说的答案，不自己动脑筋想。"

——神道口中学 邵月

"好处是可以当做课堂练习来练，考试之前可以拿来综合复习让自己不会忘记学的内容温习学的知识。缺点是当时写错了，后来复习也错了。"

——神道口中学 岳文彬

"可以看到这节课我自身的进度和个人的问题，同时也可以通过这张表格向教师反应所存在的问题。不足就是有些同学会不根据自己的情况乱写。"

——神道口中学 王云珊

"有利于对我们的综合复习，与知识的梳理有很大的帮助。可以让老师清楚的知道我们还有哪些不明白的地方，以便于下节课的任务布置，不足是在填写时比较浪费时间。"

——神道口中学 刘绪英

"可以总结一下自己一节课的学习，并且还可以把自己的疑惑表现出来，还可以提出老师的错误，并给予建议。缺点是纸张较小，不能更加有效的提问出全部问题。"

——高区一中 姜萍

"以后再看的时候可以知道自己当时哪方面学的不好，在复习时有利于同学们有针对性的去复习自己平时较为薄弱的方面，也对当时课上自己还有哪些不解有一个自我了解。弊端是评价表稍微有些苛板和严肃，问题有些呆板，可以更花心思在上面，出几个思路比较活泼的问题，答案不唯一。"

——高区一中 吕雨欣

"自我评价表对自己的学习有很大的帮助，它可以让我们回顾当时学的内容，加深印象。也可以对自己有一个了解，在复习时更加明白自己该复习什么。弊端就是有些同学为了争面子而胡乱添上去，让老师的判断错误，使老师不能对学生有足够的了解。"

——高区一中 黄昱萌

4. 回收与总结。

教师在组织学生进行自我评价后，必须及时回收和查阅。对自我评价中，学生反馈比较集中的问题要详细记录，并分析总结问题产生的原因，寻找有效解决问题的对策；对能体现个性化学习需求的评价意见做个别化处理，或者与学生个别谈话，寻找真实的原因、症结所在，或者在课堂上有针对性地进行观察，对症下药，从而改进教学，促进每一个学生的发展。

案例

教师分别对自我评价表中学生反馈的问题汇总

"逐帧动画"一课：

1. 详细讲一下如何修改帧频？

2. 改了xy坐标，怎么还抖？

3. 保存选了SWF，怎么还是FLA？

4. 讲得太快，好多都记不住。

"形状补间"一课：

1. 希望老师讲慢点（27王瑜毕承祥等）。

2. 自己制作的时间少，易错的细节应提前讲。

3. 不知道怎么去线条（27赵鹏博）。

4. 补间做成虚线如何解决。

"动作补间"一课：

1. 视频里废话太多。

2. 画风车真麻烦。

3. 在属性中找不到旋转。

4. 画好却填不上颜色。

5. 视频看了好几次，真有用。

"引导线动画"一课：

1. 视频有点长，讲得太多。

2. 总是忘记建元件。

3. 任务④比较难，应该有视频。

4. 修正。

修正是自我评价的另一重要功能。只有真正能够围绕学生的自我评价反馈，不断修正不合理的教学设计、不合理的教学活动等，才能充分发挥评价对教师的反馈和指导功能，使课堂越来越高效。

实践证明，自我评价在帮助学生梳理当堂课学习内容、理清知识结构、掌握内在联系、总结学习收获、反映存在的问题等方面能够起到非常重要的作用，对促进学生构建自己的知识体系有很大的帮助。通过汇总学生填写的"自我评价表"，教师能够从中了解到大量有价值的信息，从而能够在后续的教学中，进一步调整进度，科学设计教学任务，有针对性地个别辅导，因材施教，在提高学生评价能力的同时，让信息技术课堂更加高效，更加充满生机。

你怎么看

你是如何看待自我评价的？如何具体操作？

四、信息技术高效课堂中的小组评价策略

"评价方法要多样，要研究制定便于评价者普遍使用的科学、简便易行的评价办法，探索有利于引导学生、教师和学校进行积极的自评与他评的评价方法。"

——《教育部关于积极推进中小学评价与考试制度改革的通知》

在《教育部关于积极推进中小学评价与考试制度改革的通知教基[2002]26号》和《国家中长期教育改革和发展规划纲要(2010—2020年)》两份重要的文件中，"评价方法多样、评价主体多元"成为中心词语。显然，多样的评价方法，多元的评价主体，更能充分发挥以评价促进发展的功能，使评价的过程成为促进教学发展与提高的过程。

要建立一套立体、多元、全程的信息技术高效课堂评价体系，除自我评价外，还必须组织有效的他人评价。信息技术教师在课堂上，不仅要组织教学活动，管理学生，必要时还要维修机器，充当着多面手的角色。仅靠教师个人的观察，很难对每一位学生进行客观、公正的评价。因此，将评价单元缩小，评价权力下移，以小组为单位，在小组内组织有效的互评就显得尤为重要。本节将结合具体的案例对信息技术高效课堂中的小组评价策略进行阐述。

一线教师访谈

"一直以来，我对小组合作评价的方式是茫然的，如何设计出科学的小组评价量规，在什么时候、以什么方式开展评价，虽然很想有所突破和创新，却总感心有余而力不足。"

——蜊江中学 王建红

"小组评价可以鼓励学生参与小组活动，共同学习，共同提高。我的小组以3人为一组，方便操作。"

——文登营中学 于志刚

"小组评价有利于提高信息技术课堂效率，也有助于提高学生的参与热情。将学生适当、合理地分成基础基本相当的小组，在小组间进行综合评价，既对小组内同学的表现进行评价，也对小组长进行评价，有助于形成比学赶帮超的良好课堂氛围。"

——米山中学 于晓锋

我的理解

从评价主体的角度看，小组评价属于他评。这种站在学生立场上进行的评价，相对教师评价而言，更能突出学生的主体地位，更加客观、公正，更具有参考价值。将小组评价与小组合作学习、课堂管理有机结合，与学习过程同步，可以有效地发挥评价对学习的监督、导向和激励作用，从而调动学生学习的积极性，变被动学习为主动学习，认识自己，认识他人，使信息技术课堂更加高效。当然，这必须建立在教师所组织的小组评价不浮于形式，真正推行下去的基础上。

（一）小组评价与信息技术高效课堂

百度"百科"中对"小组评价"的解释是：将小组所有成员的工作看作一个整体来评价。也就是说，其评价对象是整个小组共同的表现，评价主体可以是教师（或组织者），也可以是其他小组。

本节中所介绍的"小组评价"，评价对象是小组内每位成员在学习过程中的表现，评价主体是小组长及小组内其它成员。其本质属性是"他评"或"互评"的范畴。

信息技术高效课堂需要小组评价——

首先，从课堂管理的角度，信息技术高效课堂需要小组评价。如导言所述，信息技术教师与其它学科教师在课堂上扮演的角色是不同的。除面向学生组织正常的教学活动外，信息技术教师还需要随时为"罢工"的计算机、网络进行维修；另外，学生的课前准备、课堂纪律、卫生维持等等，都需要教师耗费精力。引入小组评价机制，将小组评价与小组合作学习、课堂管理有机结合，可以将教师从繁重的管理工作中解放出来，提高学生的主人翁意识，有效地发挥评价对学习的监督、导向和激励作用，进而提高信息技术课堂管理效率。

其次，从促进学习的角度，信息技术高效课堂需要小组评价。对于学生的学习表现（包括听课情况、任务完成情况、参与合作情况、完成的作品等等），不同的评价者会有不同的评价观点。如果只是用教师的评价观点去评价学生，势必会阻碍学生创新能力的发展，使得学生千人一面。以小组为单位组织的他人评价是站在学生立场上进行的评价，相对教师评价而言，更能突出学生的主体地位，更加客观、公正，更具有参考价值。这种评价，可以使学生在自我反思、相互评价中了解自己和他人学习上的优点和不足，在发展评价能力的同时，发展和完善包括创新能力在内的各种学习能力，使信息技术课堂更加高效。

（二）小组评价的组织与实施

和自我评价一样，有效的小组评价过程应与学习过程保持同步。因为学生对待信息技术的态度、使用信息技术的习惯、表现出来的信息技术责任感和价值观，都是在学习、使用信息技术的过程中逐渐形成的。只有将评价过程与学习过程有机地统一起来，教师才能及时获取第一手资料，准确把握学生的学习状况，才能对学生的学习进行客观的评价，达到促进学生发展的目的。"构建初中信息技术课堂评价量表与特色课程资源"课题组关于小组评价的研究成果是：依据学习过程的不同阶段，分别开展不同内容、不同标准的小组评价。

1．日常组织的小组评价

日常组织的小组评价主要是在每节课上进行，可以与小组合作学习、课堂管理有机结合，有效地发挥评价对学习的监督、导向和激励作用。评价内容主要包括以下方面：

一是课前准备情况。包括学生是否携带了课本、笔、鞋套等基本学习用品；在列队进入微机室的过程中是否有违反纪律的现象等等。

二是课堂表现。包括学生是否注意听讲、积极回答问题；学习任务能否按时完成；是否积极参与合作学习，与同学展开互动等等。

三是检查反馈。包括收集小组成员填写的自我评价表并检查有无漏填项；检查小组成员完成任务的情况是否与其所填写的自评等级相符，并反馈到小组评价表中；最后将填写好的小组评价表、收集到的自我评价表等资料交给教师。

案例

日常组织小组评价时所使用的组长评价表

1.组长评价表的"进化"过程

● 第一版：

班级：小组长姓名：

姓名	加扣分情况	原因

在使用过程中，有学生反映，这份评价表在使用时过于宽泛，没有一个可以做为参考的依据或者说条目，根据学生的建议，课题组又设计了第二版。

● 第二版：

将加扣分情况细化为"课前准备、课堂表现、任务完成、团结协作"四方面，让小组长更有针对性地评价，也让被评价的学生知道自己欠缺在哪里。

班级：　　　　小组：　　　　小组长：

姓名	课前准备	课堂表现	任务完成	团结协作

在使用过程中，发现了两个弊端：一是每节课小组长都要填这样一张表，每节课写小组同学的名字，太耽误时间；二是老师统计起来也很麻烦，半学期下来，要统计的表格太多。于是又设计了第三版，也是目前使用较多的一版：

● 第三版：

共修改三处：

（1）加上具体学习内容，让组长进行详细记录；

（2）加上加扣分和等级，让组长知道明确如何填写。

（3）以6次课为一个统计周期。

班级： 小组： 组长： 组长评价表

学习内容 / 日期 / 姓名	加扣分	等级	加扣分	等级	加扣分	等级	加扣分	等级	加扣分	等级	加扣分	等级

2.学生填写的组长评价表

2．典型作品的小组评价

典型作品评价是指学生在一定标准的要求下，利用信息技术完成作品，然后根据教师提前制定好的评价量规，以小组为单位，逐一展示个人的作品，并从多个角度对展示作品进行评价，提出修改建议。这种评价主要是通过观察学生的学习作品来收集学生的学习信息，进而反映学生对信息技能的具体掌握程度，从而对学生的信息技能进行真实的判断。主要包括以下步骤：

155

（1）教师根据学习内容确定学生需要完成的作品形式、主题等要求。

（2）教师根据评价目的确定评价标准，设计评价量表，学生参与更佳。

（3）学生根据评价标准创作完成作品。

（4）评价者（学生和教师）观察作品，填写评价量表。

（5）教师收集学生信息技能掌握的信息，评定学生掌握程度。

这种评价是在统一的标准下进行的，对学生各方面的技能评价都很明确，对学生技能的掌握程度很容易进行判断，是一种高效率的评价方式。但要求评价者（学生和教师）注重学生作品的开拓性和创新性，保持评价的公正性和客观性，以免导致评价的失误。

案例

"电子小报"制作活动所使用的组长评价表

1. 组长评价表的设计

电子小报项目评价量规

班级：　　　　　　小组：

姓名	作品主题	自评	组评	师评	小组优秀作品推荐（打√）

A. 文字修饰美观，大小、颜色醒目、适中；图像能够起到很好的衬托和装饰作用，版面编排合理。

B. 文字修饰比较美观，插入的图像能够起到烘托和修饰的作用，版面编排比较合理，还存在修改和提高的空间。

C. 文字修饰效果一般，插入的图像大小、位置、版式都需要做进一步的调整或修改，部分图片比例失调。

D. 文字修饰效果不太理想，太小或太大，或者与背景相冲突，影响阅读，版面设计比较杂乱。

2. 学生填写的组长评价表

3. 评价活动现场

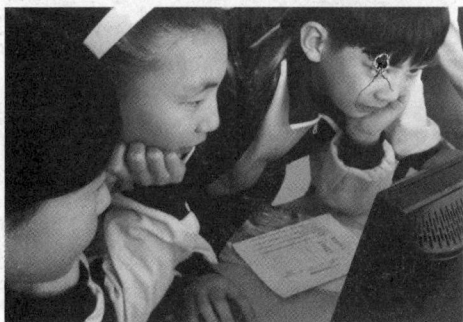

小组长带领小组成员共同对作品进行评价

学生在认真观摩他人的作品中，并提出修改意见

小组长综合小组成员的意见，填写评价表

3. 阶段总结时的小组评价

最新的信息技术课程评价理念要求教师在组织阶段总结性评价时，要根据课程标准和具体内容，综合运用纸笔测验、上机测试等多种评价方法，全面考察学生信息素养的协调发展，避免只重视知识记忆和计算机操作，忽视学生利用信息技术解决实际问题的能力；注意结合学生平时的学习表现和过程性评价结果，改变单纯以一次测试或考试为依据评定学生一学期或整个学段学习情况的局面，适度加大过程性评价在成绩评定中所占的比重。因此，在期末检测时或者检测前，教师应该组织小组长认真汇总日常填写的小组评价表及典型作品评价表，对小组成员一学期的表现进行全面综合的评价，包括每位学生一学期来在课前准备、课堂纪律、卫生等方面的加扣分汇总，以及在课堂表现、任务完成、团结协作等方面的等级鉴定。评价结果应先在小组内进行公布、讨论、修正，得到全组同学一致通过后，提交教师，为教师全面评价每一位学生提供参考和依据。另外，为了鼓励、肯定组长一学期的辛苦工作，可以为所有组长进行合影留念，提高组长团队的价值认同感和幸福感。

案 例

阶段总结时小组评价所使用的组长评价表

1. 组长评价表的设计

学期末总评价表

亲爱的组长：

经过一学期的工作，你的工作能力已经得到了老师和同学的充分认可！今天，

老师想通过这张小小纸片，对你在课前组织、课堂检查、课后评价、值日等方面所做的大量工作表示最最诚挚的感谢！👍

当然，现在的你，对小组内每位成员在信息技术课堂上的表现一定非常了解了。那就请你从以下四个方面，结合每节课上填写的小组评价表上的记录情况，对他们再做一次认真、公正的评价好吗？你的评价对每一位同学，对老师都非常重要哦！再一次感谢你的配合！

班级：　　　　组长姓名：

姓名	课前准备	课堂表现	任务完成	团结协作	加扣分合计

2. 学生填写的组长评价表

学期末总评价表

亲爱的组长：

经过一学期的工作，你的工作能力已经得到了老师和同学的充分认可！今天，老师想通过这张小小纸片，对你在课前组织、课堂检查、课后评价、值日等方面所做的大量工作表示最最诚挚的感谢！👍

当然，现在的你，对小组内每位成员在信息技术课堂上的表现一定非常了解了。那就请你从以下四个方面，结合每节课上填写的小组评价表上的记录情况，对他们再做一次认真、公正的评价好吗？你的评价对每一位同学，对老师都非常重要哦！再一次感谢你的配合！

班级：2.7　组长姓名：朱蕊

姓名	课前准备	课堂表现	任务完成	团结协作	加扣分合计
朱蕊	A	B	A	A	+3
华思源	C	B	A	B	3
林佳灵	A	B	A	B	+1
仿依凡	B	B	B	B	2

学期末总评价表

亲爱的组长：

经过一学期的工作，你的工作能力已经得到了老师和同学的充分认可！今天，老师想通过这张小小纸片，对你在课前组织、课堂检查、课后评价、值日等方面所做的大量工作表示最最诚挚的感谢！👍

当然，现在的你，对小组内每位成员在信息技术课堂上的表现一定非常了解了。那就请你从以下四个方面，结合每节课上填写的小组评价表上的记录情况，对他们再做一次认真、公正的评价好吗？你的评价对每一位同学，对老师都非常重要哦！再一次感谢你的配合！

班级：二、六　　组长姓名：邵泽文

姓名	课前准备	课堂表现	任务完成	团结协作	加扣分合计
邵泽文	A	A	A	A	+9
孙卡博	A	A	A	A	0
周嗥琪	B	AB	C	A	-1
于鸿洋	C	B	B	A	-18

3. 组长合影留念

4. 小组评价组织与实施中应注意的问题

（1）小组的划分与调整

小组评价能否顺利、有效实施的关键因素之一就是小组的划分。一般在学期初，教师需先根据学生的信息技术基础水平、性别、性格等，考虑微机室中计算机的位置安排，将学生分成若干个小组。每组成员以4~6人为宜，至少有1~2名基础较好的学生，也有1~2名相对较差的学生，基本是男、女生各半数。选拔一名计算机水平较高、热心助人、组织能力强的同学担任小组长，负责协调组内成员的互教互学、合作分工，组织小组评价等。随着对学生的不断深入了解，教师应根据需要对小组成员进行微调，主要目的是达到小组整体水平相对均衡。这样科学、均衡的分组，既能够保障课堂上小组合作学习的顺利开展，也能够保障小组评价的有效实施。

（2）小组长的选拔与培训

小组评价能否顺利、有效实施的另一个关键因素就是小组长的选拔与培训。在小组评价中，小组长是小组的灵魂人物，在小组评价中扮演着独一无二的"一号"角色，具有举足轻重的作用。他们既是小组评价的领导者，又是小组评价的组织者，同时还是教师得力的小助手。因此，教师应权衡多种因素，选拔出信息技术基础相对较好、性格开朗、乐于助人、责任心强的学生担任小组长。选拔方式可以是教师指定，可以是学生毛遂自荐，或者由学生民主选举。只有这样率先垂范、积极参与、勇于展示、做事认真的小组长才能服众，在小组管理方面才有号召力，才能把整个小组管理好，把小组评价落实好。确定好人选后，教师还要明确小组长的工作职责，对其开展系统有效的培训，引导小组长了解评价要求，学会评价方法，掌握评价要领，从而充分发挥小组长在评价中的作用，让小组评价真正产生实效，成为信息技术高效课堂至关重要的组成部分。

你怎么看

你是如何看待小组评价的？你是如何具体操作的？

五、信息技术高效课堂中的教师评价策略

> "对学生、教师和学校的评价不仅要注重结果，更要注重发展和变化过程。要把形成性评价与终结性评价结合起来，使发展变化的过程成为评价的组成部分。"
>
> ——《教育部关于积极推进中小学评价与考试制度改革的通知》

信息技术高效课堂中的学生评价需要综合考虑多种因素，属于综合性的评价。作为课堂的主导者，信息技术教师在评价体系中起着至关重要的作用：学生自我评价、小组评价是否能够顺利、有效得以实施，教学过程中能否对学生学习表现观察到位、提出改进建议，阶段性学习结束时能否对学生进行公正、合理的鉴定等等，都与信息技术教师的评价理念、评价能力息息相关。

信息技术高效课堂中的教师应该树立"全程评价观"，把评价贯穿于整个教学过程，结合日常积累的评价信息和阶段性测验，将过程性评价、总结性评价有机整合，从而完整地评价学生的信息技术学习成就。本节将围绕具体案例对教师的评价策略进行阐述。

一线教师访谈

"评价应该是学习中不可缺少的环节，但很多情况下很少去研究某个知识学生的掌握情况。"

——荣成三十五中　贾志松

"我个人倾向于技能操作方面的评价多一些，毕竟我们这门学科以技术的发展和应用为主，至于审美、思维方面不要过重，这些更主要的应该是其他学科中体现。"

——大水泊中学　孙晓东

"我认为信息技术课程教学中的教师评价是非常重要的，不仅能够有效调动学生学习积极性，且能够让教师及时了解学生学习情况。但是，也需要有一个统一规范的教学评价机制，目前的等级考试机制实在是落伍了。"

——七里中学　王玉娟

/我的理解/

信息技术教师对学生进行评价不能仅凭印象和经验，应以具体的评价标准及日常积累的第一手资料作为评价决策的准绳，将评价贯穿于整个教学过程。在教学设计阶段，就对评价设计进行系统科学的规划；在教学过程中，注重积累各方面的评价资料，并依此调整、改进教学；在阶段性学习结束后，及时组织测验，进行学习鉴定。将过程性评价与总结性评价分别以不同的权重折合，作为对学生的最终评价结果。

（一）教师评价与高效课堂

传统的教师评价是指对教师工作现实的或潜在的价值做出判断的活动。也就是说，其评价对象是教师在教学过程中的表现，评价主体是其他教师、学校领导或上级教育主管部门。

本节中所介绍的"教师评价"，评价对象是依然是学生在学习过程中的表现，评价主体是信息技术教师。其本质属性同"小组评价"一样，属于"他评"的范畴。

信息技术课程历史较短，自2000年正式更名为"信息技术课"到现在，只有短短13年的时间，在评价方面积累的经验较少。因此，广大一线信息技术教师在教学过程中普遍感觉缺少统一的评价标准，实施难度大，存在畏难情绪也在情理之中。但是这些并不能成为教师不组织评价或者只以期末考试、等级考试成绩作为评价标准的理由。在信息技术高效课堂中，有效的教师评价对教学活动的开展起着至关重要的作用：① 有效的教师评价具有指明方向、积极引导的功能，可以使教师与学生正确认识自己，明确目标与方向；② 有效的教师评价具有检查监督的作用，通过评价得到的信息反馈，教师可以了解学生的学习态度、学习能力和学习水平等，从而对学生进行科学检查、鉴定和监督；③ 有效的教师评价可以激发学生的内在动力和成就感，起到激励先进、鞭策后进、提高学习兴趣、增强学习自信心的作用；④ 有效的教师评价可以帮助教师发现教学过程中教师的教与学生的学所存在的问题或薄弱环节，为有效的指导和改进提供可靠的依据，从而达到促进学生发展、提高教学质量的目的。

（二）教师评价的组织与实施

信息技术教师对学生进行评价不能仅凭印象和经验，应以具体的评价标准及日常积累的第一手资料作为评价决策的准绳，将评价贯穿于整个教学过程。在教学设计阶段，就对评价设计进行系统科学的规划；在教学过程中，注重积累各方面的评价资料，并依此调整、改进教学；在阶段性学习结束后，及时组织测验，进行学习鉴定。将过程性评价与总结性评价分别以不同的权重折合，作为对学生的最终评价结果。

1. 评价的设计

信息技术教师应改变以往备课时只备教材、教法、学情的传统做法，把对评价的设计做为教学设计的重要组成部分。只有严格遵循设计评价的原则，提前设计好评价的目标、内容、标准等，才能使评价不流于形式，不过于随意，系统、规范地进行到底。

（1）设计评价时应遵循的原则

● 先进性与合理性

教师在设计评价时，要充分考虑到信息技术教学内容的发展性，评价的形式既要先进又要合理，突出改革、创新、发展等特征，评价的内容要符合学生实际。

● 统一性与协调性

教师设计的评价方法、标准应尽量与学校、上级教育主管部门的评价要求统一，评价过程始终协调一致，不存在拔高或降低要求等现象。

● 严谨性与可行性

教师设计评价时，应认真研究评价的内容和词句，做到语言精炼准确，清楚明白，内容简明易懂，层次清楚，还要充分考虑到评价的简便易行。

（2）设计评价时具体包括的内容

学期初首先要遵循以上原则，做好以下设计工作：

● 学生自我评价量表的设计

自我评价量表是在每节课上使用的，因此在设计时，要充分考虑到学生对所学重点知识的理解，对技能的掌握，对知识、技能所蕴含的情感、习惯、素养等的接纳，特别是专门设计开放性区域，让学生进行自我反思，记录自己的学习进程。教师还要结合每节课的学习任务，设计好自我评价等级评定标准，便于学生进行自我鉴定。因为在课堂上使用，还要考虑到教师实施的可行性，不易设计地过于繁杂，占用过多的课堂时间。

● 小组评价表的设计

小组评价表的设计关系到小组评价是否实用，是否高效，过于复杂或者过于简单的设计都不利于小组长开展评价工作。小组评价表中主要应包括以下部分：一是小组基本信息，如班级、组长姓名、组员姓名、机器号等；二是能够体现学生课堂纪律、卫生等各方面的考核；三是能够体现学生学习任务完成和掌握的情况，等等。从结构和布局上，要考虑清晰明了，简便易填，还要考虑到使用的周期性，能体现学生的学习进程。

● 阶段性测试题的设计

鉴于信息技术学科的特点，教师在学习结束后，应组织学生进行阶段性测试，据此了解学生学习上的成功和不足、对教学目标掌握的程度、具体知识点的遗漏和熟练程度、养成的学习习惯和能力等等，从而对学生的学习成果进行总结性的评价，作出学习鉴定。阶段性测试建议每学期组织一次，测试题应尽量包含考察学生基本理论知识、实际操作技能的题目，还能包括考察学生学习方法、综合能力的开放性题目，以选择题、填空题、操作题、论述题等题型为主。

另外，教师在备课时，还要针对具体的学习内容制定具体的自我评价量表。

案例

初二《信息技术》（上）期末检测试题

姓名：　　　　　　班级：　　　　　　分数：

亲爱的同学们：

一学期的学习就要结束了，你在信息技术的知识和技能方面是不是又有了很多的收获呢？准备好了就来迎接挑战吧……

一、单项选择题（共20题，40分）

1.以下三组设备中，都可以用于拍摄视频的设备（　　　）

A.手机、摄像机、数码相机

B.数码相机、录音笔、手机

C.手机、MP3.录音笔、数码相机

2.（　　　）是影像的最基本单位，也是衡量摄像机图像质量的一个重要指标。

A.光圈　　　　　B.焦距　　　　　C.分辨率　　　　D.像素

3.判断对错：会声会影编辑好的视频文件默认保存为MPG格式。（　　　）

A.正确　　　　　　　　　　B.错误

4. 时间轴下方的 **12.0 fps** 表示的是（   ）

A. 每秒钟播放12帧画面   B. 当前帧是第12帧

5. 帧频数字越大，动画播放速度越（   ）

A. 越快   B. 越慢

6. 导出的FLASH动画的影片文件格式为（   ）

A. exe   B. flv   C. swf   D. doc

7. 可以建立运动引导层的是（   ）

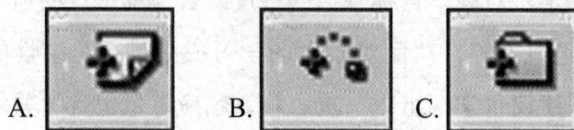

A.   B.   C.

8. 引导线在测试动画时（   ）。

A. 显示   B. 不显示

9. （   ）文件主要用于音乐制作和游戏配乐。

A. mp3   B. wav   C. ra或rm   D. midi

10. 形状补间动画两个关键帧之间有一条（   ）的连线。

A. 浅绿色   B. 浅紫色

11. 要想在两个画面之间添加过渡效果，应单击（   ）选项卡。

A. 工具   B. 编辑   C. 特效   D. 捕获   E. 标题

12. 录制好的声音文件保存的格式是（   ）。

A. mp3   B. wav   C. ra或rm   D. midi

13. 音频压缩的国际标准是（   ）文件。

A. mp3   B. wav   C. ra或rm   D. midi

14. 以下设备中，专门用于处理数字化声音的是（   ）

A. 声卡   B. 音箱   C. 显卡   D. 耳机

15. 以下（   ）键的作用是暂停声音的播放。

A.   B.   C.   D.

16. 以下（   ）是关键帧。

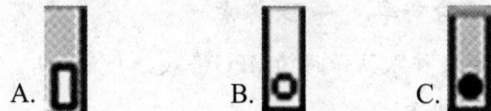

A.   B.   C.

17. 默认录音时间为（　　　）。

A. 10秒　　　　　　B. 30秒　　　　　C. 60秒　　　　　D. 90秒

18. 以下是"去掉不需要的声音"正确的操作步骤的是（　　　）。

A. ① 打开歌曲文件　② 播放歌曲，确定要删除的起始点　③ 执行删除操作

B. ① 执行删除操作　② 打开歌曲文件　③ 播放歌曲，确定要删除的起始点

C. ① 播放歌曲，确定要删除的起始点　② 打开歌曲文件　③ 执行删除操作

19. 在GoldWave软件中，"文件合并器"命令在（　　　）菜单中。

A. 文件　　　　　　B. 编辑　　　　　C. 效果　　　　　D. 工具

20. 判断对错：数字视频文件是由一组连续播放的模拟图像和一段同时播放的模拟声音共同组成的文件。（　　　）

A. 正确　　　　　　B. 错误

二、填空题（共5题，10分）

1. 动画是根据人眼的（　　　）原理制作的。

2. 文字、数字、字母必须先（　　　）才能进行变形。

3. 动作补间动画的对象必须是（　　　）。

4. 如果要制作两个运动对象分别按不同的运动路线运动，需要制作（　　　）引导层。

5. 下图中，1的名称为（　　　）。

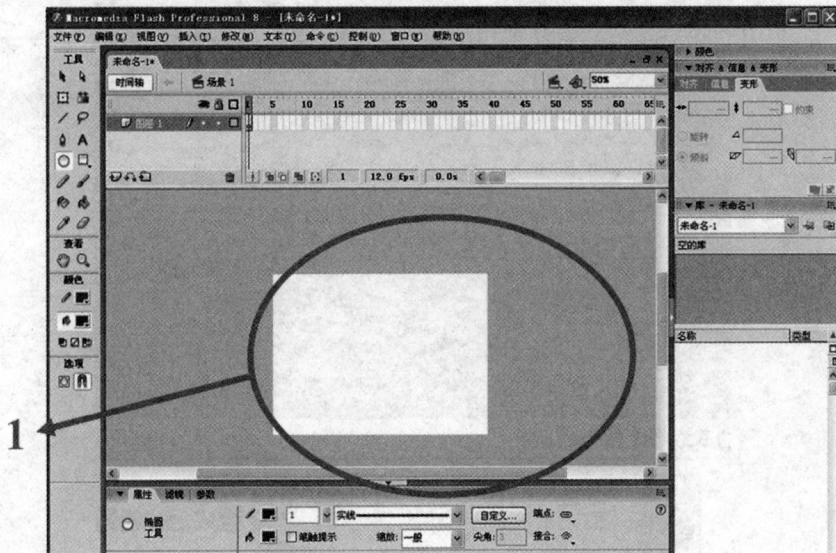

三、操作题（共2题，30分）

1. 将朗诵素材库中的2段朗诵无缝连接，并为其加上合适的背景音乐作为伴奏。

2. 制作月亮、飞船分别绕地球转动的动画。

四、论述题（本题分A、B、C、D四个等级，要求：叙述文字简炼，明了，条理清楚。）

1. 通过本学期的学习，你都掌握了哪些学习信息技术的方法和技能？请列举说明。

2. 对老师的教学，你是否满意，还有哪些好的建议？

3. 如果你在课堂上填写过自我评价表，请你说说填写评价表对自己的学习有哪些好处？还存在着哪些弊端？

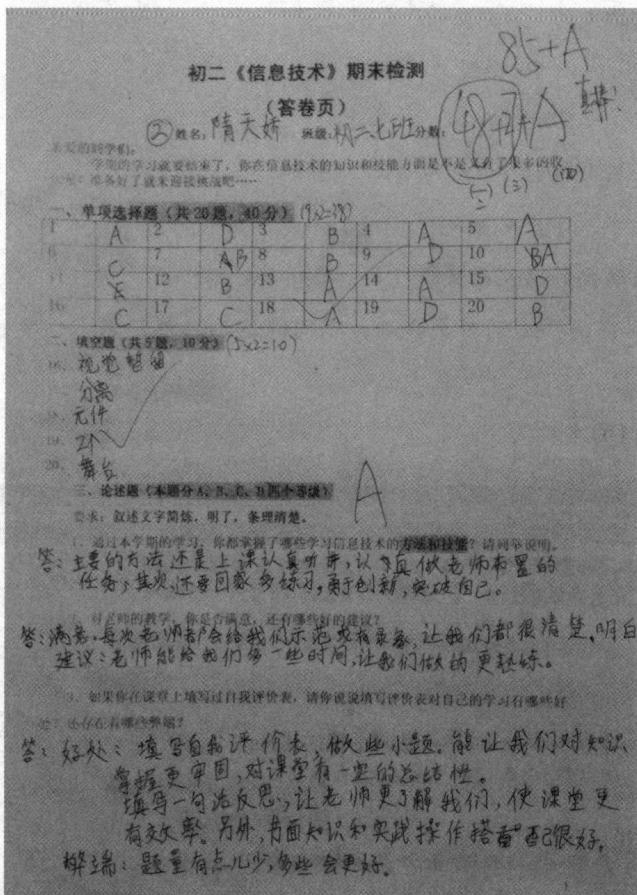

学生答卷、作品

2.评价的组织与实施

对学生学习的评价应贯穿于学生学习过程的始终。不仅关注学习结果，还要强调对学习过程的评价以及学习过程中的评价和指导。关注的重点不再是学到了什么，而是在过程中获得了什么，包括知识、技能、情感、方法、态度等，从而可以较好地反映学生的学习历程和最终结果，为最终评价学生学业成就提供直接的评价依据。教师在整个教学过程中要不断积累各方面的学习信息，以此分析诊断个人的教学情况、学生的学习情况，动态调整教学过程，提供学习建议，发挥评价对教、学全过程的促进作用。

教师在组织和实施过程性评价的过程中，需要着重做好以下工作：

一是着重做好自我评价、小组评价的培训工作，以保障评价实施到位。教师应在开学伊始，立即着手做好以下准备和培训工作：1.对学生进行有关信息技术课堂管理规定和考核办法的培训，让学生明确信息技术课堂上的相关要求和考核细则，鼓励学生积极表现；2.科学分组，选拔小组长，充分发挥小组评价的作用，让他们互相学习，互相评价，互相监督，共同提高；3.介绍自我评价、小组评价对学习的重要意义，让学生明确评价的目标和要求；4.介绍自我评价表、小组评价表的填写方法，让学生了解如何对自我、对他人进行评价，如何利用自我评价进行自我反思，与教师进行交流，等等。

二是着重积累过程性评价资料，为最终的学习鉴定提供依据。对于可量化的评价资料，比如：学生每节课知识和技能的掌握程度、典型作品的完成情况，可以通过学生填写的自我评价表和小组评价表得到具体的量化和反馈，教师应注意保存第一手的资料；对于一些不能通过量化方式评价的信息，比如学生学习中情感目标的达成度、学生的信息素养达成度等，教师可以通过观察法、访谈法、座谈法等工作来收集评价资料，获得直接的认知。

三是着重运用积极的评价语言、表情、手势等过程性评价手段激励学生。课堂评价是一门艺术，课堂上教师的评价不应只拘泥于一种形式，应该因课而异，因时而异，因生而异。除运用评价量表组织学生进行自我评价、小组评价外，在教学过程中，教师还应着重运用积极的评价语言、表情、手势等手段，创造性地对学生进行评价。灵活多样、随机变化、注重创新、机智幽默、生动巧妙的评价语言是信息技术高效课堂中最靓丽的风景线，它同真诚丰富的表情、恰到好处的手势等过程性评价手段相互配合，是调节师生情绪、拉近师生距离、打破课堂沉闷局面不可缺少的有效方法，不仅能促进学生思维敏捷灵活，更能使课堂妙趣横生，充分调动学生学习的积极性，让学生不断获得前进的动力，在自信中走向成功。

四是着重及时、恰当地反馈学生学习的评价结果。评价的目的在于检查和交流，及时发现教学过程中教师的教、学生的学习分别存在着哪些长处与不足。及时而又恰当地反馈评价结果是教学评价的重要环节。教师在向学生反馈、解释评价结果的同时，要注意方式方法，在肯定成绩和优点的同时，也要实事求是地指出存在的问题和缺点，有助于学生明确自己仍需强化的内容和下一步努力的方向，从而更加科学地制定学习目标。

3. 最终评价结果的得出

对学生学习与发展情况的总体评价，应该是总结性评价与过程性评价相结合的产物，这样才能全面地评价学生在学习的过程中、在解决问题的过程中所表现出的能力与成就，以及在整个学习过程中表现出的情感与态度的构建、价值观取向的形成与稳定等。也就是说，过程性评价与总结性评价的相互结合和共同作用，构成了评价活动的整体，有机地支持了教学活动的进行。

阶段性学习结束后，教师可以将积累到的过程性评价资料与学生的阶段性测验成绩分别以不同的权重折合，然后计算出最终成绩，并以等第型成绩反馈给学生。例如：

过程性评价量化结果综合自我评价量表、小组评价量表中的日常考核、课堂表现和任务完成情况，以及典型作品的完成情况，分别以优秀（A：85~100分）、良好（B：70~85分）、合格（C：60~69分）、不合格（D：0-59分）四个等级呈现。

最终评价结果=过程性评价量化结果*40%+阶段性测验结果*60%

等第型成绩：一般是教师在对学生几次总结性考试（考查）和作业得分的基础上进行综合、加权的结果，体现为学生在这段学习过程中的总成绩或平均成绩，最终呈现出来的是"优秀""良好""合格""不合格"等不同的级别。

——李艺朱彩兰《信息技术课程与教学》

最终评价成绩

分数	等级	等弟成绩说明
85~100	A	优秀
70~84	B	良好
60~69	C	合格
0~59	D	不合格

总之，教师只有牢固树立"全程评价观"，将评价过程与教学过程紧密结合，根据教学实际，灵活选用不同的评价方法对学生的学习表现进行全面的、综合的评价，才能充分发挥评价在教学过程中的作用，使评价更好地为学生发展服务，为教师教学服务，从而不断提高信息技术课堂教学质量，打造真正的信息技术高效课堂。

案例

教师课堂评价语言精选

1. 同学们的实验很大胆，结果很成功。勇于探究并且大胆实践，这是成为动画大师的一个非常重要的品质。

2. 我发现咱们**班的学生眼明手快，发现了什么问题？

3. 真是人多力量大呀，老师的求助帖现在已经有**条回帖，来看看同学们都给我支了什么高招？

4. 我觉地这位同学说的很有道理！

5. 这个主意真不错！是哪位同学站起来让我见识一下你的庐山真面目好吗？你带领我们一起放慢镜头回顾一下回帖的操作过程好吗？请你一边展示一边讲解

6. 这位同学的操作非常熟练，一看便知基本功很厉害！如果声音再响亮些，表达得再清楚些就更好啦！谢谢你的分享！

7. 这位同学不仅操作非常熟练，而且讲解的声音宏亮，表达也很清楚，我们大家都应该向他学习！谢谢你的分享！

8. 感谢你们帮我出了这么多好主意。

9. 哪个小组为我们展示一下你们的做法？请你在操作的同时配上你宏亮的讲解好吗？

10. 他的操作和讲解怎么样？谁来点评一下？

11. 你点评地太到位了，你将来肯定能成为一位出色的评论员！

12. 看来我们班的高手还真不少，不仅操作快，而且讲的好！看来真是难不倒你们呀！

13. 倾听是分享成功的好方法，看**同学正在分享着大家的快乐，我相信他已经有了很多收获！

14. 你的操作很熟练，如果能把讲解的语速再放慢一点，其它同学听得就更清楚了！

15. **同学坐得端正！注意力也集中！

16. 尊重、欣赏别人，就会得到更多人的尊重和欣赏！

17. 这个问题很有价值，我们一起来研究一下！

18. 猜测是科学发现的前奏，你已经迈出了精彩的一步！

19. 你的发言给了我很大的启发，谢谢你！

20. 看看谁有火眼金睛，发现得最多、最快？

21. 谁愿意来为大家做个示范？展示一下自己的本领！

22. 你很聪明，用以前学过的知识解决了今天的难题！

23. 这种方法很有新意，说明你很善于动脑筋。

24. 试着从多个角度来考虑这个问题，好吗？

26. 还不够全面，我请同学帮你补充，好吗？

27. 你们小组的建议很有特色，值得大家关注！

28. 很好，小组内还有成员有补充吗？其他小组有不同意见吗？

29. 你们这一组同学很善于观察，并且把这个问题的方方面面都想到了。

30. 请大家试着从不同的角度，来欣赏这些作品，试着说说各有哪些优缺点？

31. 这个作品的优点有……美中不足的是有一点小缺憾……如果改进一下的话，就更好了。

32. **小组刚才讨论过程中非常积极、热烈，现在我们就请他们发表一下意见。

你怎么看

你如何看待信息技术课堂中教师评价对学生学习发展的意义？你有哪些金点子？

六、信息技术高效课堂中的特色活动策略

信息技术课程的总目标是培养学生良好的信息素养，即：学生通过学习，不仅具有丰富的信息知识、出色的信息能力，而且不断提高使用信息技术解决工作和生活问题的信息意识，具有良好的信息伦理道德修养。也就是说，衡量学生是否具有良好的信息素养，应该从以上四个维度进行考察。信息技术教师要实现这个目标，除依据指导纲要、教材组织正常的课堂教学以外，还可以通过组织丰富多彩的信息技术学科特色活动，为学生搭建信息技术的应用平台，进一步提高学生的学习积极性，使课堂更加高效。

一线教师访谈

"现在学生自由活动的时间较少，这和整个教育的氛围有关，主要精力投入在文化课上，抽象说法：理想很丰满，现实很骨感！"

——大水泊中学　丛海军

"我们学校经常组织'打字能手比赛'、'PS秀图比赛'等。评选出各个等级的奖项，给学生发奖状并将优秀作品上传学校网站，可以鼓励学生学习和创作的热情。"

——高区一中　毕跃华

"我们学校每年都会针对不同的年级开展不同的特色活动。比如：初一进行电脑绘画比赛，初二、初三会进行班级网页或者电脑动画评比。这些活动一般会给学生一个月左右的时间准备、制作，然后以级部为单位对作品进行评比，选出优秀作品并给班级进行适当的加分奖励。"

——城里中学　于明明

我的理解

教育是教育者通过有目的、有计划地组织受教育者的活动而实现的，活动对青少年的心理发展和个性品质的形成具有特别重要的作用，也是青少年喜闻乐见的学习形式。结合学习内容和学生的年龄特点，适时开展丰富多彩的信息技术特色活动，不仅可以大大提高学生学习、应用信息技术的积极性，而且可以教育学生正确理解信息技术相关文化、伦理和社会等问题，使三维目标中的过程与方法、情感态度与价值观更好地得以实现。不论这些活动是在课堂开展的，还是在课余组织的，都会对信息技术课堂产生重大的影响，使信息技术课堂更加高效。

（一）特色活动与高效课堂

特色是一个事物或一种事物显著区别于其他事物的风格、形式等，是其所属事物独有的。活动是由共同目的联合起来并完成一定社会职能的动作的总和。游戏、学习和劳动是活动的三种基本形式，分别在人的不同发展阶段起着不同的作用，其中有一种起着主导作用。例如：学龄前儿童的主导活动是游戏；学龄期游戏活动便逐步被学习活动所取代；到了成人期，劳动便成为人的主导活动。

活动对青少年的心理发展和个性品质的形成具有特别重要的作用，因为教育正是教育者通过有目的、有计划地组织受教育者的活动而实现的。活动也是最受青少年学生喜闻乐见的学习形式。从活动中，他们能够主动构建完整的过程观，充分发挥个人的才干及团队的凝聚力，获得最直观、最形象、最深刻的认知体验。在信息技术课程的学习过程中，教师根据各阶段的学习内容，结合学生的年龄特点，组织开展丰富多彩的信息技术特色活动，能够促使学生产生强烈的学习内驱力，大大提高学生学习、应用信息技术的积极性。

教师组织信息技术特色活动时，可以根据授课内容、学生需要等实际情况灵活安排，以每学期1~2次为宜。特色活动包括打字能手比赛、电子绘图比赛、PS秀图比赛、电子贺卡制作比赛、网络达人秀等等；活动形式包括现场比赛、征文、演讲、网上签名等；可以在课堂上开展，也可以利用课外活动或假期组织。不论哪种形式、哪种主题的活动，都会对信息技术课堂产生重大的影响，从一定程度上提高学生的学习兴趣，促进信息技术课程的教学，使信息技术课堂更加高效。

（二）特色活动的组织与实施

1．比赛类活动

比赛类活动以交流、展示学生各方面的信息素养为主要目的，通过竞争，激励学生在学习、应用信息技术的过程中掀起"比、学、赶、帮、超"的学习热潮。教师可以六一儿童节、国庆节、新年等重要节日为切入点，在学生学习并掌握了一定的信息技术技能后，开展"打字能手比赛""PS秀图比赛""电子贺卡制作比赛""网页制作比赛""幻灯片大赛"等比赛类活动，为学生搭建发挥特长和个性的舞台，提高学生的实践能力，培养学生的创新精神。

此类活动，一般先在班级内进行自愿报名，选拔后参加学校组织的比赛。教师在组织时，要有通知、有评比标准，要本着公平、公正、公开的原则，认真做好评选工作，并及时将评比结果进行公布。

（1）"运指如飞打字能手比赛"

● 活动目的

打字，又称文字录入，是信息技术课程要求学生掌握的基本技能之一，也是适应现代信息社会需要的必备素质之一。"打字能手比赛"可以激发学生的学习兴趣，提高学生的打字技能，提升学生的信息素养，有效推动信息技术课程的教学。

● 活动形式

以班级为单位，选派5-10名选手参加现场比赛。

● 适宜对象

初一年级学生。

● 实施建议

本活动适宜在初一年级入学后一个月左右组织。此时学生已经基本熟悉新学校、新课程，新鲜感、好奇感逐渐减少，适时组织"打字能手比赛"可以激发学生的上进心，提高学习信息技术的积极性。教师可先以班级为单位组织自愿报名，然后在课外活动举行。根据学生的打字速度、正确率，评选出"打字小能手"数名，并颁发奖状予以鼓励。

● 活动照片

（2）"欢庆六一、幸福威海"秀图比赛

● 活动目的

引导学生运用所学的PhotoShop软件知识和美术知识，自由创作作品，在加强学校艺术教育、丰富学生课余生活的同时，提高学生艺术修养及实践创新能力，提升学生的信息素养及信息技术操作水平，同时也培养学生热爱祖国、热爱家乡、热爱生活的思想感情。

● 活动形式

以班级为单位，选派5~10名选手参加现场比赛。

● 适宜对象

初一年级学生。

● 实施建议

本活动适宜于初一年级第二学期学习完"图像的获取与加工"一章，利用庆祝六一儿童节的契机举行。教师可先以班级为单位组织自愿报名，然后在课外活动举行。教师事先为参赛学生准备好相关图片素材，如：威海国际海水浴场、刘公岛、赤山法华院、校园景色以及与六一儿童节相关的图片等等，让学生自由选择，加工创作。这样做的好处有两点：一是可以节省学生搜集图片素材的时间；二是可以保证作品的原创性。最后根据学生作品主题是否鲜明，素材选用是否得当，构图是否巧妙，立意是否深远等评价标准，评选出各等次作品数份，颁发奖状予以鼓励。

● 活动照片及学生作品

（3）"迎新春送祝福"电子贺卡制作比赛

● 活动目的

在新年到来之际，引导学生综合运用所学Flash知识，亲手制作一份独特的电子贺卡，送给家人、老师和同学，既能充分表现创意又能凸显诚意和祝福，而且还保护了资源和环境。

● 活动形式

以班级为单位，选派5-10名选手参加现场比赛。

● 适宜对象

初二年级学生。

● 实施建议

本活动适宜于初二年级第一学期学习完"Flash动画创作初步"一章，在元旦前的某个课外活动举行。教师事先准备好适宜做电子贺卡的背景、点缀装饰用的图片素材及声音素材等，分发到学生机上，另为每位参赛学生准备一份作品制作说明表，让学生阐述作品的创意和亮点。比赛结束后，根据观看效果、制作说明及评价标准，分别评选出各等次作品数份，颁发奖状予以鼓励。

● 活动照片

2. 网上签名寄语类活动

网上签名寄语，旨在引导学生通过亲自参与签名寄语，形成自己对事物、对社会的正确认识，提高主人翁意识，树立正确的人生观、价值观，认识到网络在凝聚正能量方面的强大功能。教师可以借助"中国文明网"上的"网上祭英烈""学习雷锋精神""说出你的中国梦""厉行节约、反对浪费""讲文明、树新风"等与时俱进的版块，开展不同主题的签名寄语活动。

此类活动建议学生全员参加，教师可以在课堂上利用十分钟左右的时间组织学生完成签名寄语，并认真浏览其他人的寄语，从而在潜移默化中得到熏陶和感染。也可以采取学生课余时间自主参与的方式。教师应该注意，在组织签名寄语之前，应结合主题，适当对学生进行教育和引导，以免学生不够重视，敷衍了事，使活动流于形式。

（1）"网上祭英烈，共铸造中华魂"网上签名寄语活动

● 活动目的

引导学生积极参与爱国主义教育活动，缅怀先辈，继承弘扬革命先烈的优秀品质；教育他们牢记历史，热爱党，热爱祖国，热爱家乡；深入进行革命历史和革命传统教育、理想信念教育、改革开放教育和民族团结教育，引导学生增强爱国之情，树立报国之志，从热爱家庭、建设家乡做起，从立志成才、报效祖国做起，培养高尚的道德情操和浓厚的爱国情感。

● 活动形式

网上签名寄语。

● 适宜对象

所有年级学生。

● 学生发言节选

清明思故人，烈士抛忠骨，英魂永长存。先烈们为新中国革命和建设事业作出英勇牺牲，让我们通过网络祭奠先烈，表达对先烈的怀念，铭记中华民族艰苦卓绝的奋斗历程，传承中华民族传统和爱国主义精神！

——高区一中初一九班 蒋文齐

向革命先烈深深的致敬！没有你们我们就没有这美好的世界。我们非常感谢你们为我们付出这么多，你们是我们学习的好榜样！我在这里，在为你们深深的鞠一个躬！

——高区一中初一十班 于丰凡

179

● 活动照片

（2）"学习雷锋、做美德少年" 网上签名寄语活动

● 活动目的

本次活动以3月5日学习雷锋日为契机，以网上签名寄语活动为载体，在青少年中宣传雷锋事迹，弘扬雷锋精神，使学雷锋活动深入每位青少年心中，引导学生积极参加道德实践活动，养成文明习惯，争做美德少年。

● 活动形式

网上签名寄语。

● 适宜对象

所有年级学生。

● 活动照片

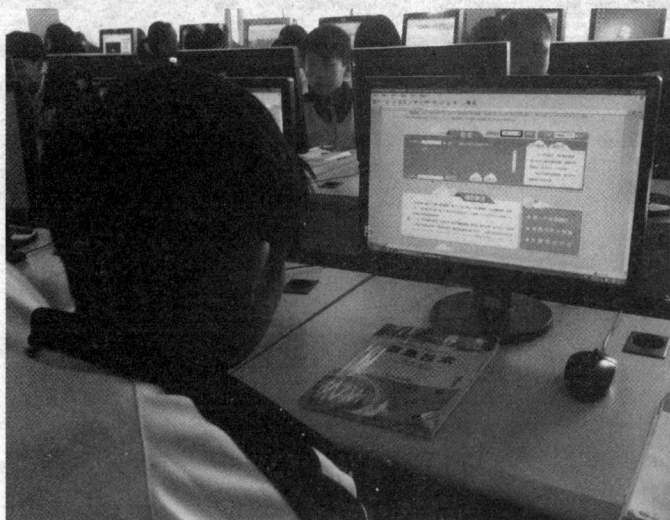

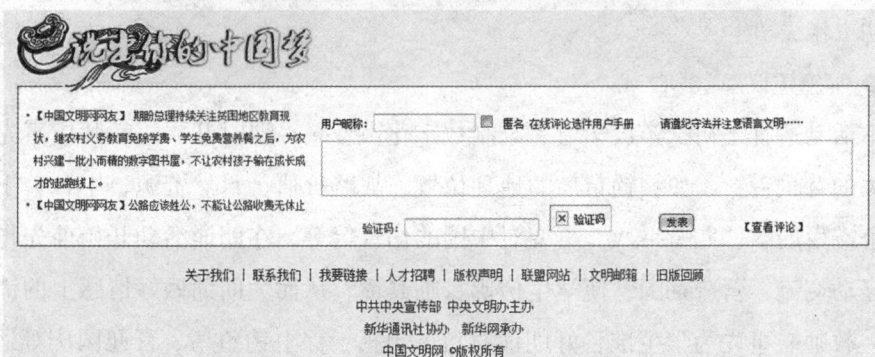

中国文明网2013年开通的"说出你的中国梦"签名寄语版块

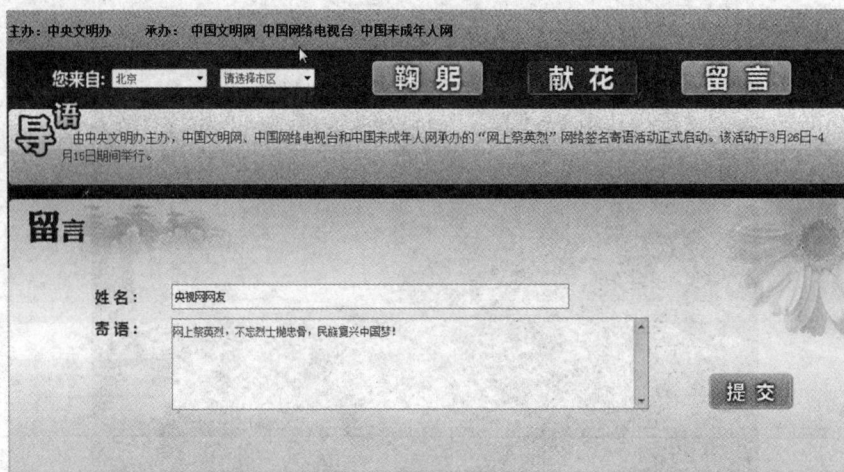

中国文明网2013年开通的"网上祭英烈"签名寄语版块

3．其它类活动

除比赛、签名寄语活动外，教师还可以围绕所学内容及学生需要，组织朗诵、征文、演讲等各种形式的活动，进一步丰富学生的学习生活，拓展信息技术教育渠道，使学生在掌握知识和技能的同时，道德感和社会责任感上升到新高度。

（1）"祖国在我心中"诗歌朗诵活动

● 活动目的

结合中国关于保卫钓鱼岛和黄岩岛，坚决捍卫国家主权的大社会背景，利用"录制数字化声音"这一部分知识，对学生进行爱国主义教育，使知识与技能、过程与方法、情感态度与价值观三维目标在活动中得以达成。

● 活动形式

朗诵录音。

● 适宜对象

初二年级学生。

● 实施建议

本活动适宜于初二年级学习《录制数字化声音》一课时开展，教师应事先准备好相关的背景资料，如：钓鱼岛的地理位置、战略价值、自然资源、中日关于钓鱼岛的争端发展、"九·一八"事变对中国的伤害等等，在朗诵活动开始前先与学生进行互动交流，营造氛围，使学生仿佛身临其境，从而为朗诵做好情感上的铺垫。另外，教师需事先为学生准备好朗诵材料，包括：保卫钓鱼鸟、喜迎国庆等适宜于朗诵的诗歌，供学生自主选择。如：

保卫钓鱼岛

全民联动心系港，

保钓民众入危航。

祖国军民千千万，

齐心协力驱日狼。

庆祝国庆

礼炮声声震天下，

五星红旗似彩霞。

光辉历程世瞩目，

神州大地遍地花。

改革开放扬起帆，

祖国跃上千里马。

今日再展战洪图，

灿烂前景世人夸。

● 活动照片

（2）"我是网络小达人"征文活动

● 活动目的

引领学生认识到网络在生活和学习中的应用广泛性，为学生展示个人在网络应用方面的特长提供舞台，提高学生的信息技术素养。

● 活动形式

征文评选。

● 适宜对象

所有学生。

● 实施建议

针对学生痴迷于网络游戏等现象，利用五一、十一等小长假或寒、暑假开展"我是网络小达人"征文评选活动。教师应在活动通知中给学生以明确的引导：网络小达人的含义非常广泛，可以从网络的发展历史、网络安全、网络学习、网络娱乐、网络购物、网络查疑解惑等方面，选择自己最熟悉的方面为大家呈现一个"网络小达人"；可以是自己的亲身经历，也可是亲人或者朋友的网络应用故事。这样学生就能有的放矢，明确自己要做什么，怎么做。教师还要认真做好评选工作，依据具体的评比标准，评出各等次优秀征文数篇，并颁发奖励予以表彰。有条件的学校还可以组织演讲比赛，进一步宣传网络知识，引导全体学生正确认识网络，处理好学习、生活与网络的关系。

● 学生优秀征文

我的免费老师

在科技发达的21世纪，网络逐渐走进了人们的生活，我也紧跟着时代的步伐，成了"小网民"。还记得家里第一次买电脑时，我整天"霸占"着电脑，对电脑爱不释手，真是乐坏了，那时我就觉得电脑是个很新奇、很好玩的东西，其中的奥秘，是我用一辈子都探索不完的。

小学时，我一直很内向，不敢说话，胆小怕事，而且相貌也不怎么如意。我甚至因此而自卑过，我甚至以为我身上集中了所有的缺点。到了初中，妈妈为了我的学习，给我找了一个英语学习网站，于是我每天专心地在网上学习英语。一天放学，我低着头快速地在人群中穿梭，我觉得我就像那一身尘土的小草，渺小又卑微……"嗨！告诉你个好消息！你英语比赛得了一等奖，别忘了请客啊！"好朋友月月冷不防从背后"袭来"，把我吓了一跳，惊喜地反问："真的？""我骗你干嘛！其实我挺佩服你的，学习比我强多了，嘿嘿，走了啊！"我一惊，我也有令人佩服的地方？

最近，妈妈又在网上找到了一个"宝地"，是朗诵古诗词的网站，边朗诵还边配着音乐，感觉十分优雅，我很喜欢。从那以后，每天早晨我都听几首诗朗诵，每天清晨都在悠扬的音乐声和抑扬顿挫的诵读声中度过。一天早晨到校，就见几位"志同道合"人士在商议语文大事，他们看到我来了，就把我拉到其中，问我："'不尽长江滚滚来'的上句是什么啊？""'不尽长江滚滚来'，选自杜甫的《登高》，上句是'无边落木萧萧下'……"我来了兴趣，滔滔不绝地讲起来。一听四周没动静，便抬头一看，几双惊异的眼睛正望着我。"不错呀！'腹有诗书气自华'嘛！懂那么多！"我脸一热，什么？我？一个其貌不扬的女生？一瞬间，我的一片天空明亮起来，我的世界变得五彩缤纷——勇气、自信、斗志……这是我从来没有过的感觉，原来，我也是有过人之处的。

回到家，我对着镜子想：不，我不要这张忧郁的脸，我要每一天都开开心心的。是啊，我不漂亮，但我很善良啊！这时，我看到镜子里的女孩子，嘴角露出浅浅的微笑。

从那以后，我变得乐观、快乐起来。同学们看到我的成绩一点点上升，性格也开朗起来时，都好奇地来询问我。我笑了笑，说："其实，我有一个……免费的老师。"我把自己的网络学习经验告诉了大家。网络应该是我们学习的工具，而不是沉迷游戏的陷阱。我感到，这位老师不仅教会了我学习，还培养了我积极向上的性格，让我坚定了信念——大步、大步地向前走去。

威海市神道口中学初三5班　周诗琪

你怎么看

你在教学中是否组织过与学科相关的特色学科活动？具体谈一谈你的做法。

第五章 初中信息技术高效课堂 教学实录及案例评析

本章导读

　　作为全国义务教育均衡发展先进地区，威海市义务教育阶段信息技术课程教学也走在了全省乃至全国的前列。近年来，在威海市教育局大力加强师资队伍建设，特别是"四名工程"开展以来，信息技术学科领域涌现出一批教学骨干。他们不仅走在构建信息技术高效课堂研究工作的最前沿，更为全市信息技术教师在专业成长、课程教学等方面起到了示范带头作用。

　　由于篇幅所限，本章仅精选了8个优秀案例，其中有的案例在山东省优质课评比活动中获奖，有的在威海市优质课程资源评选中获奖，还有的在教育实践中经过反复锤炼……每个案例都以教学实录和点评的形式呈现。每个案例都有独到之处，有的以任务设计为特色，有的以评价设计为亮点，还有的以情境设计为点睛之笔。当然，有不足之处也在所难免。学术研究，贵在百家争鸣，我们期望以本章案例为序，掀起新一轮构建信息技术高效课堂的研究高潮，将信息技术课程教学研究更加深入、持久地进行到底。

案例1——网络论坛

教学实录及案例评析

★ 执教者简介：丛宏，女，1977年4月出生。山东师范大学现代教育技术专业硕士，现任教于威海恒山实验学校。先后获得"威海首届十大教育创新人物""威海市名师""威海市'十一五'教育科研先进个人""山东省教学能手""山东省优秀电化教学研究人员"等荣誉称号。多次执教省市级优质课、公开课，并撰写多篇学术论文发表于《中国信息技术教育》《中小学信息技术教育》等刊物。

一、教材分析

本课出自《山东省初中信息技术》第一册（上）（泰山出版社），第五章"在因特网上交流信息"第2节"网络论坛"。具体分析如下：

（一）教学目标

1. 知识与技能

● 了解论坛的功能和特点；

● 能够在论坛中完成注册、回帖、发帖，参与讨论；

● 能够在帖子中插入合适的图片。

2. 过程与方法

以交流健康心得为线索，掌握在论坛中发布帖子的技巧，体验在论坛中交流信息的过程。

3. 情感态度与价值观

引导学生遵守国家法律和论坛规定，文明交流，对个人的言论和行为负责，提高辨别信息真伪的能力，积极促进论坛的繁荣。

（二）教学重点、难点

重点是发帖、回帖；难点是在帖子中插入图片。

二、教法设计

本课为学生搭建了一个交流健康知识的平台，通过完成"健康支招""健康共享""健康咨询"三个实践活动，在交流健康知识的同时掌握在论坛中交流信息的方法，从而取得"健康坛友证"。主要采用讨论法、自主学习法，辅以必要的演示和讲解。

三、教学准备

新浪等主流论坛的教育类讨论区内容均有不适宜于中学生的部分，少量教育类论坛又都对新手进行了限制（如K12、中少在线等网站的论坛在注册后一定时间内不允许发帖等），因此课前专门准备了论坛。另外准备了帖子中用到的图片。教师还可事先安排1~2名对论坛比较熟悉的学生担任版主，实时推荐精华帖，对论坛进行管理，为学生创设身临其境的真实感受。

四、教学实录

（一）导入：

播放动画"健康歌"。

就像歌中唱到的那样，健康的人快乐多，保持身体健康是最最重要的事情。今天，我们就一起来聊聊健康这个话题。网络为我们提供了很多交流的形式，论坛便是其中一种。老师喜欢把它比作"坛子"，把里面的人称为"坛友"。这节课上，我们每个坛友的目标就是——拿到这张"健康坛友证"。只要在"健康支招""健康分享""健康咨询"三个环节中，能够积极发表意见，参与讨论，互相帮助，互相交流，你就能够得到它。另外，还有这三种途径可以为你所在的小组获得加分奖励：一是小组成员全部完成任务；二是主动进行示范讲解操作；三是帖子被版主推荐，担任版主的是**同学，他负责今天"健康论坛"的后台管理工作。最后总分最高的小组为优胜小组。

（二）新授：

环节一：初步感知——健康坛友导航

【设计意图：通过百度贴吧等学生熟悉的主流论坛入手，带领学生初步感知论坛，然后在教师所提问题的引领下，师生共同交流，了解论坛的基本用途、特点、适用范围等知识。本环节以"健康坛友导航"的形式呈现，使学生易于接受，主要

通过讨论、师生问答完成。】

首先进入"健康坛友导航"。*师生共同讨论交流：*

网络上有很多论坛，你知道或者用过哪些？谁起来说一说？*（学生回答）*

对，百度贴吧大家都很熟悉。还有新浪、天涯社区等大型论坛。这些论坛都按专题分出了不同的讨论区，其中，健康版块是不少坛友经常驻足的地方。我们今天要访问的论坛上也开设了健康风向标讨论区。

我们在论坛中可以做些什么呢？*（学生回答）*

人们可以根据自己的兴趣和需要选择话题，自由发表意见参与讨论，相互交流，相互帮助，在这里人人都是平等的。美国的里根总统在任期间就非常喜欢到论坛里微服私访，了解民间疾苦。没有人知道他就是总统。一直到他卸任之后，才跟几个好友透露了这个秘密。所以，如果要用几个词来形容论坛的特点，你会想到什么？*开放、自由、交互、平等（板书）*

那么它与电子邮件、QQ这些网络上的交流方式最大的不同是什么？以小组为单位讨论一下。*（学生讨论并回答）*

正如这位同学所说，论坛它最大的不同就在于它是完全公开的，开放的，任何人都可以参与。所以，这里不适合谈论隐私性的话题。

鉴于论坛的这些特点，我们在论坛中与人交流时应该注意哪些问题？*（学生回答）* 对，要注意自己的言论，注意分辨真假。这些可都是一名健康坛友必须具备的。聊完了这些，七嘴八舌聊健康正式开始。

环节二：实践演练——健康七嘴八舌

【设计意图：该环节通过完成"健康支招""健康共享""健康咨询"三个小实践活动，激发学生兴趣，引领学生在交流健康知识的同时，掌握在论坛中交流信息的方法，主要通过自主探究、小组合作、典范展示等方法完成。】

① 健康支招——回帖

先请大家帮我支支招。老师呀最近有件烦心事。（大屏幕出示一胖一瘦两孩子对比照片）瞧这二位，他们一个是我儿子，另一个是我外甥，胖就胖成了这样，瘦又瘦成这样，我们一家人都非常苦恼，这样下去可怎么了得？我已经把这个求助帖发到了坛里。先找找看。

学生进入论坛中"健康驿站"，打开求助帖。

我发现咱们*班的学生眼明手快，遇到了什么问题？对，要先注册，才能参与讨论。

按照注册要求，逐项填写好。我想提醒大家：不管注册什么，都应该牢牢记住自己的注册信息。要养成这个健康的注册习惯。

学生注册并回帖，如有疑问，小组内交流。

根据小胖子和小瘦子生活中的饮食和运动习惯，你会给老师支哪些高招呢？我非常期待！

真是人多力量大呀，一起来看看坛友们都支了哪些高招。版主：请告诉我们，现在已经有多少条回帖了？能给我们推荐几条吗？

版主推荐并念回帖。

***坛友说：　　　　　嗯，我觉地这位坛友说地很有道理！！

***坛友说：　　　　　这个主意真不错！是哪位同学站起来让我见识一下你的庐山真面目好吗？你带领我们一起回顾一下回帖的操作过程好吗？请你放慢镜头，一边展示一边讲解。

根据学生操作灵活评价如下：

评价A：这位坛友的操作非常熟练，一看便知基本功很厉害！如果解说的声音再响亮些，表达地再清楚些就更好啦！谢谢你的分享！

评价B：这位坛友不仅操作非常熟练，而且讲解的声音宏亮，表达也很清楚，说起健康也头头是道，我们大家都应该向他学习！谢谢你的分享！

② 健康共享——上传图片

感谢坛友们的帮忙，我要按照你们的建议马上行动起来！乐乐和开心他们今天上小学三年级，根据他们的年龄特点，如果在帖子里再加上图片是不是更能吸引他们的眼球？更有说服力？

帖子里的图片必须以附件的形式上传。在D盘的图片文件夹下，老师为你们呢准备了一些图片，从中选一张，以小组为单位一起研究如何把它传上去吧。

请版主告诉我们目前你的推荐意见是？

版主发言。

哪个小组为我们演示一下你们是怎样操作的？请你在操作的同时配上你宏亮的讲解好吗？

根据学生操作灵活评价如下：

评价A：他的操作和讲解怎么样？谁来点评一下？你点评地太到位了，你将来肯定能成为一位出色的评论员！

评价B：这位坛友不仅操作非常熟练，而且讲解的声音宏亮，表达也很清楚，我们大家都应该向他学习！谢谢你的分享！

我想，看到了这些图文并茂的回帖，小胖子和小瘦子肯定会被打动的。小图片能起到大作用，它使论坛更加地亲切、活泼、温馨。图片会上传了，声音、视频等其它多媒体信息你会上传吗？对，方法是一样的。

③健康咨询——发帖

看来我们班的高手还真不少。那就再考你们几个新词：——论坛中"楼主"和"沙发"是什么意思？

网络上习惯于把发帖的人称为"楼主"，第一个回复的人为一楼（通常一楼的人都会回复"沙发"，第二个回复的人为二楼，依此类推），当回帖逐渐增多的时候，就好像盖起来一座楼一样，楼主始终在楼房的顶端。

刚才大家通过回帖为小胖子和小瘦子提供了很多好主意，那么想想你自己，或者父母，有没有健康方面的问题呢？试着发条帖子，体验一下作楼主的感觉如何？想想你自己、家人、朋友，有没有健康方面的问题，或者好的倡议呢？比如：早上喜欢赖床没时间吃早饭；或者怎样挤时间从事自己喜欢的运动等等。

学生练习发帖。

问：谁能告诉老师，发帖与回帖的操作，不同在哪里？

学生演示或回答。

只是一个小小的按钮，却能决定楼主的身份。当然啦，如果楼主发的帖子能引起大家的共鸣，就会吸引很多人点击阅读，也可以吸引很多人参与讨论；如果太差，那么会有两种可能：一是无人问津；二是被"砸帖"。我曾经在论坛中看到这样一个帖子，楼主说：当我们拿鲜花送给别人时,首先闻到花香的是我们自己;当我们抓起泥巴抛给别人时,首先弄脏的也是我们自己的手。一句温暖的话，就像往别人身上洒香水，自己也会沾到两三滴。因此，要时时心存好意，脚走好路，身行好事！鲜花与泥巴，你会选择什么呢？

（三）课堂练习：健康大讲堂

【设计意图：该环节先通过视频让学生认识到健康不仅包括身体，还包括心理、习惯等多方面，然后在论坛中进行交流和讨论，从而在巩固新知的同时拓展对健康的认识。】

在楼主们的共同努力下，健康论坛人气旺了很多。接下来，让我们听听专家是怎样说健康的。（播放1分钟视频）

体壮为健，心怡为康。原来，光有一个好的身体还不行，还要时刻保持好的心情。学习和生活中难免遇到各种各样的烦恼，例如：有的同学总是找不到记英语单词的好办法，有的同学不知道怎样和别人和睦相处，等等。下面，同学们就到"心灵鸡汤"版块好好交流交流吧！

学生练习。

已经聊完的同学到"拓展阅读"版块，去了解更多有关论坛和健康的小知识。

学生练习。

学有余力的学生进行"健康拓展阅读"：了解版主、灌水、精华帖等知识。

【设计意图：该环节通过拓展阅读，让学有余力的学生了解更多知识，拓展知识面，体现分层次教学的理念。】

（四）学生在调查专区中进行自我评价。

请同学们到调查专区中回帖，总结一下自己的表现吧。

（1）闯关调查：健康注册。独立完成/在同学或老师的帮助下完成/没完成

（2）闯关调查：健康支招。独立完成/在同学或老师的帮助下完成/没完成

（3）闯关调查：健康分享。独立完成/在同学或老师的帮助下完成/没完成

（4）闯关调查：健康咨询。独立完成/在同学或老师的帮助下完成/没完成

（5）健康坛友必备素质：积极参与，文明交流，明辨是非。你做到了吗？是/否

（6）这节课上你对自己最满意的是？你还有哪些困惑？

【设计意图：本节课采取调查的形式，引领学生通过回帖进行自我评价，评价内容包括技术和素养两个层面。】

（五）小结

我们一起来看一下，目前论坛中的回帖情况。请版主为我们介绍一下在你进行后台管理的过程中，发现了哪些精华帖？你是如何处理的？对同学们今天的表现，你有哪些建议？

版主发言。并评选出优胜小组。

相信每位同学都能从这些帖子中找到对自己有益的健康知识。时间过地飞快，回头梳理一下这节课有哪些收获？从健康的角度、从知识的角度，有哪些收获？你发现了论坛中的哪些新功能？

*学生发言；师生共同梳理：*这节课我们掌握了怎样在论坛中发帖和回帖的方法，多了一种解决问题的途径，同时还交流了不少健康方面的知识。每位同学都表现地非常好，要我说呀，这张"健康坛友证"应该发给每一个人。健康这个话题先

聊到这里，纸上谈兵终觉浅，绝知此事要躬行。要想拥有健康的身体，还必须有实际行动。让我们一起把课堂上的收获落实于行动，与家人一起，为健康而努力，好不好？

最后，老师想送给你们一句话：钻石的璀璨来自于每个面的完美切割。祝愿你们都能拥有健康的身体，认真学习、快乐生活，灵活运用论坛为自己和家人服务，让生活时时发出璀璨的光芒。网络上的信息良莠不齐，希望你们炼就一双火眼金睛，分辨真伪，像蜘蛛学习吧，健康生活，健康上网。再一次祝愿大家身体健康！

五、教学反思

自29日开始，山东省初中信息技术优质课评选活动在淄川举行。来自各地市的五十名参赛教师分别带来了图像处理、动画制作、算法设计等精彩纷呈的课例。我有幸抽到了第一天的第一节课，非常快速地结束了战斗。据听课教师反映，这节课比较成功，学生们都在愉悦、积极的合作学习中，高效地实现了学习目标。而我，在脑海中一遍遍回放、反刍每一个细节镜头的同时，对小组合作学习方式，对课堂评价手段，也有了更切肤、更深入的认识和体会。

1. 有效的合作学习是高效课堂的助推器。

我执教的课题是"网络论坛"，主要包括在论坛中回帖、发帖以及上传图片等知识点。我以健康为主线，设计了"健康导航""健康支招""健康分享""健康咨询""健康拓展"五个环节，课堂容量非常大，40分钟的课堂，去掉导入和小结后，平均每个环节只有6分钟左右的时间。学生在完成这些任务时，既要学习技术知识，还要交流生活知识，有一定的难度；尤其是上传图片操作，这是本课的难点，如果仅靠学生孤军奋战、独立研究，既浪费时间，又达不到很好的学习效果。

为了让每一位学生都能快速、顺利地完成学习任务，保证每一环节高效推进，经过反复对比实验，我发现借力于小组合作的确是最佳的选择：小组成员完成任务后，向小组长汇报；全部完成后小组长向老师汇报；小组内哪个同学遇到了困难，马上向同组成员求助；小组长组织成员集中到一起，共同研究攻克本课的难点，迅速攻克后再各自回位亲自操练……实践证明，小组合作学习在这节课中真正发挥了重要的作用：学生的积极性被充分调动起来，每一环节各小组都能在预计的时间内提前完成任务，不遗留问题尾巴，使后续的展示和讲解变地更加轻松；"上传图片"这一难点在各小组长的组织下，比预计少用了两分钟的时间就全部完成了……

这次成功的小组合作得益于四个细节：一是小组人数少，每组四人，方便小组长调控；二是小组长的选择由学生推选，符合学情需要；三是通过优胜小组评价激励学生参与合作；四是通过语言不断强化学生的小组意识。

2. 有效的课堂评价是高效课堂的润滑剂。

为了让课堂评价真正成为促进学生主动学习的有效手段，我结合"网络论坛"这节课的特点对评价的内容、方式等都进行了精心设计，主要分为三大部分：一是对学生个体的评价，以获得"健康坛友证"为目标；二是对小组集体的评价，以获得"优胜小组"为目标；三是对论坛帖子的评价，以获得版主推荐或者精华帖为目标。

在课堂任务开始前我先展示并讲解了详细的评价标准，以激发学生的学习愿望；在课堂任务完成后组织学生参与网络实时调查，围绕评价标准，分别从技能和素养两个层面进行自我评价；根据小组得分情况公布优胜小组，对各小组的合作学习成果进行集体评价。本节课的最大亮点就是版主的评价：找到两名信息技术基础扎实、筛选和表达能力都很强的学生担任版主，负责论坛的后台管理工作。他们查看、筛选出质量较高的帖子进行推荐，并说明推荐的理由，从而使学生在受到鼓励和认可的同时，对论坛中的行为自觉加以约束。这三种评价方式将过程性评价与终结性评价，将自评、他评有机地结合到一起，从而使全体学生在紧张有序的氛围中愉快地学习，快乐地收获。

这次成功的课堂评价也得益于四个细节：一是评价标准先展示、后进行，首尾呼应；二是评价过程不繁琐，易实施；三是评价形式很新颖，受欢迎；四是两位版主技术好，表达好，后台管理工作非常到位。

有效的合作学习与有效的课堂评价相辅相成，相得益彰，从而使得这节超大容量的课高效推进，取得了较好的教学效果。这两点虽然是我日常课堂正在努力研究的方向，但实施的过程中总是存在着这样那样的问题，进展非常缓慢。这次讲课是在各级教研员的指导下，在组内同事的帮助下，尝试着做了一些探索，例如区教研员宋磊老师提出的"通过设定版主进行评价"就使我顿时茅塞顿开，豁然开朗，原来苦恼和困惑的问题迎刃而解。借助于此次评比活动的东风，我想在上级教育部门的正确领导下，在我们微机组全体同事的共同努力下，我们的信息技术课堂一定会越来越精彩！

执教者：威海市高区神道口中学　丛宏

本课获2011年山东省初中信息技术优质课一等奖

六、点评

丛老师的《坛里聊出健康来》这节课，我的观后感最大的感觉就是教师作为新课程的实践者，如何认识、掌握并创新地运用信息技术，已成为教育工作者，特别是信息技术教师迫切需要了解和解决的问题。这节课主要有三个特色：

特色一：有效的小组合作学习。小组合作如何分工？如何让每一个人都有事做？如何让各小组成员都能达成本节教学目标？如何让学优生成为老师的助手，学困生不再扮演听众的角色？这是信息技术课中最让人头疼的问题，而丛老师利用有效的分组和鼓励性语言，尤其是根据本节课的特点，事先选定了论坛版主来帮助管理，是本节课成功的一个重要因素。以一招化骨绵掌使整个课堂自始至终妙趣生花。

特色二：很重要的课堂评价。小组合作学习评价的核心任务是促进学生的发展，学生参与评价的目的是为了培养他们的反思力，引导他们学会学习。当下许多信息技术老师只顾传授知识，忽视对学生的鼓励与赞赏，好像是舍不得时间，其实还是教师的教学观出了问题，只追求目标的达成，忽视对人的塑造。而丛老师的本节课的评价以鼓励为主，尤其是"健康坛友证"的发放过程管理中，及时的了解学生学习状况的差异，从学生那里反馈的信息中及时调节自己的上课进程，使教学目标的相关内容切实可行地落实。在本节课中丛老师灵活的根据教学中的实际情况，辅助利用课堂的评价对全体学生进行过程中的评价，让各个层次的学生受到鼓励，得到关注，教学效果令人眼中一亮。

而学生在本节课即将结束后的自我评价，也突出了丛老师的独具匠心，尤其是利用"调查专区"的调查功能，作出六方面的自我评价，教师在本节课完成后能根据结果有效的反思课堂效果以查漏补缺，更好地完成任务。

当然本节课在语言组织上稍加注意，也许更能调动学生的学习热情。

点评者：威海市高区教研中心　宋磊

★ 点评者简介：宋磊，男，1974 年5月出生，本科学历，现任威海市高区教研中心信息技术教研员，山东省中小学教师远程研修课程团队专家。2012年执教省级优质课，并撰写多篇学术论文发表于国家级核心期刊。

案例2——网络共享

教学实录及案例评析

★ 执教者简介：王建红，女，1969年4月出生，毕业于烟台大学计算机及应用专业，现任教于荣成市蜊江中学。参加工作以来，一直潜心钻研教材教法，注意从学生的学习特点和需求出发，进行有效的教学设计，努力使信息技术课"有趣味、有深度、有温度、有文化"。多次执教省市级优质课，并先后参与多项省级市级课题研究工作，撰写的多篇论文、案例在全国、省级核心期刊上发表或获奖。

一、教材分析

《网络共享》是初一信息技术第一册上第四章的第2节，是在掌握了如何管理个人电脑中信息资源的基础上，进一步学习局域网内资源共享、浏览、使用的方法，将科学管理信息资源的理念由本地计算机延伸到局域网、因特网，为今后进一步学习信息技术奠定基础。具体分析如下：

（一）**教学目标**

1. 知识与技能

● 初步了解局域网的概念，能够认识组建局域网所需的硬件设备，并知道它们之间是如何连接的；

● 熟练掌握查看计算机名称以及通过网上邻居访问局域网内共享资源的方法；

● 熟练掌握在局域网环境下共享资源的方法，并能够根据实际情况选择适当的共享类型；

● 了解群共享、网络U盘等其它资源共享方式。

2.过程与方法

通过自主学习与教师引导，学会查找局域网上的资源和设置共享文件夹；

以"小侦探柯南"为主线，通过自主学习与教师引导，掌握网络资源的共享、浏览、使用的方法，将科学管理信息资源的理念由本地计算机延伸到局域网、因特网。

3.情感态度与价值观

● 通过分享网络资源，体会局域网共享的方便与快捷，激发获取、使用及共享信息的积极性；

● 通过共享类型的选择，树立网络安全和网络道德意识。

（二）教学重点、难点：

重点是设置共享文件夹；查看、使用局域网内的共享资源。难点是根据实际需要选择适当的共享类型。

二、教法设计

本节课采用情景导入、任务驱动、自主探究的教学方式进行，围绕 "成为一名出色的侦探"展开，将相关知识点进行了有效的情景串联，设计出一系列递进有效的探究活动，使学生在探究中掌握知识技能，培养信息意识。

三、教学准备

硬件：计算机网络教室、网线、网卡、集线器、交换机

软件：反应速度测试游戏、学生知识检测程序

四、教学实录

（一）导入

【设计意图：由一张照片引出本节课的情景串联人：柯南，情景串联主题：成为一名出色的侦探。由于计算机xp系统限制了访问人数，所以提前把游戏放在组长的电脑中，一方面可以引出课题，另一方面也为后面以小组为单位进行探究做好准备。】

同学们，今天这节课老师给大家带来了一位新朋友，他是谁呢（出示柯南照片）？

同学们，你想像柯南一样，也成为一名出色的侦探吗？做一名侦探，需要眼观六路，耳听八方，也就是说反应速度一定要快。你的反应速度快吗？

快不快，比比才知道。今天，柯南给我们带来了一款小游戏，据说可以测试反应速度。我们一起来见识一下，好吗？

演示反应速度测试小游戏。

怎么样，想试试吗？赶快找一找，你的电脑有没有"小游戏"文件夹？找到的同学请举手。

学生观看。

看来，只有组长的电脑上有这个文件夹。这么好玩的游戏肯定要和好朋友一起分享，是不是？想一想，有没有什么好办法，可以让所有同学的电脑上都能有这款小游戏？谁来说一下。

（学生回答）U盘、邮箱

同学们说的这些办法都不错，今天老师会给大家介绍一种新方法，那就是网络共享，现在就让我们一起开始"网络共享"学习之旅吧。

（二）新授

环节一：共享文件夹的共享和访问

【设计意图：通过小组合作，发挥小组的智慧，掌握文件夹共享和访问的方法，培养合作意识。同时通过设置和访问共享文件夹，让学生明白分享别人的资源是快乐的，把自己的资源给别人分享同样是快乐的。】

（1）文件夹的共享设置

网络共享的第一步就要对文件夹进行共享设置。怎样对文件夹进行共享设置呢？下面就由小组长和小组成员共同探究一：

1. 在"小游戏"文件夹上单击鼠标右键，试一试：使用哪个菜单项可以对"小游戏"文件夹进行共享设置？

2. 默认的共享名是什么？

3. 进行共享设置后，文件夹在外观上有什么变化吗？

4. 试一试：能否对"小游戏"文件夹中的 "游戏说明.txt"文件进行共享设置。请看"帮助文档"探究一。现在，舞台就属于大家了，请小组成员做好分工，开始行动吧。

学生以小组为单位进行探究，教师巡视辅导。师生共同进行交流，解决问题。

文件夹共享后，就会出现一个"手"，我觉得这个图标设计得太给力了，一看就知道他愿意用手捧出自己的资源，来和大家一起分享。同学们，你愿意把你的资源和好朋友一起共享吗？请同学们在电脑桌面上新建一个个人文件夹，文件夹的名字就是你自己的姓名，然后将其设置为共享。小组长负责检查，看一看小组成员有没有建立好自己的个人文件夹，有没有设置好共享。

学生操作，教师巡视。

（2）共享文件夹的访问

同学们，刚才好几个同学都迫不及待地问我，老师，我们组的"小游戏"文件夹已经设置了共享，我怎么才能通过网络找到"小游戏"文件夹呢？请大家想一下，如果我要在咱们学校找某一个同学，我必须知道他的哪些信息？学生回答。

对，叫什么名字，在哪个班级。同样的道理，我们要访问网络上的其他计算机，也要知道计算机的名字。那么，从什么地方可以知道我的电脑姓甚名谁呢？

师生共同交流：计算机的名称、工作组。

知道了计算机的名称和它所在的工作组，我们就可以去邻居家"串串门"了。

怎么样？想亲自试一试吗？好，下面请同学们完成探究二：

1. 小组长查看自己电脑的计算机名称，告诉你的小组成员。

2. 小组成员根据组长的计算机名称，通过"网上邻居"访问组长的计算机，将共享文件夹"小游戏"中的"反应速度测试.htm"文件复制到个人文件夹中。

学生操作，教师巡视辅导。

大家都在忙着测试反应速度，看来同学们都成功完成了探究二。现在我们来比一比哪位同学的反应速度最快，好吗？

学生回答。

看来大家的头脑都很灵活，反应速度很快，具备了成为一名侦探的基本条件。不过，到底我们能不能成为一名出色的侦探，还需要通过实战的考验。

环节二：了解共享类型

【设计意图：同时通过创设情景"文件无故丢失"，通过分析、讨论，让学生不仅明白了"文件丢失"背后的原因（即设置了完全共享)、如何采取措施(即设置只读共享)，并承诺不随意删除他人资料，做一个文明的网络小公民。】

柯南今天还带来了一个小案子，想请咱们同学帮他一起分析一下，大家愿意吗？到底是一起什么样的案子呢？

案发地点：某初中学校

案发时间：2011.9.20上午第三节课

报案人：某初中学校一年级8班学生小明

案情描述：小明同学制作了一个动画 "网络猪.swf"，保存在 "我的作品" 文件夹中。为了让更多同学可以到欣赏自己的作品，他对 "我的作品" 文件夹进行了共享设置。可过了不到十分钟，"网络猪.swf" 就不见了。小明同学觉得很奇怪：在整个上课的过程中，自己并没有离开自己的座位，文件怎么就不见了呢？

学生快速浏览，了解案情。

小明没有离开自己的座位，文件怎么就不见了呢？可能是哪个环节出现了问题？

学生交流自己的猜测。

刚才很多同学到说是文件夹的共享出了问题，到底是不是这样，我们一起去案发现场去看一下吧。打开 "我的作品" 文件夹的共享属性对话框，发现什么问题了吗？谁来说一下？

对，勾选了 "允许网络用户更改我的文件" 这一项。

如果我们只选上面一项，这种共享可以称之为只读共享，也就是说只允许访问者读取共享资源。如果这两项都选上，这样的共享可以称之为完全共享，访问者可以浏览并修改共享资源。现在，案情终于水落石出了！

在这个案件中，谁才是真正的罪魁祸首呢？

师生共同讨论。

那么对小明，对删除文件的同学，你有什么想说的吗？

学生进行交流。

文明上网，人人有责。柯南同学写了一份 "承诺书"， 我要做文明的网络小公民。你是不是也是这样想的？让我们一起来读一下。

同学们，这是我们每个人的承诺，能做到吗？老师相信你们。

环节三：组建局域网

【设计意图：组建组建局域网在教材中是本节课的第一部分，教学中对顺序略有调整，让学生先体验局域网共享资源的方便与快捷，然后再进行如何组建局域网的探究，更有利于激发学生的学习兴趣。】

同学们，在前面的学习中，大家可能也已经发现了，当我打开网上邻居查看工作组计算机时，我们看到的是微机室的所有电脑，其实微机室的这些电脑所构成的网络，可以看成是一个局域网。那么，什么是局域网，组建一个简单的局域网需要哪些基本设备？这些设备又是怎样连接起来的？请同学们快速阅读课本，找到答案。

学生阅读课本。

看完了吗？来，我们一起来交流一下吧。

教师出示网线、交换机、路由器等硬件设备，学生进行辨认，并简单了解其功能。

同学们，老师这里有一台带网卡的笔记本，一根网线，想让它也成为微机室这个局域网中的一员，应该怎样连接？哪位同学愿意上台来试一试？

一位学生用网线把一台计算机和机房的交换机进行连接，其它同学在局域网中寻找新加入的计算机。

（三）课堂练习

【设计意图：通过软件的即时反馈功能，对文件夹的共享、文件类型的选择进行进一步的探讨，同时让学生体验成功的喜悦。】

同学们，在前面的探究过程中，我们的表现非常出色，柯南非常欢迎大家加入他的侦探社，并且他还为同学们准备了一份神秘礼物，放在了部分同学们的电脑里。到底是什么礼物？请同学们根据教师的提示，找到礼物吧。

学生访问指定计算机的共享资源，将礼物（测试题）复制到个人共享文件夹中。

礼物的名字叫什么？

同学们，你敢挑战吗？来，现在就让我们来一场华山论剑，看看谁更技高一筹？

学生进行测试。完成后师生交流，了解出错的原因，共同解惑。

（四）拓展延伸

【设计意图：将网络共享由局域网延伸到因特网，从而充分了解网络、认识网络、利用网络】

同学们，其实，网络共享还有其它一些方式。大家用过QQ吗？有没有加入某个QQ群？在QQ群中有一个群共享，大家用过吗？

根据学生情况，进行处理：

A、有学生用过：

我们请这位同学把小游戏文件夹中的反应速度测试文件上传，让群里的朋友也来测试一下他们的反应速度。

B、没有学生用过：教师进行演示。

另外，U盘大家都用过吧。那你有没有用过网络U盘？网络U盘又叫网络硬盘，利用它，也可以很方便地实现资源的共享。大家想不想体验一下？

学生根据教师提供的网站，尝试注册一个网络硬盘。

（五）课堂小结

同学们，这节课我们和柯南一起学习了局域网共享的有关知识，体会到了局域网共享带来的便利。我们每个同学也都建立了自己的个人共享文件夹，希望大家在今后的学习过程中，把自己收集到的一些好的素材、制作的一些优秀作品，放到个人共享文件夹中，和朋友们共同分享！

不知不觉就到了和柯南说再见的时候了，希望我们每个人都是共享资源的受益者，也是共享资源的奉献者。

五、教学反思

2011年11月29日，我有幸参加了山东省信息技术优质课评选活动，执教了本课。下课后，一个学生兴冲冲地跑到讲台边，天真地问我："老师，以后是不是都是你给我们上课？"在随后的几天里，我不断接收到听课的同行们赞许的目光。细细回味这节课，个人觉得比较成功的做法有以下几点：

1. 用"情景"串联课堂

信息技术课堂中，技术占有主要的成分，而技术的探究相对来说是比较枯燥的，因此，我特别重视教学情境的创设，让学生在一个个情境串联中，通过展示、交流，思维碰撞，最终一起掌握技能。而情境的创设，一定要倾注心血。本节课以"小侦探柯南"为主线，将相关知识点进行了有效的情景串联，设计出一系列递进有效的探究活动。

2. 用"评价"激励学生

评价是教学中不可或缺的环节。在教学过程中，我采取灵活多样的评价方式，及时对学生的学习情况做出反馈，一是小组评价。如知识目标"对文件夹的进行共享设置"，由小组长负责评价。二是教师评价。如知识目标"对共享资源进行访问"，由教师巡视学生是否在测试反应速度就可以了解学生的掌握情况。三是即时评价。如知识目标"共享类型"、"组建局域网"，采取在师生交流的过程中进行随时评价。四是软件评价。通过一个小软件进行知识的检测，学生提交后，测试系统会根据学生的答题情况，自动给出分数，进行反馈。

总之，本节课通过精心设计，将枯燥的知识练习暗藏于生动有趣的探究活动中，通过知情交融的活动方式，促进了学生自主性、主动性的发挥。

执教者：荣成市蜊江中学 王建红

本课获2011年山东省初中信息技术优质课一等奖

六、点评

从教学思路来看，本课层次清晰，环节紧扣。紧扣教学目标，从情景导入到新课教学，环环相扣，层层递进，用学生熟悉的小侦探柯南贯穿整节课，整个教学过程围绕着"成为一名出色的侦探"展开，将所学内容巧妙、自然地融入通过"反应速度测试"、"案件侦破"、"柯南的挑战"等故事情景，学生表现出浓厚的兴趣，最大限度地发挥了学生的学习积极性，打造了一个充满活力的生命课堂。知识点由易到难，使学生突破了一个个的思维节点，达到了比较理想的教学效果。

另外，从课堂结构的安排上看，时间上设计得比较合理，给与了学生足够的自主学习和探究的时间，基本能达成课堂预设的目标。

点评者：荣成市教育教学研究中心　刘晓静

★ 点评者简介：刘晓静，女，1975年8月出生，本科学历，中学一级教师。1999年毕业于曲阜师范大学。现任山东省威海市荣成教育教学研究培训中心信息技术教研员。曾获"威海市信息技术学科带头人"、"威海市教学能手"和"山东省电化教育先进个人"等荣誉称号。

案例3——获取图像

教学实录及案例评析

★ 执教者简介：徐晓宁，女，1975年5月出生，本科学历，现任教于威海市塔山中学。先后获得山东省三八红旗手、环翠区教学能手等称号。先后五次执教省级优质课、公开课，撰写的论文获山东省初中信息技术教学论文评比一等奖，多篇论文发表于《中小学电教》《环翠教研》等杂志。

一、教材分析

《获取图像》是泰山版初中信息技术教材第一册（下）第二章《图像的获取与加工》第一节的内容。

（一）教学目标

1. 知识与技能

● 能说出常用的几种获取数字化图像的方法和途径。

● 能使用选框、画笔、形状、油漆桶等工具绘制出简单的图像。

● 理解"图层"的作用，并能在绘图过程中使用图层。

2. 过程与方法

通过制作"个性化的QQ表情"，达到熟悉Photoshop界面，学习和体验绘制简单图像的方法，并能根据需要灵活应用"图层"的效果；通过对比画图、金山画王、Photoshop绘制的的图像效果，达到了解这些软件的特点与适用范围的目的。

3. 情感态度价值观

感受Photoshop与"画图"软件的不同，初步形成"根据需要，合理选择软件"的意识和能力；在探索尝试中，锻炼发现问题、解决问题的能力以及知识迁移能力。

（二）教学重点、难点

重点是学习和体验用电子绘画技术绘制图像的方法和优势，难点是图层概念的理解和应用。

二、教学方法

作为本单元的开篇课节，本节课首先要让学生了解获取电子图像的各种方法及其特点，为学生合理选择图像获取方式提供依据；第二是学习和体验用电子绘画技术绘制图像的方法和优势，这是本节课的教学重点。在选择软件时，要引导学生了解各种图像处理软件开发时的功能定位不同，适用范围也不相同，要根据需要灵活选择。鉴于本单元后续课节都是应用Photoshop实现各种操作需求的，本节课也选择了Photoshop作为主要的绘图环境。与小学阶段学习过的"画图"软件相比，Photoshop无论是界面还是操作方法上都存在着明显的差异，这对学生的操作和应用造成了障碍，是本节课的教学难点。为此，教师首先引导学生通过观察、对比等方式熟悉Photoshop界面，消除对Photoshop的陌生感；再用"绘制简单图形"的任务，引导学生以尝试、合作以及交流展示等方式逐渐掌握常用绘图工具的使用方法，完成简单图像的绘制，从而突破教学难点。

"图层"是Photoshop中很重要的一个概念，也是本节课另一个重、难点，这个环节的处理放在了学生对Photoshop有了基本的认识之后。在教学中设计了"制作个性化的QQ表情"的综合任务，既是对前面知识技能的巩固，同时也是为了设置认知冲突，突出"图层"的优势，再借助教具演示，帮助学生理解"图层"作用。

三、教学准备

教学素材、课件和图层实物教具

四、教学实录

课前准备

1. 组织学生进入微机室，用多媒体网络教室软件分发素材。

2. 展示一组QQ表情图片，建议学生用"画图"软件尝试绘制。

设计意图：体验用"画图"软件绘制QQ表情，与后续PS绘制图像进行对比。

（一）导入

师：同学们，有人说当今社会已经进入读图时代。的确，在电脑里，在网络上，在社会生活的方方面面，图像都以生动、直观的形式向人们传递着各种各样丰富的信息。面对各种精彩的图像，不知同学们有没有想过：这些图像是怎样得来的呢？——本节课我们就一起学习"获取图像"。

（二）新授

环节一：获取图像的方式

【设计意图：用一组电子图像启迪学生思维，结合学生的生活经验，总结出电子图像来源。】

1. 展示一组电子图像，引导学生思考通过哪些方式可能得到这图像。

师：首先我们来交流第一个问题：如果你需要电子图像，你会通过哪些方式来获取？

学生结合老师提供的电子图像进行思考、交流。（学生说，教师板书）

师：（结合PPT课件中的图片）综合同学们的交流，我们可以看出，我们通常主要是从绘制、拍摄、扫描获取我们需要的图像。

2.画图、金山画王、PS三种软件的对比。

【设计意图：通过对比，让学生认识到各种图像软件都有各自特点和适用范围。】

师：在这些常用的方法中，最直接，最具挑战性和趣味性的当属用软件绘制了。那么除了"画图"之外，你还知道哪些图像处理软件？

学生交流自己所知道的电子绘图软件。

师：你能看出这些图像是用什么软件制作的吗？（展示三张分别用画图、金山画王、Photoshop绘制的图像），你能根据这些图片，结合自己的经验说一说这几种软件的特点吗？学生交流。

教师总结，重点突出不同软件的适用范围：的确，象同学们所说的，这些软件有各自不同的风格和适用环境，比如说我们常用的画图软件，虽然功能不如PS强大，便它具有简单易学、使用方便的优点，建议大家课后自己尝试一下没用过的软件。

Photoshop是一款优秀的图像处理软件，在图像的绘制、编辑、合成、特效等方面都具有非常出色的表现。有人这样形容它的功能"只有想不到，没有做不到"，它真的有这么神奇吗？它在绘制图像方面又有哪些独到之处？下面我们就来一起来认识它。

环节二：试用PS

【设计意图：熟悉PS界面，掌握PS工具的使用方法是应用PS绘制图形的前提。为此，在该环节的教学中主要通过用学生比较熟悉的"画图"软件与PS的对比，"唤醒"学生以前积累的相关知识和经验，进行知识技能的对比和迁移。】

1.熟悉PS界面

师：请同学们打开课本P29，图2-2，认真观察PS的界面与画图的界面有什么不同？快速记忆各部分的名称。

学生观察PS界面，对照课本P29图2-2，快速记忆各部分名称，思考各部分作用，运用以前相关经验尝试操作。

师：与画图相比，PS多了什么区域？（学生观察，并回答）"工具属性栏顾名思义是用来设置什么的属性？""浮动控制面板"是一组悬浮在窗口里的面板，可以根据用户的需要随意调整其位置，并能隐藏或显示。这两个区域随着学习的深入，你会越来越能体会到它的用处。

师："与图2-2相比，你的PS又少了什么？这是为什么？你能让工作区出现吗？"

引导学生，学生思考并理解"工作区"只有在建立或打开了文件的情况下都会显示；在建立文件的过程中提醒学生文件保存的位置和命名，以及文件的属性设置等内容。

2. 试用工具与工具属性栏

（1）工具的名称

师：与"画图"的工具相比，PS的工具有些不一样。你知道这些工具叫什么吗？比如工具栏上数第一个是什么？（单个工具）

学生尝试操作，把指针向某个工具就会在工具下面出现一个名称提示。

师：现在请同学们再找一找椭圆选框工具在哪里？（工具组）

学生如果找不到，提示学生椭圆选框和椭圆工具的关系，并引导学生观察矩形选框工具右下角的小黑三角标志，打开工具组。

（2）工具和工具属性栏

师：那你能找到画笔工具吗？你会用画笔画出一个蓝色的线条吗？你能改变画笔的形状和粗细吗？学生尝试操作。

如果学生操作困难，提示学生使用"工具属性栏"，并做简单讲解："大家看，在工具属性栏上显示出了'画笔'的形状和直径大小，点击右侧的小箭头，改变直径和画笔的形状，试一试画出哪些不同的效果？其它工具的属性面板又可以设置出哪些效果呢？下面的时间留给同学们自己来尝试。"

学生试用"工具属性栏"对各种工具进行设置，并试用个人感兴趣的工具。

【设计意图：从与"画图"有相似性的"画笔"工具入手，由简到难，逐步熟悉PS各种绘图工具的用法；重点放在学生完全没有操作经验的"工具属性"的设置与应用上。】

（3）试用工具绘制图形

师：请同学们对照大屏幕快速找到这几组工具，试一试能不能用这些工具画出如下的图形？（展示课件中的简单图形）

操作提示：恢复操作的方法。"大家看由于刚才的尝试，工作区里已经有不少杂乱线条，可以使用浮动控制面板区域的'历史记录面板'，返回到'新建'的状态。历史记录面板里记录了从'新建'以来所有的操作步骤，可以从中选择你想返回的那一步。"

学生完成简单图形的绘制。

针对巡视过程中收集到的学生存在的问题组织学生演示与讲解；教师进行归纳总结。

给出2~3分钟的整理时间，供学生完成疑难图形的绘制。

环节三：制作个性化的QQ表情图片

【设计意图：该任务既是对前面知识技能的巩固，同时也是为了设置认知冲突：修改图像会对已完成的部分造成影响，从而引出"图层"的概念。】

1.布置任务，学生尝试。

师：对PS有了基本的了解以后，我们就可以做更有趣的工作了：大家看，这是网络聊天时经常使用的QQ表情。QQ自带表情库里的表情虽然很多很精彩，但不足以展示我们的个性。那你能用PS制作出个性化的表情图片吗？（展示PPT：展示一组原创QQ表情图像）现在请同学们观察一下这些QQ表情是由哪些线条和形状组合而成的？我们可不可以用刚才学习到的各种方法绘制而成？

学生观察、思考，小范围交流。

师：下面的时间留给同学们，请利用刚才体验的工具绘制你自己的QQ表情图片。

学生尝试绘制

2.教师演示，引出图层的概念。

师：老师发现不少同学在制作表情的过程中往往会因为修改某个部位而破坏了辛辛苦苦绘制好的其它部分。对这个问题有没更好的解决方法呢？下面我要与大家一起分享一下老师的做法。首先我向大家介绍一下我的绘图思路：

（展示教具）介绍图层的原理，并演示用图层制作方法。

【设计意图：应用教具，直观地展示了图层的作用，便于学生理解。"当前图层"是图层应用中学生容易忽略的问题，通过教具展示或完成"拓展任务"都可以帮助学生加深对其的理解。】

3.学生用图层完成制作。

4.展示学生作品并完善。

师：我们一起来分享一下同学们的作品。

思考：怎样修改制作不理想的部分？（当前图层的选定）

师：请同学们继续修改完善自己的作品，完成的同学考虑怎样增加其它的表情。

学生修改、完善作品

（三）课堂小结：

师：请同学们对照板书，想一想这节课你有哪些收获，还有哪些疑惑？通过本节课的体验，你能说说PS与画图有什么不同吗？学生思考、交流。

其实，每种软件都有自己的优势，我们在平时就需要根据我们的需要选择软件，这样才能提高绘制的效率和质量。

【设计意图：对本节课学习的内容进行自我归纳、总结，使知识技能系统化。】

（四）课后拓展

【设计意图：实现从知识技能学习到应用的过渡。】

师：（展示任务及要求）课后请同学们利用今天所学为四人小组设计一份有个性的组标，期待着大家精美的作品！谢谢大家！下课！

五、教学反思

1.对教学理念和教学方法的反思

（1）方法和能力比知识和技能更重要。

新课程的三维目标不仅仅强调知识与技能的掌握，同时也注重学生对过程和方法的体验。具体到本节课的教学，我认为学习和掌握Photoshop某几种绘图工具的用法并不是本课的终极目标，更重要的是要让学生在学习中感知PS绘图的基本方法和过程，为今后的应用打下基础。工具的学习与使用是绘图的手段，学习它的目的是为了绘图应用而服务的。因此，在教学中我注重引导学生去探索工具使用方法的规律，培养他们举一反三的能力。比如：在绘制简单图形之前，教师已经引领学生对画笔工具的用法进行了初步的体验和尝试，在这个过程中习得的经验和方法，像设置工具属性的方法，设置颜色的方法等都可以应用到"绘制简单图形"环节中，完成这个任务的同时也锻炼了学生知识迁移能力。与知识和技能相比，方法和能力更是学生获得持续发展的根本所在。

（2）注重体验，适度探究。

在设计本节课时，我的总体原则是把学习的过程还给学生。我一直认为，信息技术的知识和技能从来不是老师教出来的，而是学生自己在操作和应用中"习"出来的，"悟"出来的。因此，在教学中我注重学生的个人体验。在"绘制简单图形"和"设计、绘制个性化QQ表情"两个环节，留出足够的时间给学生自己去操作，体验各种工具在不同属性下实现的不同效果。这个过程是学生个人的私密的体验空间，教师不需要作任何干预。要让学生尽情地去摸索，去尝试，甚至是去"碰壁"。在学生"百试不得其解"之时，适时的点拨或演示，往往能起到"一通百通"的效果，这也正是孔子所言的"不愤不启，不悱不发"。

2.对学情与学习效果的反思

教学的设计与实施是建立在对学情深入了解，准确分析的基础之上的。使用"泰山版"教材的学生在小学阶段已经有过在"画笔"、Word等软件环境下的绘图经验，因此对常用绘图工具以及使用方法具有一定的了解。但这对本节课而言，其实是一柄"双刃剑"：一方面有利于消除学生心理上的陌生感，能够快速进入电子绘图状态；另一方面，毕竟Photoshop在功能定位上与画图有很大的不同，学生在画图中积累的一些经验并不完全适用于Photoshop，有时甚至会因为思维定势而影响新知识、新技能的学习。我在初始备课的时候并没有充分认识到这一点，结果试课时发现，有很多我认为学生应该能够很快掌握的技术学生却学得十分吃力。意识到这一点后，我对教学设计进行了修改，把重心放在了与学生已有经验相冲突的知识和技能上。比如："矩形工具"的使用就与"画图"有很大的不同，在教学中，适度加重了对这部分内容的处理份量，从而成功地突破了应用瓶颈，后续学习得以顺利进行。

执教者：威海市塔山中学　徐晓宁

本课获2011年山东省初中信息技术优质课比赛二等奖

六、点评

徐老师的这节课主要有两个特色：

特色一：关注应用，在应用需求的背景下突出技术的地位。本节课，徐老师没有局限于为学软件而学Photoshop，而是突出获取图像的应用需求，首先通过实例让学生了解获取电子图像的各种方法及其特点，引导学生了解常用图像处理软件的功能定位及适用范围，旨在培养学生根据实际需要灵活选择处理软件的意识和习惯。

特色二：关注学生，以学生内心需求为着力点组织教学。学生的实际需求是学生学习活动的源动力，也是学生产生学习兴趣的基础。在简单体验PS绘图工具环节，徐老师设置了"设计个性化的QQ表情"学习任务，把知识点与学生内的实际需求有效融为一体，很自然地勾起了学生自身的体验和学习兴趣，从而主动全心投入课堂；课后拓展中组标的任务设计，也与学生的实际需求密切相关，有助于学生课后对新知的巩固与应用，有效延伸了课堂。

这节课正式上课时是在淄川的育才中学，虽然教材相同，但学生的学习基础如何，对信息技术课的兴趣与参与度如何，教师并不十分了解。结果上课时发现学生对画图软件的熟悉程度、课堂的参与度以及教学效果都没有达到预期目标，致使课堂后半部分的组织略显仓促，这也从另一角度说明了学情分析对教学效果的影响是很大的。

点评者：威海市环翠区教育教学研究培训中心　田陆萍

案例4——走进缤纷的电脑动画世界

教学实录及案例评析

★ 执教者简介：田陆萍，女，1972
年9月出生，本科学历，中学高级教师，
现就职于威海市环翠区教育教学研究培
训中心，任中小学信息技术教研员。先
后获得威海市教学能手、威海市信息技
术学科带头人荣誉称号，执教的优质课
获省一等奖，撰写的多篇学术论文发表
于国家级核心期刊。

一、教材分析

本节课是《信息技术》（泰山版）七年级（上）的第三单元"电脑动画初步"
的第一节，通过本节课的学习，主要是为了让学生初步了解动画的形成原理，了解
动画的一般制作技术，认识flash窗口并能亲手制作一个简单的FLASH动画。具体分
析如下：

（一）教学目标

1. 知识技能：

● 理解动画的原理；

● 了解动画的制作过程；

● 认识FLASH工作界面；

● 明确帧、舞台、播放头之间的联系；

● 掌握三种帧的区别及各自的作用；

● 理解帧频的概念，并会根据需要更改帧频；

● 体验简单动画的制作；

2.过程与方法：

● 通过观看视频及亲手实验形成动画的产生原理；

● 通过传统动画与现代动画制作技术的对比，形成对动画制作过程的清晰的脉络；

● 通过观察FLASH源文件使学生对FLASH界面有一个较直观的认识；

● 通过亲历简单动画的制作过程进一步加深对FLASH制作动画的深刻体会；

3.情感态度与价值观：

● 通过动画欣赏与制作，激发学生学习动画制作技术的兴趣和创新意识；

● 以任务为载体，提高学生分析及解决问题的能力；

● 通过知识迁移及自主学习方式，培养学生综合学习能力；

（二）教学重点、难点

重点：理解帧的形态和作用；理解帧与舞台的关系；掌握播放影片与调整播放速度的方法；

难点：帧的理解；舞台与帧的关系；对简单逐帧动画的制作方法的理解。

二、教学方法

主要采用讨论法、自主学习法，辅以必要的演示和讲解。

三、教学实录

课前利用课堂时间播放一个传统动画片《猫和老鼠》

（一）导入

师：同学们喜欢看动画片么？大家平时都喜欢看什么动画片？

生：《喜羊羊与灰太狼》《海尔兄弟》……

师：老师小时候也很喜欢看动画片，最喜欢的是《大闹天宫》《哪吒闹海》，我小时候在看《大闹天宫》的时候就常想，孙悟空明明象画出来的形象，它怎么就能腾动驾雾呢？动画片里假的人物形象是怎么动起来的，还有动画片是怎么制作的呢？同学们曾经有没有过老师这样的疑惑？今天就请大家跟随老师一起走进精彩的动画世界！

（二）新授

1.探索动画形成原理

【设计意图：通过观看小鸟入笼试验，让学生初步了解视觉暂留现象，理解小鸟入笼成像的原理；通过亲手做"手翻书"实验，进一步感知动画形成原理，然后

在教师所提问题的引领下，师生共同交流，总结得出形成动画的三个基本条件。】

师：首先我们来探讨一下动画形象为什么会"动"的问题。老师先给大家播放两个小实验，看看能不能对大家有所启示。

① 观看实验录像，分析并讲解视觉暂留现象；

师：在刚才的实验中，提到了人眼的一种什么生理现象？对——视觉暂留。所谓的"视觉暂留"是指人眼在看到事物之后，即使事物离开，它的影像也不会立即消失，仍然会在视网膜上停留大约0.1秒的时间。比如说小鸟入笼试验，当第一幅小鸟图片翻过去之后，它的影像并不会立即消失，而是会在视网膜上停留大约——（0.1秒）的时间，在这0.1秒的时间内，鸟笼的图片紧接着又出现了，也就是说，小鸟的影像还未消失，又出现了鸟笼的影像，如此循环反复，就形成了连续的小鸟入笼的动画。

② 学生亲手做"手翻书"实验，并思考动画形成条件。

师：为了加深同学们的理解，现在就请同学们利用你手中的课本，亲手做一下手翻书的试验。在做试验的过程中，请同学们思考以下几个问题：

只有一张图片，能形成动画吗？

缓慢地播放多张图片，能形成动画吗？

快速地播放多张相同的图片，能形成动画吗？

快速地播放多张不同的图片，能形成动画吗？

学生做"手翻书"实验，并思考动画形成条件。

师：上面这四种情况，哪一种可以形成动画？也就是说，要形成动画，至少需要具备三条基本条件，哪三条？

学生交流。

得出：第四条，快速播放、多张、不同图片，

由此我们可以得出，动画就是利用人眼的视觉暂留现象，快速地播放多张不同的图片而形成的。

2. 动画的制作过程

【设计意图：通过学生交流，以及教师对传统动画制作技术的介绍分析，得出电脑动画省时省力的制作特点；通过对一段Flash小动画的欣赏，一方面让学生受传统动画与电脑动画在效果上的对比，另一面让学生感受电脑动画的魅力，提高学生对电脑动画制作的兴趣，为后面学习的开展做铺垫。】

师：了解了动画的制作原理，你能"猜出"动画是如何制作出来的吗？对于

动画，目前还没有唯一的分类标准，我们姑且从动画的制作技术上，把动画分成以传统手工绘制为主的传统动画，和以电脑制作为主的电脑动画；象老师小时候看的《大闹天宫》《哪吒闹海》都是以手工绘制为主的传统动画，而刚才同学提到的——《喜洋洋与灰太狼》等就是以电脑制作为主的电脑动画。你知道传统动画是怎么制作出来的么？

学生交流（绘制、拍摄……）。

师：以《喜洋洋与灰太狼》为代表的电脑动画呢？

师：你都了解哪些电脑制作软件？

学生交流（3Dmax、Flash MX……）。

师：下面我们一起来欣赏一段用Flash制作的小动画。

师生共同欣赏Flash小动画。

师：Flash是一款非常优秀的动画制作软件，它制作的影片影像质量高，但文件很小，特别适合在网上传播，所以我们同学在网上看到的大量动画都是用Flash制作的。大家想不想学习用FLASH软件制作动画？

3. FLASH工作界面

【设计意图：本环节引导学生通过类比以前学过的PS软件窗口，自己完成对Flash工作界面的学习；以小组合作的形式，通过对四个任务的探究，突破教学难点。本环节主要通过教师提出问题、学生探究、交流分享的形式进行。】

（1）自学认识窗口

师：刚才我们欣赏的是动画大师制作的火柴人形象，老师也为大家准备一个火柴人的小动画，存放在D盘"小小火柴人"，请同学们注意文件图标——。

任务A：请同学们，先大致观察一下FLASH界面布局，参照课本42页的图3，观察一下FLASH工作界面有哪几部分组成。

任务B观察舞台、时间轴。

学生自学

（2）重点梳理

任务A：组内探索并分享播放头、舞台、当前帧三者之间的关系。

学生实践、组内交流

师：哪位同学能告诉大家，当前帧与舞台上显示的内容有什么联系？

学生交流……

结论：舞台上显示的内容与当前帧的内容是一样的，也就是说舞台上显示的正是当前帧的内容。

师：那么改变舞台，会不会对当前帧造成影响呢？

师：由此可见，改变了舞台上的内容也就相应地改变了当前帧的内容，编辑舞台上画面其实就是编辑当前帧，我们也可以这样说，要改变当前帧的内容，只需要在舞台上编辑就可以了，对不对？

师：下面，请大家们再细细体味播放头、舞台、当前帧三者之间的关系，相邻的同学可以互相交流一下。

（投影总结）

任务B：小组合作观察三种帧的形态及功能。

师：下面，我们再仔细研究一下这三种帧，请同学们仔细观察这些帧，看一看从形态上，这些帧可以分为几类？

生齐声回答

师：对！有实心的圆点，空心圆点，还有灰色的小格。实心的圆点表示的是关键帧、空心的圆点代表的空白关键帧；灰色的小格代表的是普通帧。

FLASH动画就是由这三种帧组成的。那么这三种帧在使用上有什么不足呢？请同学们以小组单位探索以下几个问题：

探究问题：

关键帧的内容可以修改么？

可以在空白关键帧添加内容么？

在不改变前一个关键帧内容的前提下，可以修改普通帧的内容么？

学生组内实践探索

师：下面请哪个小组为我们介绍一下他们的结论。

小组代表边演示边发言

请同学们跟我们一起回到预览模式，正如同学们所看到的，第1帧的内容，它呈现出了火柴人的关键性动作的帧，我们小组发现，这些内容可以修改。再看看空白关键帧，空白关键帧是空白的，没有内容的，我们也可以给他添加内容呢；而普通帧，是延续上一个关键帧的内容，我们小组试过，对普通帧的内容不能再修改。

师：很好，由此我们可以知道，在以后的创作中，如果我们想插入一个新的画面，只能通过插入哪两种帧？对！只能通过插入——*学生齐声回答。*

4. 制作变色球

【设计意图：本环节旨在让学生通过制作简单的变色球动画，亲历电脑动画的

制作过程。本环节对学生作品的质量不做重点要求。】

任务：制作由红、黄、蓝三种颜色不断变幻的变色球。

师：现在，大家想不想亲手创作一个自己的动画？

下面我们就做一个变色球的小动画，我们首先设计球由红、黄、蓝三种颜色不断变幻，那么大家思考一下，我们需要制作几个关键帧？

学生齐声回答

师：对，三个，分别是红色的球、黄色的球和蓝色的球。好，请大家新建一个FLASH文件，方法是，文件—新建-flash文档，观察新建的Flash文件，我们会发现时间轴中只有一个——？（空白关键帧），它的作用相当于一空白的胶片。有了这个关键帧同学们就可以在这里绘制我们的红色球了，要想绘制红色球，我们需要利用界面中那个区域？对，工具区，看看是红色的么？对，设置好颜色，第一帧画好了么？如何插入第二帧？请同学把将鼠标指针放在第二个帧格上单击右键，观察右键菜单，你应该选择什么？试一试，好了，下面的时间留给同学们大胆创作吧。

学生实践

5.影片的播放、展评、控制动画的播放速度

【设计意图：本环节首先是解决学生在动画完成后进行测试、展示所需要的几种技术；在展评环节，侧重引导学生进一步体会三种帧的区别及适用范围。】

（1）测试影片

师：我们先试着播放一下你的变色球，看看什么效果？请你使用"控制"菜单中的播放选项。怎么样？效果怎么样？

学生试验、交流

其实想看到最终的动画效果，可以使用控制菜单的播放或测试影片命令。

（2）展评

预设问题：

出现绘制的问题：三个小球不在同一位置……

如何控制播放速度

小球的颜色……

学生交流解决办法

（3）完善作品、体验创作

师：下面请继续完善你的变色球，感觉你的变色球已经做的很完美的同学可以充分发挥你的想象，自由创作，你可以试着做一个滚动的小球，一双不停眨动的大

眼睛，一张不停变幻表情的小脸。

学生实践

（三）小结

本节课通过大家的共同努力，我们一起探究了动画形象动起来的奥秘，了解了传统动画的一般制作技术，并亲自体验了简单电脑动画的制作过程，其实，传统动画也好、电脑动画也好，两者制作技术上的本质是相同的，它们都是利用了我们人眼的——，快速播放多张连续的不同的图片形成的。现在所有的电脑动画制作软件都是在模拟和简化传统动画电影的制作过程。在以后我们的学习中，会更深刻地体会到电脑动画制作技术的方便与快捷。

四、教学反思

本章教材的编写在呈现体例上采取了与以往操作性软件不同的做法，不再以操作方法和技巧的介绍为重点来组织教材，而是以电脑动画制作的基本原理和基本方法为线索来呈现，做为开章第一节，本节的设计在强调基本知识和操作技能的同时，侧重从原理和方法的角度进行归纳与总结，引导学生合理地进行知识的迁移，培养学生信息技术的共通能力和创新能力。

1. 教学内容的优化重组

本节教材内容主要包括网页上的或已经下载的电脑动画的播放、在动画软件中打开动画源文件、了解Flash软件的运行界面、认识其中的常用对象等，实际上，现在的初中学生均有网页上浏览、播放动画的体验，因此，在设计时就去除了这部分内容，而把后面课节的部分内容整合到认识体验界面的学习过程中，对整章的内容进行优化重组，并较大篇幅地增加了动画的形成原理和制作技术方面的学习，旨在通过本节的学习，让学生初步了解动画的形成原理，了解动画的一般制作技术，认识flash窗口并能亲手制作一个简单的FLASH动画。

2. 教学重点的设置与实施

动画的形成原理及与传统动画的对比，教材上寥寥数笔，但本节却做了重点处理，设置了较长的学习时间，先是引导学生通过观看实验录像，了解视觉暂留现象，又通过学生亲手做"手翻书"实验，体验视觉暂停现象，通过四个问题，让学生自己得出形成动画的三个基本条件；通过教师对传统动画《大闹天宫》制作工程的介绍及师生flash小动画的欣赏，引导学生把电脑动画与传统动画进行对比，体验电脑动画制作技术的进步，也理解其制作技术的本质。笔者的想法是，对于整章的学习，以对传统动画加工的继承和发展为纽带，模拟传统动画制作原理和基本过程进行阐述，从而提炼出动画制作的基本要求，做为开章第一节，知其然也知其所以然，一方面加深学生对技术价值的理解，另一方面更有利于培养学生对多种动画制作软件的共通能力。

对于Flash工作界面的学习，主要组织学生与小学学过的画图软件进行类比，学习过程中并不要求学生刻意去识记各部分的名称，只要了解其大致功能即可，工具的使用可以在后继的学习中慢慢熟练、加固。各种帧的认识与使用，是本节的重点也是难点，对此，主要是以分析源文件的形式，让学生通过小组合作的形式完成新知。为了提高学生的兴趣，增强其满足感，本节增设了一个简单动画的体验环节，动画虽然很简单，但是有效地体现了电脑动画的制作过程，也让学生深刻感知了所有电脑动画的制作都是在模拟和简化传统动画电影的制作过程。

3.改进方向

整堂课下来，感觉前半部分理论性偏强，学生参与度不够，另外，课堂容量偏大，导致有的环节展开而未深入，例如在认识三种帧的环节，应该把问题抛给学生后，多留给学生一些思考的空间，让学生自己或者小组内多次尝试，在实践中比较、掌握三种帧的区别与使用方法。

执教者：环翠区教育教学研究培训中心　田陆萍
本课获2009年山东省初中信息技术优质课一等奖

五、点评

作为动画单元的开篇课节，本节课突出了"动画原理"的教学。虽然在这一点上存在分歧，有的老师认为本课理论偏多，学生动手机会则相对减少。但笔者认为，田老师如此处理有其匠心所在：首先，Flash是一种典型的时间动画，其技术本质就是对传统动画技术的继承和改进，理解了这一点，有助于学生对后续知识的学习和把握；其二，把动画原理与Flash界面、基本概念的学习巧妙地结合在一起，彼此印证，降低学生学习的难度。比如：学习时间轴时"帧预览"视图的巧妙应用，既进一步加深了学生对传统动画原理的理解，同时也对Flash动画的时间轴、关键帧、舞台和播放头之间的关系有了更直观的认识。而这些基本概念则是学习Flash动画技术的重要基础；其三，最后一个环节"简单动画的制作"是本节课的点睛之笔。通过前面几个环节的学习，Flash动画对学生而言已经"平易"了很多，已经产生了跃跃欲试的心理，此时的任务也就顺理成章，既满足了学生的创作欲望，同时也顺势完成了"创建动画"方法和技能的教学。

点评者：威海市塔山中学　徐晓宁

案例5——财富与人生

教学实录及案例评析

★ 执教者简介：张少霞，女，1973年9月出生，本科学历，山东师范大学计算机应用与维护专业，现任教于荣成市实验中学。曾获山东省优质课一等奖、"荣成市教学能手"，撰写的论文发表于国家级核心期刊。

一、教材分析

本节课是山东省初中版信息技术第一册（下）第三章的实践项目。本节课内容上主要对第三章的知识做一个系统的复习，综合利用word文字处理软件的各项功能，来解决学习、生活中的需要。本节课的结构比较灵活，采用主题创作的形式，重点是让学生对学习的知识加以巩固，应用水平得以提高。本节课在充分明确大纲要求的基础上，汲取生活中的实例，以财富与人生为主题，创造出有价值的作品，让学生体会知识来源于生活，又服务于生活。

（一）教学目标

1.知识和技能

● 理解财富的定义，能列举出学校活动中有价值的行动目标；

● 能插入图像、文本框、艺术字；

● 会设置文本框、图片格式，能调整、组合图片；

● 能设置组织结构图。

2.过程与方法

● 通过讨论交流，系统感受财富的定义，得出制作财富卡所需要的内容；

● 通过搭建财富金字塔，复习插入图像、文本框、艺术字的知识；

● 通过绘制探宝图，把追求的财富目标与具体行动结合起来,以组织结构图的方式，直观感受分析问题、解决问题的方法和途径；

● 通过多元评价，提高综合素质，检验复习效果。

3. 情感态度与价值观

● 思考财富与人生的价值，把积累的感性认识调出来，逐渐上升为理性认识；

● 聚焦学校活动，寻找财富目标，发现学校学习的价值；

● 在加工班主任的小礼物半成品时，能够根据自己提出的条件，设定个性化目标，从自身特点出发，关注自己的成长；

● 在接受班主任送礼物、授课教师送来的财富时，体验收获的快乐，学会分享；

● 在多元评价的过程中，树立全面发展的人生观。

（二）教学重点与难点

1. 教学重点

理解财富的定义，合理制定学校生活中有价值的财富目标，用图像、文本框、艺术字组合的形式表现出来，用组织结构图构建达成目标的途径。

2. 教学难点

用组织结构图构建财富探宝图。

二、教学方法

本节课通过"财富论坛、财富金字塔、招财进宝、致富法宝、财富榜、财富指南"六个学习环节，完成创作和复习任务。学生在学完全部Word相关知识后，掌握了一定的理论基础和操作技能，自主学习和合作意识都有了一定的提高。在此基础上，选取学生感兴趣的事物，激发学生学习的主动性和学习潜能，彰显学生个性，同时扩展教材学习内容，增加组织结构图部分，提高学生的操作技能。由于学生对财富与人生观念的理解不同，掌握的技能水平也不同，在教学中注重异步教学和分类指导，发挥小组协作学习的优势，让学生思维与技能优势互补，获得双赢。在教学过程中，利用积累财富值的方式，既有对技术技能的评价，又有对学生综合素质的评价，教学评价贯穿于每个环节。

三、教学实录

环节一、财富论坛（5分钟）

【设计意图：①围绕财富话题展开讨论交流，总结出财富的定义。②通过解析财富定义，让学生感知人生价值，增强学生的责任感，明确财富积累的重要性，丰富学生的价值观、人生观。③缩小讨论范围，聚焦学校教育活动过程，体会其中潜藏的价值，明确目标，获得学习的动力。】

同学们，你们想不想成为大富翁？每个人都希望自己拥有很多财富。请同学们思考：什么是财富？

生回答：金钱；物质财富、精神财富、道德、好的品质、理想、诚信、知识、执着……

看来同学们对财富的解读非常深刻，财富泛指一切有价值的东西，物质的和精神的，有形的、无形的。人的一生都在不断的创造财富，财富越多你的人生越有价值。

请小组讨论：我们每天在学校里，能为自己创造哪些财富？

生：知识、道德品质、友情、强健的体魄、健康……

看来学校真是块宝地，潜藏着这么多的财富，只要大家付出辛勤的劳动，就能把这些宝贝搬回家，搭建属于你自己的财富金字塔。

环节二、财富金字塔（10分钟）

【设计意图：①通过构建金字塔模型，感知财富的种类，启发学生追求各种有价值的财富。②提出操作目标，激发学生的创作愿望。】

同学们现在到底拥有多少财富呢，今天这节课，让我们在word中数一数。怎么数呢？方法是：(投影)基本要求：

1. 在word中用任意一种形状的文本框、自选图形或者图片制作财富卡。

2. 用财富卡摆出金字塔形状，金字塔中的财富名称不能相同，把你认为最重要的财富放在上层。

评价标准：

1. 每张不同的财富卡得财富值1分；

2. 金字塔的形状美观得财富值1分。

现在，让我们一起动手描绘出金字塔的蓝图。绘图有困难的同学，可以借用d:\财富卡图片。

请3组的同学给大家展示一张财富卡的制作过程。（转播学生机的屏幕）

生：描述并演示用图片和艺术字组合的方法制作"知识"财富卡，演示调整图片大小、位置、版式、叠放次序、图片组合的全过程。

感谢3组同学精彩的演示。请同学们继续搭建金字塔，深度挖掘更多的财富，有困难的同学可以参考d:\财富名称.doc。

请组长到我这里领取一张存折，记录同学们的财富值。

请每位同学数一数你的财富卡，每种得一分，组长给每位同学的金字塔打分，比较美观的给一分。现在请小组内交流展示。

环节三、招财进宝（10分钟）

【设计意图：① 让学生感知财富积累的过程，丰富思想。②班主任从德、智、体、美、劳多方面评价学生，引导学生全面发展。】

音乐是贝多芬、莫扎特的财富，色彩却是达·芬奇、莫奈的财富，每个人都有自己的财富。要想成为真正的大富翁，需要不断积累，比如：知识的积累、情感的积累、体验的积累、生活的积累、阅历（历练）的积累、功德的积累。

各种财富积累多了，还可能产生连锁反应，获得飞来横财：(投影)

瞧，班主任为我们送来了几样财富，为你的金字塔锦上添花：请同学们打开d:\班主任的礼物.doc，要得到小状元、文明之星、小健将、小巧手、爱心天使这些小礼物，需要你满足一定的条件，现在这个条件由你来定，只要设置合理就能得到，完成的同学将文件名改为自己的姓名后上传。

生：在"小礼物"财富卡上的文本框中输入条件，加上姓名。

有同学把条件设置的比较模糊笼统，不容易去评价，所以，请把条件设置的非常具体清晰，并且如果同学们还需要其他的特别的礼物，也可以自行创作小礼物卡，填好条件发给班主任。

生：上传自己的小礼物卡到教师机。

教师机上已经收到了很多同学传来的小礼物，老师将为你保密，悄悄送给你的班主任，希望同学们下一步为你的目标而努力，去争取这份珍贵的财富。

环节四、致富法宝（10分钟）

【设计意图：① 学生观察"身体健康的探宝图"，感知探宝图的制作思路。② 采用示范法，给学生参考，对财富种类小范围集中，交给学生进行合作或自主创作。③ 采用小组合作的方式，便于学生交流思想，互助技能，取长补短，提高效率。】

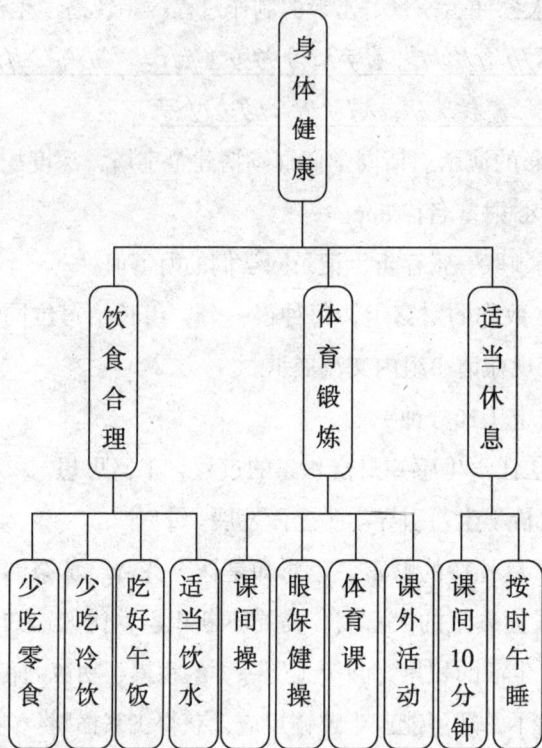

任何一种财富，都不会凭空而来，需要我们具备致富的方法。

比如：身体健康的探宝图（投影如图）

要想在学校获得身体健康，就需要做好这几个方面：饮食合理、体育锻炼、适当休息；要想饮食合理，就需要少吃零食、少吃冷饮、吃好午饭、适当饮水等，这些具体的措施就是获得身体健康的法宝。

现在请小组讨论分工，从财富金字塔中选择一种财富，然后参考"身体健康"的思路去探寻致富的法宝。

（投影）技术参考：

探宝图的制作方法是利用"插入\图片\组织结构图"的方法创建。

生：小组合作、探究，插入组织结构图。

环节五、财富榜（8分钟）

第一季

【设计意图：① 通过自评、他评，对作品进行总结。② 保存学生的学习成果。】

现在让我们来比一比，谁的财富多。第一季财富榜评比标准是：

（投影评价表）

1. 达到基本要求得财富值3分；

2. 内容充实、版式样式效果美观得体，再得财富值1分；

3. 被评为小组最佳作品，得财富值1分。

请组长主持小组内互评，推选出最佳方案，按照评价量，计算本节课所得财富值，记录在存折上。

生：完成评价，推选最佳方案，得出总分。

让我们来参观各组的作品。（*5组、3组、1组的同学展示……*）

刚才3组的作品特别优秀，请给3组每人加一分。

通过参观，同学们一定有了新的收获，请将文件保存到自己的文件夹中，文件名为：姓名+财富.doc，并可以进行再次修改完善。

生：保存、修改。

第二季

【设计意图：让学生感受财富积累与分享的关系，鼓励学生无私奉献。】

同学们，财富积累的同时，还要懂得分享，在分享的过程中，你的财富不仅不会少，还会增值。让我们进行第二季财富大比拼：

谁愿意分享你的财富？

生：举手表态。

请这位同学说说，你分享的是什么财富？（*生回答，师评价*）

现在请同学们将愿意分享的探宝图上传到教师机，上传成功的同学每人增加2分。然后，请组长计算一下每位同学两季财富榜累积的总分数。

生：计算核对总分。

总分超过5分的同学就是本节课的大富翁，有收获就有进步，看看我们的大富翁在哪里，请举手，把掌声送给本节课的大富翁。

希望同学们既善于积累，又乐于奉献，用你的财富为自己，为他人，为祖国创造更多的价值，为公益事业多做贡献。

环节六、财富指南（2分钟）

【设计意图：鼓励学生应用学到的知识、技能，学会组织表达思想，提高自己，用积极的心态武装自己，成为有价值的人。】

同学们，世上的财富不可估量，学校里的财富只是大金字塔的一角，生活中潜藏着更多的财富，等着大家的慧眼去发现，去追求。

我也要送给大家一样财富，那就是积极的心态。有人将它列为财富的首位，许多著名的大富翁都曾经历过大起大落，正是这积极的心态，指引他们把挫折也当成了财富，在磨砺中变得聪明，变得坚强，变得成熟，变得完美。

真心希望每位同学都能成为大富翁，成为一个有价值的人。

祝同学们成功!

四、教学反思

本节课是一节实践课，主题的选择相对比较自由。财富与人生这个主题的选择，缘于一位班主任让我帮助她设计小奖状。我们在构思小奖状的项目时，罗列了一大堆名称：加油卡、美德卡、进步卡、意志卡、过关卡、挑战卡等等，希望从德、智、体、美、劳各个方面去评价学生。可是如果学生对这些名目不感兴趣的话，一切都是枉费心机，于是，我想，这个小奖状何不让学生自己来做？只有从学生的兴趣出发，调动学生的内动力，这些象征奖励的评价措施才能真正发挥作用。而且，每个学生基础不一样，评价的条件也可以弹性设置，让他们跳一跳，够得着，满足他们的需求。

于是，我利用本节课，让学生结合信息技术手段，利用学过的知识表达他们的愿望，设定自己的追求目标，并为目标做出具体的行动部署，让教师了解学生的需要，为后续的综合评价提供参考。

从课堂的实效看，每个环节都能达到预期的效果。从学生的参与度和思维度上看，整堂课学生的情绪一直高涨，能够积极地参与并深入地思考，提出了很多有价值的信息，使教学活动落到了实处。

不足的地方是，学生短时间思想挖掘不够深，思维的表达不够系统，如果课前能做好充分准备，学生的任务会更明确，各环节进行地会更顺利。

执教者：荣成市实验中学张少霞

五、点评

张老师的教学设计新颖、大气，让人由衷佩服。这节课从创意到知识以及学生对于获得财富的态度上都给予了设计，在收获知识的同时，收获了获得财富的积累，利用积累财富的方式，既有对学生技术技能的方面的目标设计，又有对学生综合素质要求的设计。

在和谐开放的课堂环境中，学生通过相互间讨论式的交流，阐述自己对财富的认识,展示自己规化人生的能力,列举出学校活动中有价值的行动目标,以及追求这种财富所要具备的条件。尤其是一个小小的"财富金字塔"就涵盖了图片、文本框、对象的排列组合等多个知识点,而且知识点和情景也是非常之融合。通过"财富"的引领学生不但学到的word中的相关操作,更重要的是在这个金钱时代让孩子们对"财富"有了另一番认识,知道什么是真正的财富从而努力创造财富,对学生的人生观和世界观都有很大的影响。相信这节课带给学生的不仅是技术的收获,更是心灵的触动。

在评价方面,张老师给每个环节都精心设计了评价内容和标准、分值,细致、具体,可操作性也很强。整节课的评价方式多样化,有教师评价,学生互评及自我评价,而且评价内容也是针对技能操作和个人素养两个方面,这样能让学生在评价过程中得到全面提升。

点评者:荣成市教育教学研究中心 刘晓静

案例6——编辑操作

教学实录及案例评析

★ 执教者简介:邢敏,女,中学一级教师,本科,毕业于山东师范大学计算机科学教育专业。现任教于威海市古寨中学,环翠区转任交流先进个人。参加威海市"十一五"课题的研究,课题获得环翠区小课题研究一等奖,执教省级和市级优质课,连续五年在区同研成果评比中获得一等奖。

一、教材分析

《编辑操作》选自义务教育山东省初级中学课本信息技术(泰山出版社)第一册

第一章《信息技术通用操作》第二节，是在前节《用户界面》的基础上而设立的高层次的学习任务。通过本节的学习，学生将掌握基本的编辑通用操作如：对象的选择、删除、复制、移动等。具体分析如下：

（一）教学目标

1.知识与技能

通过自主学习课本完成学案填空，60%以上的学生学会利用导学案自主学习课本。

通过园丁点拨和上机操作示例，学会使用拖拉鼠标的方法框选对象。

通过园丁点拨和上机操作练习，70%以上的学生能够正确区分移动与复制的，熟练掌握一种操作方法：使用鼠标右键进行移动和复制的操作。

通过自主学习和上机操作练习，20%的学生学会跨软件的复制和移动操作。

2.过程与方法

以Windows资源管理器、Word文字处理、画图软件为操作环境，重点进行移动、复制编辑操作方法的对比与总结，完成基本编辑操作技术的学习和应用。

3.情感态度与价值观

通过信息技术的编辑操作制作贺卡，学以致用，表达、传递友情。

通过自主学习课本《编辑文档三大纪律》，引导学生合理、合法地删、改信息。

（二）教学重点、难点

重点是掌握选择操作、移动和复制操作。难点是移动与复制的异同；跨软件的复制。

二、教法设计

本课为学生搭建了一个利用导学案进行自主学习和自主任务探究的学习和实践的环境，来不断培养学生自主学习的能力。

通过"园丁点拨"的视频学习、小组讨论和学生"移动文件"的例题任务演示进行知识的传授和学习，通过完成"移动图片""复制图片""贺卡合成"三个实践任务的自主探究活动，体验在"WINDOWS资源管理器""画图""WORD文字处理"多个软件环境中进行移动、复制等编辑操作，达到融会贯通编辑操作的操作步骤方法，对之前掌握的知识提升到会概括总结的层次。

本节课主要采用导学案进行自主学习法、讨论法、学生操作演示法、任务驱动学习法、任务自主探究初中法，辅以必要讲解。

三、教学实录

（一）情境导入

师：圣诞节几月几日？

生：12月25日

师：圣诞节、新年、朋友的生日等一些特殊的日子，你通常用哪些方式来表达你对朋友的祝福？

生：电话、贺卡……

师：贺卡常用来表达我们对朋友的美好祝福，是传递友谊的桥梁。如果是自己动手制作的贺卡会更有意义！今天我们一起学习《编辑操作》，利用老师准备的素材制作贺卡，表达我们的友谊与祝福！

【设计意图：以节日烘托气氛，用制作贺卡导入新课。】

首先进行《编辑操作》的热身运动：自主学习！

（二）**热身运动**

1. 大屏展示学习目标

师：请同学朗读本节学习目标。

学生朗读学习目标 有了目标，就开始我们制作贺卡的知识储备。

2. 学生自主学习

师：仔细阅读屏幕要求，自主学习课本内容。

学生结合导学案第一部分内容自主学习课本，教师巡视、检查评价、记录

【设计意图：通过自主学习课本完成理论的学习，培养学生自主学习课本的能力，也转变现在学生重上机操作、轻信息技术理论学习的状况。】

师：现在请大家放下手中的笔，抬头看你的屏幕，展示你的自主学习成果。

第1题：（学生回答）

第2题：（学生回答）

师：如果删错了，怎么处理？

生：CTRL+Z撤消操作

第3题：（学生回答）移动、复制、删除

师：移动与复制操作很相似，这是本节课的重点，也是难点。

【设计意图：作为承上启下的过渡，自然引入下一环节】

（三）园丁点拨

师：下面请大家仔细观看视频"园丁点拨"，学习"移动与复制"的方法，注意二者操作的异同。

（学生观看视频"园丁点拨"进行学习）

师：结合视频，请各小组讨论总结，复制和移动的具体操作方法以及它们的异同。

（小组讨论，回答）

【设计意图：用视频代替教师的讲解，初步尝试翻转课堂教学理念】

师：纸上得来终觉浅，绝知此事要躬行,实践才是硬道理。

请看大屏幕上的操作要求，并思考：大家希望进行6次移动操作，还是一次移动完成？

范例：移动文件

将文件名中带有"图"的6个".jpg"图片文件移动到"背景图片"文件夹。

（学生到教师机进行操作演示、讲解，进行集体引领）

【设计意图：

让学生学会不连续对象的选择方法，对对象的选择方法有多种，不仅仅是课本提到的用鼠标框选的方式。引导学生思考分多次完成还是一次完成，隐性提醒学生做题要讲究方法，提高效率。】

（四）贺卡制作——自主上机操作

师：通过园丁的点拨和同学的演示讲解，大家肯定早已完成了贺卡制作的知识储备，该大显身手进行贺卡制作了！

打开素材文件夹：桌面上"文件接收柜"中的"编辑操作"，进行自主探究任务——对图片进行移动。

任务一、移动图片：

参照课本11页，打开"男孩.bmp"，选择合适的服饰和配饰，进行装扮。（也可用"女孩.bmp"）

（学生完成"移动图片"操作，教师巡视指导）

【设计意图：移动图片装扮男孩女孩，是本节课的一个亮点，是学生都非常喜欢，兴致很高，为了防止学生在此耽误较多时间，老师提前给出操作的要求——在2分钟内把人物装扮好，并通过学案给出操作方法指导】

任务二、复制图片：

师：通过移动图片，大家已经把人物装扮得很漂亮了，复制一个，成双成对，岂不更好！"任务三"满足大家的心愿！

把"男孩.bmp"中，把刚装扮的人物复制一份，排好位置。（或"女

孩.bmp"，以下类同）

（学生进行"复制图片"操作，教师巡视指导）

任务三、跨软件复制——合成贺卡

师：已经制作好了一对帅哥或靓女，首先恭贺大家已经成功掌握了本节课的知识点，不过距离课前用贺卡传递祝福的目标还有一步之遥，赶快进入"任务四——合成贺卡"

将"男孩.bmp"的两个男孩复制到"赠汪伦.doc"，制成贺卡，以"贺卡—姓名.doc"保存到自己的文件夹。

（学生进行"合成贺卡"操作，教师巡视指导）

（五）作品展示

师：已经制作好了贺卡，就赶快把我们的成果展示出来吧！

大屏幕显示作品交流要求

1. 小组内交流贺卡制作情况

2. 小组推选优秀作品交流展示

3. 教师和同学点评

（六）拓展任务

师：通过展示，请大家汲取他人的优点，修正自己的作品，还可继续进行"拓展任务"，进一步完善美化你的贺卡。

1. 从"背景图片"中选择合适的图片作为贺卡的背景，让贺卡更漂亮。

2. 将作品通过"网上邻居"复制到教师机teacher中的"贺卡"文件夹。

任务分层：

1. 学生修正个人作品

2. 已完成"贺卡合成"的学生进行"拓展任务"操作

（七）归纳总结

师：请大家回顾一下，在Windows中移动文件的方法，在画图软件中移动图片的方法。

（学生发言回答）

师：再想想，在Windows中复制文件的方法，以及把画图软件中的图片复制到Word中的方法。

（学生发言回答）

师：在不同的软件中进行移动和复制，虽然编辑的内容不同，但操作的方法却是相通的。希望大家在今后的学习中多归纳、总结，触类旁通，才会更好地对信息进行加工处理。

四、教学反思

1. 课堂设计理念：培养学生自主学习课本、利用课本和学案自主上机进行任务探究。

2. 学生学习基础：任教的8个班，开学第3周4个班讲了《编辑操作》，4个班没讲准备11月份录制课程资源。通过2个多月每节课都使用导学案培养学生自主学习和上机操作，现在学生自主学习的基础和能力较开学之初有了较大提高。学生拿到学案能较主动地打开课本进行自主学习。

3. 课堂实施方案：本节课通过"制作贺卡"这一活动主线开展，以学生自主学习课本和自主上机探究为主体，主要目的是培养学生自主学习的能力，而不仅仅是教会孩子操作。

4. 学生具备良好的学习自主学习能力，才能造就高效课堂

两节《编辑操作》课堂效果对比：

9月20日以《编辑操作》这一课进行了一次学区活动，使用导学案和提前录制好的视频引导学生自主学习和操作，但效果不好，学生自主学习的能力很差，根本不会自主学习，全班达到课标要求复制操作的只有2人，没有1人进行到跨软件复制。课以失败告终，其它3个班效果也如此。分析原因：主要是学生不会自主学习，而且师生刚接触一节课，学生还不习惯教师自主学习的这种教学方式，余下4个班暂时没讲。

本节课效果：

（1）学生自主学习的习惯：首先学生拿到学案能自觉地阅读课本进行自主学习，在园丁点拨后又能马上利用导学案进行下一环节：自主上机任务探究，基本上养成了自主学习的习惯。

（2）自主学习的效果：热身环节的自主阅读课本找出学案问题，通过课堂两排学生的亲自检查，全都能找到，做对。另外三排，通过自主上机环节巡视检查，也全都完成。自主上机操作的效果：通过教师的巡视检查和小组长的当堂记录，所有同学都完成到图片的复制，而且不少学生都完成了跨软件复制——作品创作，但遗憾的是，学生从没接触过网络复制，只有几人将作品上传到教师机。

感悟:自主学习能力的培养不是一日之功，要长期坚持培养，才能逐步取得效果。

执教者：威海市古寨中学 邢敏

五、点评

邢老师这节课以"制作贺卡"为主题，以分层递进的任务驱动为主线，充分利用导学案引导学生自主学习、自主探究，旨在促进学生信息技术素养的自主发展，培养学生主动学习的能力，完满完成了既定教学任务。

整节课，在保证基本课堂教学目标的实现的基础上，进一步对复制操作进行了深度拓展，增加了课堂的深度和广度，让知识与应用更具有系统性、实用性。教学组织实施上，邢老师更注重学生自主学习能力的培养：一方面，注重培养学生利用课本、学案自主学习的能力，整堂课的设计以3个课本内容为引子，引导学生逐步学会自主学习课本、进而逐步学会利用课本和学案进行自主操作；另一方面，注重培养学生自主选择、主动学习的能力，以及新的教学方法的尝试。课前邢老师把学生易错、易困惑的部分录制成教学视频，采用翻转课堂的方法，由学生的被动地、一刀切的学习，转变为学生可以根据自己的学习掌握情况，灵活地选择学习内容，学生的学习更有主动性。学生利用教学视频进行自主选择学习，取代教师的当堂的集体讲解，这种形式不仅使学生的学习更具灵活性和主动性，也在一定程度上解放了教师，让教师有更充足的时间关注学生的学习过程，从而有针对性地进行指导。

点评者：威海市环翠区教研中心 田陆萍

案例7——插入图像

教学实录及案例评析

★ 执教者简介：宋军丽，女，1976年4月出生，本科学历，现任教于文登市文登营中学。曾多次参加地市级优质课比赛并获奖，参与全国"十二五"《中小学教育信息化推进与教育均衡发展的实证研究》重点课题实验研究。撰写的论文多次在各级论文评选中获奖并在教研刊物上发表，被评为山东省学生电脑制作比赛优秀指导教师。

一、教材分析

《插入图像》是初中信息技术教材第一册（下）第三章第一节。本节课的内容是WORD的一项基本功能，是利用WORD制作文档必备的知识技能，而且是这一内容的起始课。本节课的关键点：一是培养学生对文字内容及寓意的洞察、判断能力，使学生能够根据主题和文字内容甄别、选择合适的图像，能够明确引入的图像是为了突出主题还是为了装饰版面；二是培养学生一定的美化和鉴赏能力，引导学生正确理解图片与文字的位置关系，并能根据需要调整图片的大小与位置；三是培养为增强图像的表现力，根据需要对图像进行简单的格式修订的能力。

（一）教学目标

1. 知识与技能

● 根据信息表达的需要甄选合适的图像并引入到文档中。

● 根据图像与文字的位置关系合理调整图像的大小及位置。

● 根据需要适当修订图像的格式。

2. 过程与方法：

在制作宣传单的任务情境中，通过操作了解科学合理引入图像的思路和方法，提高信息处理能力。

3. 情感态度与价值观：

体验图片对增强文字表现力的作用，形成灵活、合理地运用各种途径获得图像素材的意识。

（二）教学重点、难点

重点是甄选合适的图像引入到文档，能根据文章的主旨以及图文的关系对图像进行适当的调整。难点是对图片进行恰当的设置。

二、教学方法

主要采用任务驱动法展开教学，鼓励学生进行自主学习，并辅以必要的讲解和讨论。

三、教学准备

用网络教室软件分发图片、文字等素材。

四、教学实录

（一）导入

同学们，学校编辑部正在征集关于运动会的电子文稿，老师收到了两份作品，同学们帮老师拿个主意，老师该录取哪一份作品？（屏幕展示两幅作品）

生：选择第二幅。

师：为什么？

生：因为第二幅有图片。

师：对，因为第二幅作品有适合主题的图片，在一篇文章中插入适合主题的图片，不仅能够辅助说明文章主题，而且使文章更加形象生动。如何做出这样的作品呢？今天我们就一起来学习插入图像。（板书课题）

【设计意图：从学生的年龄特点和生活实际出发，设计与他们息息相关的运动会作为题材，充分调动学生的积极性。】

师：希望通过本节课咱们师生的合作，你能完成以下任务（屏幕出示）：

（1）甄别选择合适的图像并插入到文档中。

（2）根据图像与文字的关系调整图像的大小及位置。

（3）利用图像编辑器对图像进行适当的修饰。

这节课咱们一起来做个闯关的游戏，有没有信心迎接挑战？

生：有！

（师鼓励）咱们同学都非常自信，这也让老师信心倍增。

【设计意图：让学生明确本节课的任务，使学生有的放矢。】

（二）新授

环节一：小试身手

【设计意图：让学生在实例中感受图片插入应该根据主题来甄别选择合适的图片。】

下面请同学们观察这一幅同样是图文并茂的作品，你能从中发现什么问题吗？（*小组成员互相讨论，*此时可能有两种情况）

情况一：学生并没发现图文不符。这时教师进一步进行引导和提示，直到学生发现问题。

情况二：学生直接发现问题：文章中所插入的图片与文字内容不符。

师总结：在插入图像时要根据文章所要表达的主题和文字内容甄别、选择合适

235

的图像，是同学们在闯关过程中需要注意的关键问题。

环节二：第一关——甄选并插入图像

屏幕出示闯关要求：打开名为"运动会"的WORD文档，并将相关的图片插入到文档当中。所需的WORD文档及图片存放在D盘的"插入图像"文件夹里。

闯关提示：我们以前用过剪贴画和艺术字，想一想要插入图片应该用什么菜单？赶紧试试，看哪个小组最先闯过这一关。

生：动手操作（小组合作）

（巡查）有闯关成功的同学吗？

某学生进行演示操作

同学们有没有注意到你插入的图像在什么位置？其实是插入到光标所在的位置。在这里我们可以先确定光标的位置。

下面分小组讨论一下第一关的闯关步骤，看看哪个小组能清晰完整地表达出来。

生积极讨论后回答

师总结：（大屏幕出示）

第一关归纳起来可以分三步：

第一步：选择插入点的位置。

第二步：执行"插入/图片/来自文件"菜单项，启动"插入图片"对话框。

第三步：从图像素材文件夹中，甄选与主题相符的图像。选中要插入的图像文件，单击"插入"按钮。

闯关成功的同学帮助一下你小组的同学，好吗？

生：继续动手操作，闯关。

同学们很有协作的精神，大部分同学已经闯过了第一关。下面请同学们思考：除了使用老师给出的素材，你还可以通过哪些途径甄选图像？同学们可以互相讨论一下。

生：讨论后交流

师总结：可以从自己平日积累的素材库中找，当然我们还可以从因特网上浏览搜索甄选。

环节三：第二关——调整图像的大小

师：虽然已经成功闯过第一关，同学们请你观察一下你所插入的图片的大小与文章是否协调？图像太大或太小怎么办呢？下面进入第二关。

屏幕的提示：选中图像，将鼠标移至出现的任意控制点上,鼠标指针变成双向箭头时按住鼠标左键进行拖拉，同时比较一下拖拉四个角上的控制点和四个边上的控制点的区别。

师：同学们有没有信心根据提示自己闯过这一关？除了屏幕提示，你仍然可以使用三种求助方法。

小组成员互相讨论，并动手操作

师：谁愿意为大家做个示范，展示一下你的本领？（*让学生演示，*此时也可能出现两种情况）

情况一：学生不能按比例调整图像大小。（此时可以加以引导提示，也可以让其他同学出谋划策）

情况二：学生能准确地按比例调整图像大小。

某一同学演示，要求边操作边说明。

师：根据这位同学的操作，你看出拖拉四个角上的控制点和四个边上的控制点的区别了吗？当拖拉四个边上的控制点时，图像的比例会失调。而拖拉四个角上的控制点会成比例的改变图像大小。谁能总结归纳一下这一关的操作步骤？

学生思考并讨论发言。

师：总结归纳：（屏幕展示）

第一步，选中图像，

第二步，移动鼠标至控制点，使鼠标呈双向箭头形状，

第三步，按住鼠标左键进行拖拉。

【设计意图：通过该环节，让学生体会只有大小合适的图像才能给文章增光添彩。】

环节四：第三关——调整图像位置。

我们除了调整图像的大小之外，还需要根据图文的关系，合理地调整图片的位置，一起进入第三关：试试能不能把图片调整到合适的位置。

生：动手操作。

师：哪位同学勇敢地展示一下自己的才能？（同样存在着两种情况）

情况一：学生虽然也能调整图像的位置，但是不能具体到某一正确位置。

情况二：学生能准确地将图像调整到相应的位置。

学生演示。

师引导学生总结：在拖曳鼠标时，注意观察，出现的虚线插入点即图像将要移动的位置。哪位同学能总结出这一关的操作步骤？

屏幕展示：

第一步：选中图像。

第二步：按住鼠标左键进行拖曳。

第三步：确定位置松手。

有的同学总是无法将图像拖曳到准确的位置，怎么办呢？有没有其他方法呢？

学生思考讨论

提示：以前我们在学习编辑操作时，同学们经常用哪个菜单呢？

学生回答利用右键菜单

哪位同学能给大家演示一下呢？

某同学演示

这是我们在编辑操作当中学到的知识，这位同学的迁移学习很好，其他同学们在实践当中要多向这位同学学习，要学以致用，举一反三。

【设计意图：通过该环节，学生从中体会在一篇文章当中如何确定图像的位置。】

师：同学们今天的表现都非常出色。利用图像来丰富信息的表达，关键在于对主题、对文字信息的理解。只有根据需要选择了合适的图像将其引入文档，并进行科学合理的调整，才能起到画龙点睛的效果。

根据学情灵活处理：图像被插入文档后，为了进一步修饰文档，烘托主题可以对其进行格式修饰，例如加边框、裁剪、调整亮度等。如何进行这样的调整呢？

学生思考

师：同学们赶紧根据屏幕的提示进行修饰吧。

学生动手进行图象的修饰。

同学们，现在请将你刚才闯关的作品保存起来，并关闭WORD窗口。

环节五：大显身手——自选主题进行修饰

同学们，热爱家乡、爱护动物是每位公民应该具有的良好品质。请大家从这两个主题中，选择其中一个主题做一份宣传材料，好吗？

主题一：我美丽的家乡（要求：主题突出，图文相符，能反映家乡的特色）

主题二：为我国珍稀动物做一份宣传材料（要求：主题突出，图文相符，紧扣主题）

同学们可以先浏览D盘相关文件夹里的素材，选择一个你感兴趣的主题进行设计，有能力的同学可以自由选择组合素材，你可以在作品中插入1~2张图片，并调整好大小及位置，抓紧时间进行创作吧！

学生开始动手操作。

师：巡视后，挑选学生分享其作品，并要求说出为什么选择这个主题？又是怎样来表达主题的？

学生展示作品，并让学生自评。

师：请同学们将你的作品保存，没有完成的同学课后可以继续，完成之后可以发到老师的邮箱。老师的联系方式在屏幕上。

【设计意图：本环节主要是为了巩固本节课所学的知识，其中选择主题一在巩固知识的同时学生也领略了家乡的美。选主题二的学生同时可以了解我国的部分珍稀动物，在巩固技能的同时渗透美德教育。】

（三）课堂小结

下面回顾一下你本节课的收获吧？请谈谈你的收获？

学生谈收获。

师：其他同学呢？你们又有怎样的收获呢？有问题随时可以和老师联系。

结束语：对同学们提出希望和祝愿。

五、教学反思

《插入图像》是一节实践性较强的课。我认为本节课在处理教学重点上有两大亮点，一是引导学生自主学习，我充分利用课本、导学案及教师的引导提示，让学生自主尝试，去思考解决问题的方法，在主动探究过程中更深刻地理解和掌握知识。第二个亮点设计科学合理的情境及操作任务，对学生有足够的"驱动力"，让学生学习起来事半功倍。

反思本节课的不足，主要表现在：

1. 评价机制问题。由于评价机制的不完善，学生作品的评价没有一个系统的方法。对于小组的评价，只抓了几个重点来评价，而没有关注到细节。

2. 学生的合作问题在开展小组合作活动时，个别小组出现"各顾各"的场面，这些学生只顾自己独立思考，停留在独立学习的层次上，没有发挥合作学习的优势，使合作流于形式。作为教师既要注意到每个合作小组成员的合理编排，又要注意到自己教学内容的设计、语言的趣味性以及如何把学生的积极性真正地调动起来。

上完一堂课，短暂的轻松之后，细细回味本节课的设计与教学过程，重新研读教材，似乎还有值得商榷、可以改进的细节，望各位同仁能提出宝贵意见。谢谢大家！

执教者：文登市文登营中学　宋军丽

六、点评

宋老师利用"运动会"作为教学情境导入，借助于精心设计的闯关任务引导学生循序渐进地进行探索，整个教学设计朴实无华，清晰合理，重点突出，教学效果良好。本节课的突出特点有以下几个：

一、学习任务设计环环相扣。本节课的任务设计自始至终没有离开为"运动会"文稿进行图片美化这个主题，而且每个任务都需要前一个任务的铺垫，都是前一个任务的自然延伸。

二、有意识地培养学生的各种能力。除了信息技术课必须发展的操作能力和应用能力外，从每个环节中的小结中可以看出，从教师归纳到学生归纳，教师在有意识地培养学生的组织归纳和表达能力。

三、引导与放手相结合。新授环节完成后，在此基础上进行任务的"放飞"（让学生自行选择两个主题中的一个设计宣传材料），必要的引导与适当的放手相结合，既给学生展示个性的机会，又锻炼了学生的综合运用能力，保证了本节课的教学效果。另外，对学生在操作中探索出来的不同操作方法教师也及时给予了肯定，鼓励了学生的探索精神。

如果说有些许遗憾的话，感觉整节课预设痕迹还是比较重，没有达到浑然天成的境界。例如每个环节之后教师的过渡语言其实完全可以通过分析对比学生作品或与学生的问答来代替。还有一点，宋老师如果能在情感渗透上再下点功夫，课堂的内涵可能会更饱满。

点评者：文登市泽头中学　王世清

★ 点评者简介：王世清，男，1973年9月生，本科学历，现任教于文登市泽头中学。先后获得山东省信息技术教师技能大赛一等奖、山东省电化教育研究先进个人等荣誉，并有多篇论文在全省电化教育及信息技术论文评选中获奖，制作的课件多次在省级比赛中获一等奖，辅导的学生曾在全国中小学电脑制作活动中荣获二等奖。

案例8——即时通讯

教学实录及案例评析

★ 执教者简介：王佳慧，女，1985年4月出生，本科学历，计算机科学技术专业毕业，工学学士，现任教于文登市实验中学。曾获威海市初中信息技术优质课二等奖、威海市初中信息技术优质课程资源一等奖，曾多次执教市区级信息技术公开课、研讨课，并多次在地市级信息技术论文评选中获奖。

一、教材分析

《即时通讯》是泰山版初中信息技术教材第一册（上）第五章《在因特网上交流信息》第三节的内容。本节课从操作技能上来讲并不复杂，操作也相对简单，完全可以通过学生自学和自我实践活动来完成，其关键是引导学生正确使用即时通讯工具交流知识、促进学习、传递友谊，而不要将时间耗费在无谓的闲聊之中。所以，本节课无论在知识上，还是在对学生的能力培养及情感教育方面都起着十分重要的作用。

（一）教学目标

1.知识与技能

● 说出即时通讯软件的优势所在。

● 能利用一定方式查找、添加好友，并进行文字交流。

● 通过讨论，初步学会使用某一款即时通讯软件上传、下载共享文件。

2.过程与方法

通过学习或思想交流，体验即时交流的过程。在合作学习中，增强即时通讯的交流技巧。

3. 情感态度价值观

通过使用即时通讯工具交流知识、促进学习、传递友谊，加强自控力，体验树立健全的人格，加强自我保护意识的重要性。通过实践活动，感受网络资源的复杂性，使其真正成为我们的良师益友。

（二）教学重点、难点

重点是掌握即时通讯的交流技巧。难点是查找和添加好友，上传、下载文件。

二、教法设计

本节课内容并不复杂，操作也比较简单。学生通过完成"查找、添加好友""修改备注名称""收发信息""传送文件""QQ群""修改群名片""甄别信息"等七个实践活动，引导学生正确使用即时通讯工具交流知识、促进学习、传递友谊，进而不要把时间浪费在无谓的闲聊中。本节课主要采用任务驱动法、自主学习法，辅以必要的演示和讲解。

三、教学实录

1. 导入

同学们在课后，都采取什么方式互相联系？

（学生回答）

大家都有QQ吗？和其他通讯方式相比，QQ有什么优点？

（学生回答）

今天这节课我们就一起领略小企鹅中的大奥秘——即时通讯。

2. 新授

环节一：查找、添加好友

【设计意图：考虑到学生对网络的兴趣较大，求知欲望较高，所以本环节让学生自主探究查找、添加好友的方法。】

你认为用QQ聊天，首先要做什么？咱们班同学现在都是你的好友吗？那还等什么，赶紧把小组同学的QQ号加到你的好友列表中吧。

学生利用QQ把同组同学加为自己的好友。

添加成功了吗？

学生演示操作过程。

对方无法判别你的来历与身份，为了避免骚扰，只能拒绝。你加别人为好友的时候需要填写验证信息，给对方提供一个识别的途径，比如告诉对方你的名字。而别人加你为好友的时候，你同样也要根据对方提供的信息进行验证。QQ软件系统设置中的安全设定给大家提供了五种验证方式，系统默认的方式为"需要验证信息"。生活中，同学们要有自我保护的意识，根据实际需要设置相应的验证方式。

在添加好友的时候可以修改备注，也可以同时将好友移动到相应的分组。Windows中为了为了查找方便，我们将文件分类存储，QQ也可以用同样的方法对好友分组管理，这样既条理清晰又便于查找。

看到咱们班的学习氛围如此和谐团结，老师也想成为大家的好朋友。可以吗？我的昵称是"大家的朋友"，怎么做？请在你的计算机上操作。

学生利用老师提供的昵称，把老师加为好友。并演示其操作过程和结果。

这么多页，挨个查看资料，恐怕下课也完成不了。而且，你能确保对方填写的个人资料一定真实吗？的确，缤纷复杂的网络世界里，很多人会随意编写的个人资料，有的人甚至恶意的美化、包装自己，所以不能通过资料判定一个人的真假与善恶，同学们也不要把自己的重要信息，比如电话号码、身体证号、家庭住址等等，轻易泄露给他人，以免对自己造成不必要的伤害。这也是自我保护的一种手段。

通过这一实例，我们发现：QQ中昵称可以相同，而用户的账号则是唯一的。我的QQ号码是2540093625，欢迎大家把我添加为你的好友。

学生通过账号查找，并添加好友。

环节二：修改备注名称

【设计意图：采用小组合作、竞争的方式，培养学生的探索精神和归纳总结的能力。】

请同学们看看你的好友列表，这么多好友而且都是显示的昵称，你能准确知道对方是哪一位同学吗？有没有方法分辨呢？

（学生观察、思考，小范围交流）

为了便于识别好友，建议大家在添加好友时一并修改备注名称，当然如果错过了，也可以借助"右键"加以弥补。

环节三：收发信息

【设计意图：采用自主探究与小组合作方式，学生经过演示、交流，对收发信息，尤其是离线信息形成初步的知识框架。紧接着教师强调所需要注意的问题，这样，学生在原有基础上，进一步加深对知识的理解和提升。】

同学们已经加为好友，那就和其他同学打个招呼吧。想必用QQ对话对大家来讲已不是什么难事。那谁来说说，你与好友对话时，对方在线或离线，对你们的交流有何影响？

（学生交流）

与在线好友可以进行即时通讯，而与离线好友交流，你的信息被QQ服务器暂时保存，等待他下次登录后服务器自动把消息转发给他，不具备即时性。

不管是在线还是离线，系统都会自动保存本机的聊天记录，用户也可以按日期查找聊天记录。在微软MSN、网易泡泡、新浪UC等即时通讯软件中，这些方法同样适用。

环节四：传送文件

【设计意图：采用层层递进的教学方式，学生更深刻的理解QQ不止是聊天的工具，还有很多其他功能。在传送文件的过程中，教师加以情感态度价值观的引导，提示学生在缤纷复杂的网络环境中注意收取文件的安全性。】

随着网络技术的发展，QQ已不是单纯的聊天工具，还可以进行视频、语音通讯，给好友传送文件等。

听说同学们的课余生活丰富多采，大家都参加了不同的兴趣小组，怎么把你的作品发送给好友欣赏呢？小组同学相互讨论，参照导学案的提示完成本节课第四个任务。

小组合作交流、利用QQ窗口给对方发送文件。

如果对方长时间不接受请求或处于离线状态，怎么办呢？

（学生回答）

不过传送离线文件的大小是受限的。同学们在收到接收文件请求时，应事先了解清楚好友传送的是什么文件，对陌生的可疑文件不要随意接收或打开，甚至可以直接拒绝。如果对方发送的病毒文件，打开后接收方也中毒了，具有极大的危害性。所以，出于安全方面的多重考虑，建议大家接收文件后首先进行病毒扫描，以做到防患于未然。

环节五：QQ群

【设计意图：作为拓展内容，让学生通过小组合作，体会QQ可以同时多人对话与传送文件的优点，进而更深刻的理解QQ群的概念。借助查找、添加QQ好友的方法，延伸至群。二者对比，更清晰地掌握该部分内容。】

咱们班这么多同学，如果想多人一起聊天或把文件分享给全班同学，这样——传送效率实在太低了。有什么方法可以实现快速给多人传送文件？

小组合作交流、发送QQ共享文件。

同学们使用群共享上传文件时，可选择合适的上传方式，上传成功后，该群内所有的成员都可以查看或下载共享文件，这种方法既节省时间又提高效率。

查找、加入群的方法和查找、添加好友的方法是一样的。不过，QQ群是同时进行多人对话、交流的窗口，而好友聊天窗口只能一对一。如果QQ群中大家在交流时，你不在线，那当你上线后，只能接收到很少的离线信息，而大部分是收不到的。

环节六：修改群名片

【设计意图：由修改好友备注的方法引申到修改自己的群名片，目的是让群成员更清楚地知道对方的身份。】

瞧，群共享里现在已有不少同学上传了他们的文件，其中包括你吗？同学们的昵称真是个性十足，如果你不提示，老师根本没法分辨。怎么办呢？

（学生回答）

这样又能轻松地分辨出谁是谁了，同学们真是太棒了。

环节七：甄别信息

【设计意图：学生在巩固技能的同时，提升了本节课的情感态度价值观，以达到培养学生综合能力的目的。】

同学们发现了什么？看见这样的信息，你怎么处理？

（学生回答）

假如同学们生活中遇到诸如此类不健康的信息，一定要擦亮双眼，仔细甄别，理智处理；作一名守法护法的小公民。请大家齐声朗读《全国青少年网络文明公约》，能做到吗？

我们的群里有这样的人存在，该怎么办？

（学生回答）

也可以直接向公安机关举报该用户。如果好友中有这样的人，怎么办？加入黑名单之后，该用户再也不能向你发送消息了。

（三）巩固提升

【设计意图：知识的拓展与总结，进而对本节课内容作一个升华。】

今天这节课，我们一起畅游在小企鹅的世界中，对比之前学过的电子邮件，他们之间有何异同？

（学生通过对比，得出自己的结论）

（四）课堂小结

其实QQ只是即时通讯软件的一个代表，还有MSN、网易泡泡、新浪UC等，虽然从界面上看各有不同，但同样的方法在不同软件中都适用。即时通讯软件不只是聊天的工具，更是供大家学习、交流的工具。奉劝同学们不要沉迷网络，脱离现实，以免影响正常的学习、生活。课后大家可以自己下载一种即时通讯软件，体验其中的乐趣。

四、教学反思

即时通讯在因特网上交流信息一章既是重点又是难点，从操作技能上并不复杂，关键是引导学生正确使用即时通讯工具交流知识、促进学习、传递友谊，而不要将时间耗费在无谓的闲聊之中。下面将我从《即时通讯》一课中得到的收获与大家一起分享。

1. 创设情境，激发兴趣。

常言道：兴趣是最好的老师，我以询问学生课后都采用什么方式相互取得联系为情境。引导学生在实际生活中，感受与其他通讯方式相比，QQ的优势所在。

2. 教师引导，探究新知。

由于学生对QQ已有了初步的认识，所以，我在第一环节让学生通过自主探究，利用小组合作，查找、添加好友，并体验其中的乐趣。如果在实践过程中出现困难，我则提示学生在生活中要有自我保护的意识，不要轻易添加别人为好友，也不要将自己的重要信息随意泄露到网上。

在第四环节，我有意没有及时接收学生发送的文件，顺势提出"如果对方长时间没有接收你的文件怎么办？"这一问题。由于在收到接收文件请求时，无法判断对方传送的文件是否存在可疑，我建议学生事先了解清楚好友传送的是什么文件。出于安全方面的多重考虑，接收文件之后首先进行病毒扫描，做到防患于未然。

3. 启发联想，领会要旨。

在拓展练习环节，我让学生在体会QQ群优势的前提下，理解查找、添加群的方法和查找添加好友的方法其实一样，不过群可以多人同时对话。举一反三地解决问题，是教学中意在解决的主要问题。

采用启发式教学，引导学生类比和联想，积累感性认识，通过分析、总结，把对QQ的操作上升到理性认识。使学生真正领会操作要旨，做到应用时得心应手。

通过本节的教学，我深刻地认识到知识的深化和发展是一个循序渐进的过程，教师在教学中要把学生对新知识的第一次感知和原有知识的深化、发展结合起来。很多时候我们把某一目标知识的深化和发展看作是在一定时间内完成的，学生在新知识的学习中应该自然地应用先前的知识，事实却往往不是如此。比如：Windows中要求学生掌握"先选中后操作"的原则，但在以后的学习练习中会有学生忽视这一原则。这实际上还是先前的知识没有得到深化和发展的结果。在以后的教学中，我会认真研究如何将教师的"导"与学生的"学"有机地结合在一起，真正地实现"一切为了学生，为了一切学生，为了学生的一切"，这将是我在以后教学实践中努力探索的方向。

总之，本节课我采用任务驱动的教学策略，力求目标明确，任务细化。在整个教学过程中充分调动学生的积极性和主动性，参与小组合作，自主开展学习活动，逐步提升学习内容，力求为学生营造一种轻松、自由、愉悦的学习氛围，尊重学生个性发展与个体差异，培养他们良好的信息素养和学习习惯。

执教者：文登市实验中学　王佳慧

五、点评

即时通讯的工具很多，本节课王老师以QQ为代表，在带领学生体验网上交友与沟通乐趣的同时，也时刻为学生拉起一根警惕的"弦"，可谓有抑有扬，立场分明。

1. 工具多样，但方法通用。

现代科技的发展带来人们沟通交流方式的变革，微软MSN、网易泡泡、新浪UC等即时通讯软件应运而生，如何在众多软件的使用上寻求一条操作方法的捷径，是本节课王老师致力突破的重点。王老师从学生最熟悉的QQ软件入手，带领学生一边实践一边总结，不断提炼这些共性软件在操作方法上的通用技巧，给信息技术教学注入了"提炼技术价值"与"体现信息需求"的双重活力。

2. 交流互进，但需谨言慎行。

即时通讯这种沟通方法，对学生的影响有利有弊，如何定位与引导，是本节课信息素养教育的难点。王老师在授课过程中时时注意这一点。无论是"好友添加"还是"文件传送"，王老师都即时提醒学生要加强自我保护意识。即时通讯工具是我们交流知识、促进学习、传递友谊的现代沟通方式，王老师通过创设情境，让学生通过切身体会，感受网络资源的复杂性，在应用现代沟通工具的同时使其真正成为我们的良师益友。

点评人：文登第二中学　孙传卿

★　点评者简介：孙传卿，女，1976年3月出生，本科学历，现任教于文登市第二中学。多次参加省、市级优质课比赛并取得佳绩；多次执教市、区级信息技术公开课、研讨课；参与了威海市教育科学"十五"规划重点课题《多媒体辅助教学》研究，并在06年9月举行的威海市中学信息技术新教材培训会议上做专题讲座，先后有多篇论文获得省、国家级奖励。

附 录

一：初中信息技术课程教学现状调查问卷
（教师卷）

亲爱的老师，您好！

欢迎参加本次调查。我们是"城乡初中信息技术课程教学高效均衡发展研究"课题组，现在正在进行有关城乡初中信息技术学科教学情况的研究。您的认真填答对于提高本研究的科学性与严谨性具有相当大的帮助。衷心感谢你的热心协助！

此问卷的一切信息仅作教育研究使用，所有个人资料均以统计方式出现，问卷实行匿名填写，答案无对错之分，请您按照真实情况填写，不必有任何顾虑，也勿与其他人商量。

本问卷的选择题，请您将相应的选项代号填入题前的括号中，个别问题可多选；填空题及简答题，请以简单的文字直接作答。谢谢您的合作！

一、基本情况

1. 您的性别（　　　）

A. 男　　　　　　　B. 女

2. 您的工作年限（　　　）

A. 1~4年　　　　　B. 5~10年　　　　C. 10年以上

3. 您的最高学历（　　　）

A. 大专　　　　　　B. 大本　　　　　C. 研究生

4. 您所学习的专业与信息技术学科教学（　　　）

A. 专业对口　　　　B. 专业相近　　　C. 不对口

5. 您是专职的信息技术教师吗？（　　）

A. 是　　　　　　　B. 不是

二、学校情况

6. 您的学校在（　　）

A. 农村　　　　　　B. 城市

7. 您是否有单独使用的办公计算机？（　　）

A. 有　　　　　　　B. 没有

8. 您所在的学校是否配备了能够完全符合教学要求的计算机教室，学生在课堂上能否达到人手一台？（　　）

A. 计算机配置都能符合教学要求，学生人手一机

B. 计算机配置都能符合教学要求，学生达不到人手一机

C. 部分计算机配置不能符合教学要求，学生人手一机

D. 部分计算机配置不能符合教学要求，学生达不到人手一机

9. 您所在的学校《信息技术》课的落实情况是（　　）

A. 课时可以开足　　B. 偶尔有其它学科挤占现象

C. 不能保证，经常被挤占

10. 您所在的学校是否组织信息技术教师参加上级部门举办的听课等业务培训或学习活动？（　　）

A. 经常　　　　　　B. 偶尔　　　　　C. 从不

11. 学校的信息技术学科备课通常采用（　　）

A. 学校集体备课　　B. 个人备课

C. 没有备课，主要是个人经验

12. 你所在的学校信息技术教研活动开展情况是（　　）

A. 有固定时间、地点，经常开展

B. 偶尔开展，有讲课比赛时才组织

C. 从不开展

三、自我评价

13. 您了解目前所使用教材的编写理念及特点吗？（　　）

A. 了解　　　　　　B. 一般　　　　　C. 不了解

14. 对于备课，您（　　　）

A. 每节课都有详细的教学设计，有三维一体的教学目标，有师生互动环节设计

B. 有教学设计，但不完整或属于简案

C. 基本没有教学设计

15. 您的课堂是否能够做到每节课都具备完整的教学环节，如课前导入、新授、练习、小结、评价等？（　　　）

A. 能够做到　　　　B. 很少这样做

C. 做不到，以讲授为主，讲到哪算哪

16. 对于课堂教学中的情境创设环节，提高学生的学习兴趣指数，您的做法是（　　　）

A. 几乎每堂课都会仔细设计一个引入环节

B. 只在部分重点课设计引入环节

C. 很少进行情境创设

17. 您使用讲授法、演示法进行课堂教学占总课堂教学的课时比例（　　　）

A. 几乎不用　　　　B. 一半左右　　　C. 大多数　　　　D. 几乎每堂课

18. 学生自主探究活动在您的教学组织中占（　　　）

A. 大部分　　　　　B. 一半　　　　　C. 小部分　　　　D. 基本上不进行自主探究

19. 当学生在课堂学习中遇到共性困难时，您更倾向于（　　　）

A. 广播教学　　　　　　　　B. 请能够完成的学生演示讲解

C. 通过学生协作小组解决困难　　D. 指导学生学习帮助资源

20. 您在课堂上提问时（　　　）

A. 每节课提问面广，能照顾到各类同学

B. 每节课提问面不大，主要提问学习好的同学

C. 很少提问

21. 课堂上你是否经常设置问题激发学生的思考？（　　　）

A. 经常提出这样的问题　　　　B. 偶尔提出这样的问题

C. 从没有提出过这样的问题

22. 在教学中您是否注重学习方法的培养，鼓励学生自学和协作学习？（　　　）

A. 很注重　　　B. 偶尔注意　　C. 从不注重

23. 课堂上您是否对学生的学习成果给予评价？（　　　）

A. 经常给予　　　B. 偶尔给予　　C. 从不给予

四、教研情况

24. 在平时的工作学习中您所关注的方向是（　　　）

A. 教育教学方法　　B. 教育技术手段　　　　C. 学生思想教育　　　　D. 其他

25. 在观摩了同行的课程之后，您通常（　　　）

A. 组织或参加同行讨论，进行教学研讨，提出问题，亮明观点。

B. 参与同行的讨论，听得多说得少，感觉说不到点子上。

C. 不愿意参与讨论，感觉意义不大。

26. 对于教学过程中的点滴，您（　　　）

A. 能及时记录下来，每年都能利用这些素材撰写出教学论文

B. 能记录下来，但不多，写论文时临时去找素材

C. 不记录，很少写论文

27. 对于不断发展着的新技术、新教学理念，您的态度是（　　　）

A. 畏难放弃　　　　B. 被动跟上　　　　C. 积极主动接受

28. 您认为自己最欠缺的的知识有（　　　）

A. 信息技术专业知识　　　　　　B. 教育方法知识

C. 其它＿＿＿＿＿＿＿＿（请补充）

五、教学资源及其它

29. 贵校有课件等教学资源库吗？（　　　）

A. 有　　　　　　B. 无

30. 您在教学过程中使用的课件或其它教学资源通常是（　　　）

A. 学校提供　　　　　　　　B. 网上下载

C. 自己制作　　　　　　　　D. 其它＿＿＿＿＿＿＿＿(请补充)

31. 您认为所教年级学生的信息素养（　　　）

A. 整体很强

B. 水平参差不齐，好差各占50%

C. 水平参差不齐，好的占30%、差的占70%

D. 水平参差不齐，好的占70%、差的占30%

E. 整体较差

32. 您认为家长对学校开设的《信息技术》学科的态度是（　　　）

A. 很了解，支持   B. 大多数了解并支持

C. 很少家长了解，存在偏见   D. 不了解，不支持

二：初中信息技术课程教学现状调查问卷
（学生卷）

亲爱的同学：

你好！欢迎参加本次调查。我们是"城乡初中信息技术课程教学高效均衡发展研究"课题组，现在正在进行有关城乡初中信息技术课程教学情况的研究。你的认真填答对于提高本研究的科学性与严谨性具有相当大的帮助。衷心感谢你的热心协助。

此问卷的一切信息仅作教育研究使用，所有个人资料均以统计方式出现，问卷实行匿名填写，答案无对错之分，请你按照自己的真实感受填写，不必有任何顾虑，勿与其他人商量。

本问卷的选择题，请将相应的选项代号填入题前的括号中；填空题及简答题，请以简单的文字直接作答。谢谢合作！

一、说说你自己吧

1. 你所在的年级是（   ）

A. 初一   B. 初二

2. 你的性别是（   ）

A. 男   B. 女

3. 你家中有计算机吗？（   ）

A. 有   B. 没有

4. 你接触计算机的主要方式是（   ）

A. 学校机房   B. 家里   C. 网吧   D. 其它

5. 你认为信息技术课（   ）

A. 很重要，应该学好   B. 不太重要，可学可不学

C. 不重要，可以不学

6. 你喜欢上信息技术课吗？（　　）

A. 很喜欢　　　　　B. 一般　　　　　C. 不喜欢

7. 课堂上老师布置的任务你完成的情况是（　　）

A. 基本上能当堂完成，自己修改

B. 能完成大部分，少部分课后去完成

C. 仅能完成少部分，多数不知道怎样做

D. 因为不会做，所以不做

8. 你在学校里上信息技术课时，能够自己使用一台计算机吗？（　　）

A. 是的，人手一机

B. 和他人共用

C. 没有计算机

9. 你所在的学校《信息技术》课的落实情况是（　　）

A. 能够保证每周一节课

B. 偶尔被其它学科挤占

C. 每周一课时也不能保证，经常被挤占

10. 你家人对你学习信息技术的态度如何？（　　）

A. 支持　　　　　B. 一般　　　　　C. 不支持

二、聊聊你的信息技术老师吧

以下问卷请你谈谈对老师的认识，不会对老师造成任何影响，请实事求是，放心填写！

11. 通常在信息技术课堂上（　　）

A. 大家很活跃，能按照老师要求学习

B. 大家比较混乱，各行其是

C. 能按老师要求学习，但比较沉闷

12. 你们的信息技术课堂通常是（　　）

A. 老师设计了非常有趣的任务，带领我们一步步完成

B. 老师先给我们讲解课本上的操作，然后让我们做练习

C. 老师让我们先对照课本做练习，然后集中演示讲解

D. 不清楚

13. 老师在课堂上提问时（　　　）

A. 每节课被提问的同学很多，好、中、差的同学都有

B. 每节课被提问的同学很少，一般提问好同学

C. 每节课基本不提问

14. 对于同学们提出的课堂疑惑，老师一般（　　　）

A. 鼓励同学们上课提问，并尽量回答

B. 一般不鼓励上课提问的同学

C. 不予理睬

15. 通常一节课中动手操作时间有（　　　）

A. 70%以上　　　　B. 70%~50%　　　C. 50%~30%　　　D. 30%以下

16. 老师在课堂教学中经常采用哪些教学方法（此题可多选）（　　　）

A. 讲授法　　　　　　　　　　B. 任务驱动法

C. 发现式自主探究学习法　　　　D. 小组合作学习法

E. 网络资源学习法　　　　　　　F. 其它（请补充）＿＿＿＿＿＿

17. 老师对你个人的学习情况（　　　）

A. 经常关注　　　　B. 偶尔关注　　　C. 从来没有

18. 当你跟不上课堂教学的进度时，老师的态度是（　　　）

A. 讽刺挖苦　　　　B. 不管　　　　C. 耐心帮助

19. 你的学习成果（　　　）

A. 老师经常给予评价　　　　　　B. 偶尔给予评价

C. 从不评价

20. 你对信息技术教学效果的评价是？（　　　）

A. 学到了很多计算机知识，还会操作

B. 学到了一些计算机知识，操作不熟练

C. 玩得挺开心，什么都没学会

三、让我们进一步走近你

21. 你一般用计算机做什么工作？（此题可多选）（　　　）

A. 处理信息（文字，图片等）　　　B. 创作活动（程序编制，图形绘画）

C. 休闲（游戏，影音）　　　　　　D. 其它请补充＿＿＿＿＿＿＿＿＿

22. 信息技术对你的学习、生活有帮助吗？（　　　）

A. 很有帮助   B. 有一点帮助，但不多

C. 说不清楚   D. 没有任何帮助

23. 你电脑上的文档如何保存？（   ）

A. 详细分类保存   B. 简单分类保存

C. 未进行分类保存

24. 下列工具软件，你学习过几个？（   ）

Word、PowerPoint、画图、Excel、FrontPage、Photoshop

A. 3个以上   B. 3个   C. 3个以下   D. 都不会

25. 你知道什么是计算机病毒吗？（   ）

A. 知道   B. 不知道

26. 你认为互联网最大的用处是什么？（   ）

A. 发送电子邮件   B. 休闲娱乐   C. 资源共享

27. 你会上网查找学习需要的资料吗？（   ）

A. 会   B. 不会

28. 你会发送电子邮件吗？（   ）

A. 会   B. 不会

29. 你能使用Word制作图文并茂的个人简历吗？（   ）

A. 会   B. 不会

30. 你会用Power Point制作演示文稿吗？（   ）

A. 会   B. 不会

31. 你认为网上的信息（   ）

A. 完全真实   B. 不完全真实   C. 不真实

32. 上网时，遇到不健康或与年龄不符的内容时你会看吗？（   ）

A. 会   B. 不会

33. 你怎样看待有人在网上发表不文明、不健康的文字或图片这种行为的？
（   ）

A. 到相关部门举报   B. 不予理睬，很反感，应该谴责这种行为

C. 无意识情况下浏览   D. 很感兴趣，主动去搜索并查看

三：初中信息技术一线教师访谈题纲

"一线教师怎么看"访谈——倾听您最真实的想法和看法

尊敬的老师您好!

首先,借本次访谈,祝愿您蛇年新春快乐,新学期工作顺利,万事如意!

我们诚挚邀请各市区所有初中信息技术教师参与到本次访谈中来。您可以从中选择自己感兴趣的问题,可以选一个,也可以选多个,分别谈谈自己的看法。您的回答将对我市的信息技术教学具有诊断意义,同时能为各校对信息技术教师的评价提供一定的参考。因此,请您按照说明中的具体要求,认真参与访谈,并在规定时间内提交。谢谢您的合作!

(一)说明:每个问题的看法要控制在100字以内,以30~50字左右为宜。带*的问题可以适当增加字数展开阐述,字数不限。注意:用简炼的语言谈出自己看到这个问题时的第一感受,最真实的看法或想法,而不是假大空的长篇大论,更不是在查阅资料之后看似精心、全面、科学的回答。

(二)访谈问题

问题1:你是如何看待信息技术课程教学中的评价?

问题2:你是如何看待信息技术教师地位的?

问题3:信息技术课程在学校课程体系中的地位低吗?

问题4:信息技术课程评价可操作吗?

问题5:信息技术课程评价有必要吗?

问题6:了解信息技术课程的发展历史对教学有意义吗?

问题7:到目前为止,我国义务教育阶段信息技术课程还没有出台课程标准,最近的国家层面的指导文件是2000年的课程指导纲要。对此,你怎么看?

问题8:你是如何看待信息技术课程教学的?

问题9:你通常使用什么方法进行信息技术课程教学?

*问题10:你是如何看待小组评价的?你是如何具体操作的?

*问题11：你是如何看待自我评价的？你是如何具体操作的？

*问题12：你是如何看待自我教师评价的？你是如何具体操作的？

问题13：你认为目前威海市初中信息技术课程教学情况如何？

问题14：如果城乡间信息技术课程教学存在差异，你认为主要会体现在哪些方面？

问题15：你认为造成城乡间技术课程教学差异的主要原因有哪些？

问题16：你认为有哪些做法有助于均衡城乡间信息技术课程教学？

问题17：关于信息技术课程师资队伍建设你怎么看？

问题18：关于信息技术课程资源共享你怎么看？

问题19：关于信息技术高效课堂你怎么看？

问题20：关于信息技术情境教学你怎么看？

问题21：关于分层次教学你怎么看？

*问题22：如果要建设初中学段教学使用的信息技术课程特色课程资源包，你认为可以包括哪些内容？

*问题23：你在教学中是否组织过与学科相关的特色学科活动，如"电子贺卡制作比赛""PS秀图比赛"等等？具体谈一谈你的做法。

*问题24：你使用过录屏资源（用屏幕录制软件事先录制好具体的操作步骤，然后在课堂上提供给学生使用）吗？对课堂教学有何影响？

问题25：你认为学校对信息技术教师的待遇和评价是否公平？存在哪些问题？

问题26：你所任教班级的学生信息素养如何？学生间是否存在较大差距？

*问题27：你参加过城乡教师交流吗？请谈谈你对此经历的看法。

*问题28：你参加过区（市）里组织的哪些学科教研活动？你认为这些学科教研活动对个人专业成长有哪些帮助？

四：初中信息技术课堂学生自我评价量表范例
（初中二年级上册）

体验数字声音自我评价表

学习者姓名		班级		等级	
知识与技能	我知道了： 1. 能够忠实记录原声的声音文件是（　　），（　　）文件是音频压缩的国际标准。（　　）主要用于音乐制作和游戏配乐。（　　）文件在网上播放时，可以边下载边播放。 A. mp3　　　B. wav　　　C. ra或rm　　　D. midi 2. 以下设备中，专门用于处理数字化声音的是（　　） A. 显卡　　　B. 音箱　　　C. 声卡　　　D. 耳机 3. 以下（　　）键的作用是暂停声音的播放。 A.　　　　B.　　　　C.　　　　D.					
	我掌握了：（1是/2还需练习/3否） 1. 能够灵活控制播放效果（　　） 2. 能够制作自己的播放清单（　　） 3. 能够秀歌词（　　）					
信息素养	我应该做到： 根据自己的需要，选择合适的播放器，灵活控制播放效果。					
一句话 自我反思	（遇到的困难、存在的困惑或者学习感言）					

录制数字声音自我评价表

学习者姓名		班级		等级	
朗诵主题	（　）庆国庆		（　）保卫钓鱼岛	（　）纪念九一八	
知识与技能	我知道了： 1. 录制好的声音文件保存的格式是（　　）。 A. mp3　　B. wav　　C. ra或rm　　D. midi 2. 默认录音时间为（　　）。 A. 10秒　　B. 30秒　　C. 60秒　　D. 90秒 3.（　　）音量控制图标 ，可以调出如下窗口。 A. 单击　　B. 双击 				
	我掌握了：（1是/2还需练习/3否） 1. 能够利用"录音机"录音（　　） 2. 能够延长录音时间（　　） 3. 能够将录制好的声音文件保存并上传（　　）				
信息素养	我应该做到： 1. 朗诵时富有感情，吐音清晰，注意节奏。 2. 主动与同学合作，高效完成录制任务。				
一句话 自我反思	（遇到的困难、存在的困惑或者学习感言）				

数字化声音编辑自我评价表

学习者姓名		班级		等级	
知识与技能	我知道了： 1. 以下是"去掉不需要的声音"正确的操作步骤的是（　　）。 A.① 播放歌曲，确定要删除的起始点　② 打开歌曲文件　③ 执行删除操作 B.① 执行删除操作　② 打开歌曲文件　③ 播放歌曲，确定要删除的起始点 C.① 打开歌曲文件　② 播放歌曲，确定要删除的起始点　③ 执行删除操作 2. 在GoldWave软件中，"删除"命令在（　　）菜单中，"文件合并器"命令在（　　）菜单中。 A. 文件　　　　　　　B. 编辑 C. 效果　　　　　　　D. 工具				
	我掌握了：（1是/2还需练习/3否） 1. 能够去掉不需要的声音（　　） 2. 能够将两段声音合并（　　） 3. 能够将音乐和录音合成（　　）				
信息素养	我应该做到： 1. 精确定位。 2. 无缝合并。 3. 合成的音乐与录音节奏相吻合，合成效果好。				
一句话 自我反思	（遇到的困难、存在的困惑或者学习感言、对老师本节课的建议）				

获取数字视频自我评价表

学习者姓名		班级		等级	
知识与技能	我知道了： 1.判断对错：数字视频文件是由一组连续播放的模拟图像和一段同时播放的模拟声音共同组成的文件。（　　） A.正确　　　B.错误 2.以下三组设备中，都可以用于拍摄视频的设备（　　） A.手机、MP3、录音笔、数码相机 B.数码相机、录音笔、手机 C.手机、摄像机、数码相机 3.（　　）是影像的最基本单位，也是衡量摄像机图像质量的一个重要指标。 A.光圈　　　B.像素　　　C.分辨率　　　D.焦距				
	我掌握了：（1是/2还需练习/3否） 1.知道视频拍摄工具有哪些（　　） 2.能够拍摄视频（　　） 3.能够将拍摄的视频采集到计算机中（　　）				
信息素养	我应该做到： 选择合适的拍摄工具，灵活调整拍摄角度，善于发现生活中美好的镜头。				
一句话 自我反思	（遇到的困难、存在的困惑或者学习感言）				

编辑数字视频自我评价表

学习者姓名		班级		等级	
知识与技能	我知道了： 1. 判断对错：会声会影编辑好的视频文件默认保存为MPG格式。（　　） A. 正确　　B. 错误 2. 要想在两个画面之间添加过渡效果，应单击（　　）选项卡，要设置片头、片尾，则应单击（　　）选项卡。 A. 工具　　B. 编辑　　C. 特效　　D. 捕获　　E. 标题				
	我掌握了：（1是/2还需练习/3否） 1. 截取出自己需要的视频片断，并保存成mpg格式。（　　） 2. 将多个视频片断合成到一起（　　　　） 3. 设置片头、片尾（　　　　） 4. 设置字幕（　　　　）				
信息素养	我应该做到： 精确截取，有序合成，添加合适的片头、片尾和字幕。				
一句话 自我反思	（遇到的困难、存在的困惑或者学习感言）				

动画的制作原理自我评价表

学习者姓名		班级		等级	
知识与技能	我知道了： 1. 动画是根据人眼的（　　　）原理制作的。 2. 以下（　　　）是关键帧。 A.　　　B.　　　C. 3. 时间轴下方的 **12.0 fps** 表示的是（　　　） A. 当前帧是第12帧 B. 每秒钟播放12帧画面 4. 直接保存的动画格式为（　　　），导出的影片文件格式为（　　　） A. swf　　B. flv　　C. exe　　D. doc					
	我掌握了：（1是/2还需练习/3否） 1. 理解了动画的制作原理。（　　　） 2. 认识FLASH窗口界面的组成。（　　　） 3. 会在关键帧上自己绘制图像，能将图像导入到舞台。（　　　） 4. 会调整帧频。（　　　） 5. 会保存动画文件，并能将其生成为影片文件。（　　　）					
信息素养	我应该做到： 理解动画的制作原理，关心民族动画事业的发展，积极学习，为赶超日本等动画大国做好准备。					
一句话 自我反思	（遇到的困难、存在的困惑或者学习感言）					

形状补间自我评价表

学习者姓名		班级		等级	
操作技能	你掌握了吗？（是/否） 1. 能够比较熟练地使用刷子、颜料桶等工具绘制出各种形状（　　　） 2. 能够成功制作图形的形状补间动画（　　　） 3. 能够成功制作文字的形状补间动画（　　　） 4. 能够将制作好的动画导出为影片（　　　） 你能回答吗？ 5. 一个成功的形状补间动画，应该具备的基本构成要素有（　　）个关键帧，（　　）个形状，一条（　　）样的连线。 6. 形状补间动画的对象必须为（　　　）。 7. 文字、数字、字母必须先（　　　）才能进行变形。 8. 形状补间动画可以实现两个图形之间的（　　　）变化。				
信息素养	你做到了吗？（是/否） 9. 能够积极参与讨论和探究实验，乐于分享（　　　） 10. 制作的动画速度适中，画面具有可欣赏性（　　　）				
一句话 自我反思	（遇到的困难、存在的困惑或者学习感言、对老师本节课的建议）				

动作补间自我评价表

学习者姓名		班级		等级	
操作技能	你掌握了吗？（是/否） 1. 理解动作补间动画的制作原理（　　　） 2. 能够掌握一种制作元件的方法（　　　） 3. 能够成功制作动作补间动画（　　　） 4. 能够掌握动作补间动画"属性"面板中的参数设置（　　　） 5. 能够理解元件、库、实例之间的关系，并能根据需要在"属性"面板中设置实例的颜色、透明度等（　　　） 6. 能够理解图层的作用，为动画添加适当的背景图层（　　　） 你能回答吗？ 7. 一个成功的动作补间动画应该具备的基本构成要素有一个（　　　），（　　　）个关键帧，一条（　　　）样的连线。 8. 动作补间动画的对象是（　　　）。 9. 动作补间动画可以实现的动画效果包括（　　　）。				
信息素养	你做到了吗？（是/否） 10. 能够积极参与讨论和探究实验，乐于分享（　　　） 11. 制作的动画速度适中，画面具有可欣赏性（　　　）				
一句话 自我反思	（遇到的困难、存在的困惑或者学习感言、对老师本节课的建议）				

引导线动画自我评价表

学习者姓名		班级		等级	
信息素养	我应该注意： 1.引导线不能有断点，不能多重交叉，不能封闭（头尾相联）。 2.运动的对象中心必须与引导线完全重合，粘在引导线上。 3.一个运动对象使用一条引导线，多个运动对象应使用多条引导线。				
知识与技能	我掌握了：（1是/2还需练习/3否） 1.添加运动引导层（　　） 2.绘制符合要求的引导线（　　） 3.让运动对象沿引导线运动（　　）				
	我知道了： 1.判断对错：引导线所在的图层和普通图层一样。（　　） A.正确　　　B.错误 2.可以建立运动引导层的是（　　） A.　　　B.　　　C. 3.引导线在测试动画时（　　）。 A.显示　　　B.不显示				
一句话 自我反思	（遇到的困难、存在的困惑或者学习感言）				

参考文献

[1] 李艺，朱彩兰. 信息技术课程与教学[M]. 北京：高等教育出版社，2010.

[2] 朱彩兰，李艺. 高中信息技术课程总结性评价[M]. 北京：教育科学出版社，2011.

[3] 王吉庆. 信息技术课程论[M]. 保定：河北大学出版社，2004.

[4] 周敦. 中小学信息技术教材教法[M]. 北京：人民邮电出版社，2013.

[5] 徐克强. 中小学信息技术课程教学论[M]. 北京：清华大学出版社，2011.

[6] 祝智庭，李文昊. 新编信息技术教学论[M]. 上海：华东师范大学出版社，2011.

[7] 杜育红. 教育发展不平衡研究[M]. 北京：北京师范大学出版社，2000.

[8] 祝智庭. 信息技术教育展望[M]. 上海：华东师大出版社，2002.

[9] 赵春生. 新课程理念下信息技术课程的教学策略与方法[M]. 北京：教育科学出版社，2011.

[10] 柳海民，杨兆山. 我国义务教育均衡发展问题研究[M]. 长春：东北师范大学出版社，2007.

[11] 白雪. 义务教育阶段县域信息技术课程发展状况调查及推进策略[D]. 长春：东北师范大学，2007.

[12] 方奇敏. 信息技术环境下教师资源城乡一体化研究——以舟山市为例[D]. 金华：浙江师范大学，2006.

[13] 韩凝华. 湖北省部分中小学信息技术教育的调查和研究[D]. 武汉：华中师范大学，2003.

[14] 李彤彤. 教师虚拟学习社区中知识建构研究[D]. 日照：曲阜师范大学，2011.

[15] 刘春峰. 县域义务教育城乡师资均衡发展研究[D]. 济南：山东师范大学，2008.

[16] 刘斯如. 城乡义务教育均衡发展探讨[D]. 南昌：江西师范大学，2006.

[17] 彭万斌. 贫困地区城乡基础教育不均衡发展问题探讨——以纳雍县为例[D]. 贵州：贵州师范大学，2008.

[18] 司小玲. 内蒙古西部地区城镇中小学信息技术教育的现状及发展对策[D]. 呼和浩特: 内蒙古师范大学，2006.

[19] 王振. 县域基础教育城乡师资均衡问题研究——以张掖市临泽县为个案[D]. 兰州: 西北师范大学，2009.

[20] 吴琰. 湖北省十堰市城乡英语教学差别及均衡对策研究[D]. 武汉: 华中师范大学，2008.

[21] 袁文刚. 对中小学信息技术课教师职能认识的偏差分析及对策研究[D]. 兰州: 西北师范大学，2005.

[22] 赵剑. 葫芦岛市城乡基础教育非均衡发展问题分析与对策研究[D]. 石家庄: 河北师范大学，2005.

[23] 赵庆华. 义务教育均衡发展问题研究[D]. 长春: 东北师范大学，2005.

[24] 邹燕. 山东省城镇高中信息技术教师能力素质现状与发展对策研究[D]. 济南: 山东师范大学，2006.

[25] 董京峰. 发达国家中小学信息技术教育对我国的启示[J]. 中小学电教. 2006，(9): 70-72.

[26] 胡运震. 中小学信息技术教育的现状及对策[J]. 中国教育信息化. 2009，(22): 17-19.

[27] 贾晓静. 我国基础教育均衡研究发展综述[J]. 教育导刊. 2007，(2): 19-21.

[28] 姜昌国，丁建玲. 浅析在农村中小学信息技术教育教学中存在的主要问题及对策[J]. 电化教育研究. 2003，(7): 76-77.

[29] 李怀玉. 河南省义务教育均衡发展现状调查及其对策分析[J]. 中州学刊. 2010，(7): 67-70.

[30] 李艺，钟柏昌. 信息素养详解[J]. 课程·教材·教法. 2003，(10): 25-28.

[31] 李勇帆. 中小学《信息技术课程》的教育目标及学科特点与教学建议[J]. 中国电化教育. 2001，(4): 11-14.

[32] 刘飞. 农村中小学信息技术教育中存在的问题及对策研究[J]. 科技经济市场. 2009，(11): 143-144.

[33] 陆宏，冯学斌. 中小学信息技术课程探析[J]. 中国电化教育. 2001，(4): 15-17.

[34] 罗家蓉. 农村中小学信息技术教育现状及思考[J]. 读与写(教育教学刊). 2008，(2): 156.

[35] 罗志扬，晏兰萍. 制约区域内城乡义务教育均衡发展的因素研究[J]. 学校党建与思想教育. 2010，(S1)：56-57.

[36] 苗逢春. 我国中小学信息技术教育展望[J]. 中国中小学信息技术教育. 2003，(1-2)：18-21.

[37] 苗逢春. 中小学信息技术教育的回顾与反思[J]. 信息技术教育. 2004，(12)：19-22.

[38] 桑新民. 探索信息时代人类文化与教育发展的新规律[J]. 人民教育. 2001，(01)：10-11.

[39] 王曰牟，温勇. 加快信息化建设 促进城乡教育均衡发展——威海市"农远工程"试点的实践探索[J]. 中国教育信息化. 2007，(04)：12-14.

[40] 熊才平. 区域教育信息化均衡发展的财政投资政策思考[J]. 中国电化教育. 2004，(2)：11-15.

[41] 朱永新，许庆豫. 论基础教育均衡发展[J]. 中国教育学刊. 2002，(6)：1-4.

[42] 信息技术教师的专业成长[EB/OL]. (2012-5-16) [2012-12-28]. http：//www. jxteacher. com/blog/topic. aspx?id=5b631906-e2dd-4ad9-94b6-85589a98fc16.

[43] 国家中长期教育改革和发展规划纲要（2010-2020年）[EB/OL]. (2010-7-29) [2012-12-4]. http：//www. moe. edu. cn/publicfiles/business/htmlfiles/moe/moe_838/201008/93704. html.

[44] 教育信息化工作进展情况[EB/OL]. (2013) [2013-3-1]. http：//www. moe. gov. cn/publicfiles/business/htmlfiles/moe/s5889/201302/148042. html.

[45] 关于中小学普及信息技术教育的通知[EB/OL]. 教育部文件教基[2000]33号. http：//www. eol. cn/20010829/209733. html.

[46] 中小学计算机课程指导纲要[EB/OL]. 道客巴巴，1994 [2013-2-25]. http：//www. doc88. com/p-117612665053. html.

[47] 上海市教育委员会. 上海市中小学信息科技课程标准（试行稿）[EB/OL]. 百度文库，[2013-2-26]. http：//wenku. baidu. com/view/47db64315a8102d276a22fba. html.

[48] 义务教育阶段信息技术课程标准[EB/OL]. 百度文库，2012[2013-3-4]. http：//wenku. baidu. com/view/3d4c234dcf84b9d528ea7a5e. html.

[49] 浅谈如何进行分层次教学[EB/OL]. [2013-3-6]. http：//topic. yingjiesheng. com/jiaoyu/lilun/0F4V4FH012. html.

[50] 应永平. 分层教学探讨[EB/OL]. 人教网，2012-12-05[2013-3-6]. http：//www. pep. com. cn/xgjy/jyyj/llqy/jxts/201212/t20121205_1145929. htm.

[51] 教育信息化3年行动计划启动[EB/OL]. 威海日报，2013-3-21[2013-3-26]. http：//www. weihai. gov. cn/art/2013/3/21/art_562_294608. html.

[52] 中央财政6年5500亿元支持义务教育[EB/OL]. 人民日报，2012-12-26[2013-3-26]. http： //www. hcedu. cn/html/jyxw/2012-12/26/16_22_43_24. shtml.

[53] 义务教育均衡发展的中国步伐[EB/OL]. 中国教育报，2012-10-24[2013-3-26]. http：//www. hcedu. cn/html/jyxw/2012-10/24/02_04_04_399. shtml.

[54] 浅谈课堂评价语言的重要性[EB/OL]. 中国台州网，2010-1-18[2013-3-26]. http：//www. taizhou. com. cn/a/20100118/content_142405. html.

[55] 课堂评价语言"集锦"[EB/OL]. [2013-3-26]. http： //www. fyeedu. net/info/150792-1. htm.

[56] 陈玉现，李士海. 我国教育评价发展的世纪回顾与未来展望[EB/OL]. 人教网，2006-1-6 [2013-3-6]. http：//www. pep. com. cn/czsx/jszx/jxyj_1/zjlt_1/201008/t20100824_713685. htm.

[57] 潘勇. 湖北省重点中学信息技术课程建设与发展策略研究[EB/OL]. 2011-10-14[2013-4-1]. http：//www. hbwt. com. cn/newsInfo. aspx?pkId=23741.

后 记

2010年至今，历时五年完成了这部书稿。作为一名长期工作在中学信息技术教育一线的教师，我希望能够发挥自己的实践优势，做踏踏实实的研究，为我国中小学信息技术教育教学贡献自己的绵薄之力。

五年中，我得到了众多领导、老师的帮助和支持，在此表示衷心的感谢！

感谢栾云波、于鹏飞、田陆萍、刘晓静、宋磊、李明、王强增、李彤彤、宋军丽、毕跃华、毕莉苑、吕孟君等老师在问卷设计、组织实施、问卷整理、数据统计等方面给予的指导与帮助！

感谢王建虹、徐晓宁、田陆萍、张少霞、邢敏、宋军丽、王佳慧等老师提供了优秀案例；感谢宋磊、刘晓静、田陆萍、王世清、孙传卿等老师为优秀案例进行点评；感谢我的同事梁箫、陈福清老师为全书校对！

我不去想未来的路是平坦还是泥泞，只要热爱教育，就会在研究的道路上执着前行，不断探索。我希望通过自己的努力，为学生打造一个溢满花香的美丽学堂、快乐学堂；我更希望通过自己的研究，为构建中小学信息技术高效课堂，均衡城乡教育再做一些实实在在的工作。

谨以此书，献给我的学生、我的师长、我的家人、我的朋友；献给五年来所有关心、帮助、鼓励、支持我的人。

谨以此书，献给为中小学信息技术教育做出贡献的人们。

丛宏

2015年5月于威海